主持人
即兴口语传播

◉ 於 春 著

中国传媒大学出版社
·北京·

目录
CONTENTS

融合了多年研究心得的专著

——序於春《主持人即兴口语传播》

于根元

於春曾在厦门大学新闻传播学院广播电视新闻专业任教多年，又在新闻机构从事实践工作多年。於春后来又在中国传媒大学播音主持艺术学院跟我读了硕士和博士，跟我学了语言学及应用语言学。读硕士和博士，她还上许多别的课，听许多讲座，有自己各方面的研究，因此她在许多方面有了提高。毕业以后，她先在中国政法大学任教，后到了华东师范大学传播学院播音与主持艺术专业任教。她在上海任教大概也有三年了吧。她任教，总要给学生讲讲自己多年的研究心得。我估计这本书是她在上海任教的时候一边讲课一边整理出来的。这本书当然是教材，但是更是於春融合了多年的研究心得的专著。

这本书在借鉴已有成果的基础上，发展性地引入传播学中传播模式理论、语言学中语言认知理论，以语言传播为研究重点，结合大众传播、人际传播，为主持人即兴口语传播奠定了系统、扎实、可行的理论根基。能够具有这样的理论格局和创新贡献，得益于作者的知识结构和研究积累。这本书是作者相关知识结构和研究成果的积累，是主持人学、新闻传播学、语言学的有机结合。

这本书的另一项突出的理论贡献是，发展了语结这一概念，将它作为主持人即兴口语的种子，贯穿于主持人即兴口语的认知机制、主持人即兴口语表达、主持人即兴口语理解三个部分四个章节之中。作者将语言认知、语言生成与理解的理论框架引入主持人即兴口语传播研究，本是聪明之举，但事实上，语言认知研究、语言生成与理解研究本身也有很大的范围，研究起来也很困难。为了解决这个问题，作者巧妙地运用了语结这一概念——语结是作者多年的研究心得，作者曾著有《论语结——有效提高语言实践能力》一书。在主持人即兴口语、语言认知、语言生成与理解中，语结是一个关节点。正如作者指出：“对于主持人即兴口语研究来说，语结既具有方法论的指导意义，又具有技术手段的操作意义。”找到并运用了语结这一概念，就找到了解决问题的核心办法，研究上具有四两拨千斤、牵一发而动全身的作用。

作者这种研究中的巧劲在其他地方也有体现，比如第二章“主持人即兴口语的传播考察”，作者将传播学的理论框架引入主持人即兴口语传播研究，但传播学同样范围广阔、著述众多。为解决这一问题，作者引入了传播模式这一概念，选取了跟主持人即兴口语传播最为相关的四种经典传播模式来做传播考察。值得一提的是，在比较考察了相关传播模式以后，作者并没有自提一套传播模式，在“模式热”“模型热”的今天，作者的这种做法难能可贵。深入研究后，作者抓住相关模式的最大特点，充分肯定了相关模式的生命力。向前辈致敬的同时，作者也作出了一些发展的建议。事实上，作者并非没有自提一套模式的能力，作者的博士论文《现代汉语新闻图式研究》正是作的结构研究、模式研究。应该说，在“模式热”“模型热”的今天，作者仍然保持着科学研究上的自知、客观、实事求是。

在理论建构的同时，作者还十分重视语言事实。在这本书里，有大量主持人即兴口语的语言材料，作者从具体的语料中提炼理论、规律，也为理论、规律夯实语料基础。这些语料有的直接采集于主持人即兴口语实践中，有的直接采集于主持人即兴口语训练课程中，是第一手的分析材料。作者在构建理论格局的同时，将研究落到实处，落在了语言事实上。

在研究观上，作者明确提出了全息的传播观、语言观，并一以贯之在全书中。在传播观上，强调了：“每个人都是信息发布者、也是接收者，信源迅即就可到达信宿、信宿迅即就可转而成为新的信源。”在语言观上，不仅研究即兴口语表达，也研究即兴口语理解；不仅研究即兴口语，也考察了即兴体态语；不仅重视语言形式研究，也重视语言意义、语言认知研究。

於春是很优秀的。在什么时候、什么环境下都是如此。

於春要我写序，估计是跟我读过硕士和博士有关。不过，我早就退休了，昨天还上完了这一辈子最后一次的正式的课。於春还在前面会有很多年的发展，我则是从语言学里淡出到要全出了。趁全出前，在这里发表一点感想。

我还是很佩服构建系统的人，但是自己不怎么搞系统。我也主编过两本概论和一本概说，但是我总觉得受束缚，也会让读者受束缚。一是我没有本事搞系统，二是我觉得一搞系统很可能把自己框住了。我还是喜欢突破一点可能突破一串。别人说的系统，我暂且用着。我喜欢东拉西扯而又有中心。东拉西扯没有中心不好，没有东拉西扯也就没有中心。我喜欢东拉西扯的话也有味道，最后归结到中心，让你觉得：哦，原来在这儿等着你呢。我特别喜欢读这本书里“大自然看上去是杂乱无章的”那一大段。我主张我们要多一些浪漫主义。我们做学问一是要善于语感和论感相互促进，二是要想想所以然的所以然。而且善于形成惯性，不断地延伸、拓展、修正。延伸、拓展、修正的，很可能是新见。而且跟不同层次的人说话是不尽相同的，自己的层次也会提高。所以，自己所在的高层次，暂时这样吧，不久就提高了，说法就跟原来不一样了。所以，我也喜欢点到为止，下面自然会有人发展，自己说多了或者说早了，很可能说错了。

我还比较喜欢熏陶的办法，说白了就是跟高明泡。我不怎么喜欢条分缕析分得特别细。我这里是说我自己。例如我不怎么喜欢说受众细化我们说话也要细化的说法。我主张多找结合点，多找这部分受众和那部分受众的结合点。我们发出去的交际的电波也是宽幅和动态扫描的。今天再次提出大语言，主要是谈结合。

还有个性问题。高层次的个性还应该是善于以独特的方面为整体的提升作出贡献。说白了，就是善于配合，善于与人为善。我们寻找个性、认识个性应该有这样的高度。

可以说的还很多。总起来说，我觉得语言是用来交际的，语言交际是为了攀升，攀升是为了自在。主持人即兴口语也是如此。

2011 年 4 月 13 日

（作者系中国传媒大学教授、博士生导师）

探索语言生成能力之谜

——序於春《主持人即兴口语传播》

李宇明

於春的《主持人即兴口语传播》，读起来饶有兴致，因其有理有例，有史有事。

这部书重视理论思考，注意理论介绍。比如，拉斯韦尔、维纳、香农、韦弗、奥斯古德、施拉姆、维戈茨基、鲁利亚、切夫、冯特、弗罗姆金、梅尔秋克等人的观点，都给以清晰介绍，并做出中肯评价。而且书中还列举了大量事例，这些事例或采于主持人的即兴口语实践，或取自主持人即兴口语训练课程。理论代表着思想的高度，思维的深度；而事例既能例证理论，增加理论的公信力，又能例说理论，赋予理论以通俗性。

这部书还注意史的叙述，比如讲“主持人”，就上溯到古代大司乐、乐师、乐正的乐事活动，佛教高僧开堂讲经的“唱导”，宋代“参军”主持节目演出活动，以及现代意义上“节目主持人”角色的发展变化。即使是介绍各家理论，也注意理论的发展脉络。溯源疏流，既增加了历史的深邃感，又便于把握流向，蠡测未来。当然史由事成，事例就是历史的切片，不仅能够串起历史，还能生动展示历史的横断面。

由于《主持人即兴口语传播》有理有例，有史有事，故而读它可在轻松中获取教益，在丰富的生动事例中认识规律，受到启迪，得到知识和技巧。

不过，我读於春这部著作的更大兴致，在于它的话题。它所探讨的其实是人的语言能力。良好的语言能力，就是能够得体地表达思想感情，能够准确地理解他人的话语文章，并能够利用恰当的方式作出反馈。如果参照下图，语言能力指的就是讲话人的编码、输出能力，听话人的接受、解码能力以及信息反馈能力。

就某种意义而言，主持人职业是一种语言职业，其职业能力主要表现为口语表达能力，也就是“编码－输出”能力。编码和输出，主要是大脑和发音器官的各种神经运作，是由内部语言生成外部语言的神经、心理过程。然而大脑是一个黑箱，人们还无法直接观察到内部语言的面貌，无法直接观察到内部语言转化为外部语言的过程。探索大脑黑

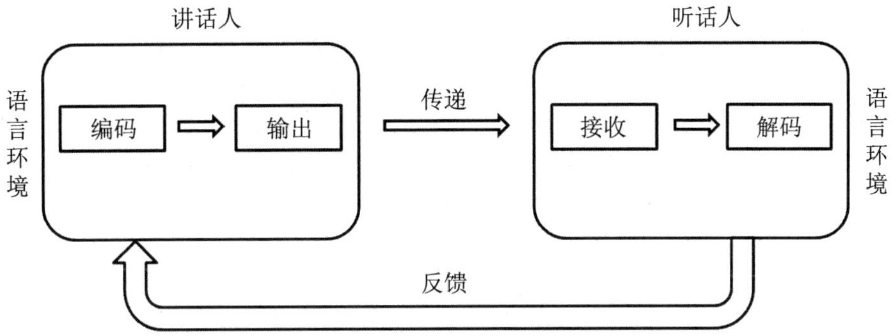

箱的奥秘，研究内部语言，研究内部语言向外部语言的转化，吸引着众多学科的科学兴趣。

於春在书中提出了“语结”概念，总结了语结所具有的高速度、层次性、模糊性、简洁性等特点，并把语结分为议论、记叙、描写、说明、对话、抒情、情绪等不同类型，描述了语结间的各种逻辑关系。她把语结看做主持人即兴口语的种子，是思维的外化，是内在想法与外显语篇过渡的中间环节。她认为语结对于主持人即兴口语研究来说，既具有方法论的指导意义，又具有技术手段的操作意义。这是我见到的对于语结的最为深入的研究。

然而我对语结的兴趣是：通过语结或许可以发现内部语言的踪影；由语结逐步扩展为语篇的过程，或许可以发现内部语言转化为外部语言的踪迹。

於春研究的是主持人的即兴口语，是语言职业人的语言能力。这一研究对提升一般人的语言能力当然也很有意义。据研究，人类的核心能力有三种：语言能力、计算能力和逻辑推理能力。大量的实践已经表明，一个人的语言能力，直接关系到他的学习效率、工作水平和生活质量。当前，我国正在由人力资源大国向人力资源强国进发，提升国民的语言能力对于建设人力资源强国，显然意义重大。个人的语言能力，加合起来就是国家的语言能力。提升个人的语言能力，也就意味着提升国家的语言能力，使正在走入世界的中国，由一个语言大国逐步发展为一个语言强国，在处理海内外各种事务时能够得到合适的语言支援，在发展前进中能够获取充分的“语言红利”。

2011年五一国际劳动节

（作者系国家语委副主任、教育部语言文字信息管理司司长、博士生导师）

第一章　主持人即兴口语传播的研究对象与基本问题

主持人即兴口语是节目主持实践中特别考验语言能力、业务素养、应变能力的一项内容。在节目主持实践中，我们常常看到，有的主持人按照事先准备好的稿子说话没问题，一旦出现稿子中没有准备的突发情况，或手足无措、哑口无言，或心慌意乱、车轱辘话翻来覆去，有时候甚至信口开河、词不达意、贻笑大方。不同的情况是，一些优秀的主持人不喜欢完全照稿出声，他们也不惧怕节目主持过程中稿子没有准备到的突发情况，相反，他们喜欢这样的挑战！在非常紧张的情况下，他们仍然能够迅速组织语言、即兴生发，他们说出来的话常常让人感到“意料之外、情理之中”，让人心头一动、会心一笑，让人叹服回味、津津乐道。大量节目主持实践证明，优秀的主持人即兴口语是提升节目传播效果的重要环节，也是节目主持人提高自身主持水平的必由之路。

本书要研究的问题正是：什么是主持人即兴口语传播？它的内外部机制和制约因素是什么？要解决的问题是：怎样获得优质的主持人即兴口语？

需要说明的是，“语言不仅仅是语言本身的事”，优秀的主持人即兴口语不仅关乎技巧，更超越技巧。它蕴含素养、勇气、关怀、智慧、策略，充满创造性，是一项能力，是一门学问，是一种艺术。本书在研究技巧、能力、传播的同时，也将探索其蕴含的素养、勇气、关怀、智慧、策略，并探索其更深处的人文性、社会性、政治性、科学性、艺术性与创造性。

无法忽视的是，我们身处一个加速到来的信息时代，各种新媒体不断出现，传播观念大大变迁。一有新闻发生，人们可以立即从广播电视媒体中听到看到播音员、主持人在播报主持，也可以用自己的视音频设备采集制作新闻以后在互联网或者其他新媒体上自己播报主持，更多人可以成为自己媒体上的记者、编导、播音员、主持人。今天，包括主持人即兴口语传播在内的很多研究是专业研究，服务于专业人群。或许，在未来不远处，它们会超越专业研究领域，成为媒介普及研究、媒介教育研究，服务于更广阔的人群。

第一节 主持人即兴口语传播的界定

一、主持人即兴口语传播的定义

(一)主持人

早在上古时代,我国的历史文献中就记载过早期主持人的原始主持活动。上古时期,为了掌管各种乐事活动,君王纷纷设置专职乐官。据《周礼》记载,周代的乐官有大司乐、乐师、乐正之分,乐官们除了执教王公子弟音乐舞蹈、语言文学科目之外,对外还要掌管祭祀、燕饮、射礼等礼仪的乐事活动。《周礼·春官·大乐司》上记载的活动内容包括"分乐而序之""以六律、六同、五声、八音、六舞、大合乐,以致鬼神示,以和邦国,以谐万民,以安宾客,以说远人,以作动物"等,其中还包括"凡乐掌其序事""凡乐成则告备"(见《周礼·春官·乐师》),即安排音乐歌舞的演奏序次,演奏始末要向王公宾客宣布等。我国古代的大司乐、乐师、乐正已具备现代文艺节目主持人的一些职责、程序,可以说是当代主持人形式之祖。

佛教高僧开堂讲经,是一种新的主持演说形式。在诸多讲经的高僧中,相继涌现出一批具有个人魅力和演说才能的大师。特别是"唱导"(一种说唱兼具的演说形式)的出现,使佛门的主持讲说技艺步入一个更高的层次。梁代僧人慧皎撰写的《高僧传·唱导论》就唱导的原则、方法、技巧作了十分精辟周详的论述;对主持该活动的"导师"提出应具备"声、辩、才、博"四个基本条件;他特别强调要"知时知众""适以人时",强调情感因素;还指出了唱导主持中常见的毛病与失误。可以说,他的这些论述开了主持讲说理论的先河。戏剧演出中的参军色的登场,则标志着典型意义的主持人的面世和我国古代节目主持技艺进入成熟高级阶段。

到了宋代,"参军"成了名副其实的综艺类节目主持人。在《东京梦华录》《梦粱录》等史料记载中,可以看到其主持程序包括念"致语口号""参军色作语问"和致"放队辞"等。"致语"是开始演出时的致辞,内容包括对皇帝或其他主办者的颂词、介绍剧情和此次演出的目的、意义,还有主持人的谦辞,其中往往有自我表白、自我身世简介等,确立了自身的"主体"形象,这种形式流传下来后,被丰富为正本戏开场前的一段"副末开场",也被称作"家门大意"。明末以后,折子戏已开始流行,不再用"副末开场"报家门了,于是他开始隐入后台当调度或前台报幕。再后来,就演变成近代的"司仪",活跃于宫廷或民间红白喜事、鬼神巫术或茶馆厅堂之上。①

---

① 参考王德民:《主持人与主持人理论溯源》,《现代传播》1999年第2期。

我们不能因为没有名称就认为没有这个事实，但也不能因为有了名称，就认为这个事实和有了名称之后的是一回事。名称的确定是人们思想认识的进步，也是事实发展变化的重要阶段。回顾历史，在有主持事实的时候，因为某些因素，人们并没有关注和研究过。

我国境内最早的广播电台创办于 1923 年初，中国共产党领导的广播电台诞生于 1940 年 12 月 30 日。在 20 世纪 80 年代之前，甚至在广播电视媒体产生之前，虽然没有“主持人”这个名称概念，却已经有了这个事实。20 世纪 30 年代的中国广播界就出现过“节目主持人”形式，1935 年初，国民党中央广播电台在儿童节目中推出了一档“和全国小朋友通信”专栏，由吴喧祐主持。建国后，广播电视里也有一些体育节目解说员、少儿节目演播员、生活节目播报员等具有主持人的某些特性的表达形式的显现。20 世纪 50 年代，上海人民广播电台开办了《邮电常识》《编结知识》等节目，也具有“主持人”节目的形态；20 世纪 60 年代的上海人民广播电台曾有过一档对农村广播的节目叫《阿富根谈生产》，其中，“阿富根”和“小妹”就是以“主持人”的形式出现的①。

直到 1980 年中央电视台开播了《观察与思考》，播音员出身的庞啸作为节目组被批准出境的五名记者之一首先被冠以“主持人”称谓，以及 1981 年徐曼主持的《空中之友》的出现，中国广播电视界才真正重视起“主持人”这一事实。

在现代汉语中，“主持人”存在着广义和狭义的区别。广义的“主持人”，是泛指在各种活动中、项目中负责掌管和处理具体事宜的人，如寺庙主持、婚庆主持、报刊的版面或专栏主持等。狭义的“主持人”，原来专指广播电视节目主持人，随着新的电子媒体的不断出现，主持人出现形式也在不断更新，从发展的角度考虑，狭义的“主持人”应当把互联网等新的电子媒体节目主持人考虑进去。本书涉及的主持人，主要是指广播、电视、互联网等电子媒体节目主持人。

主持人自诞生之日起，便依照所主持节目性质的不同而分门别类，各司其职，承担着不同的传播任务。broadcaster 是播音员，host、hostess 是谈话类节目主持人，anchor 是新闻节目主持人，emcee 是司仪、娱乐节目主持人，commentator 是解说员，announcer 是宣读员，weatherman 是气象节目主持人，showman 是演员主持人，moderator 是游戏竞技类节目主持人，也有的国家比如英国把游戏、竞赛、讨论、辩论节目中的主持人称为 presenter。其他用于描绘主持人概念的词汇还有 analyst，newscaster，sportcaster，VJ，等等。

“anchor”是西方最为人熟知的作为主持人的词汇。1952 年，哥伦比亚广播公司的新闻制作人唐·休伊特在当年进行的美国总统大选报道中使用了“anchor”这个词。“anchor”的本义是“锚；危险时可以依靠的人”，引申义是“接力赛跑中跑最后一棒的运动员，也就是跑得最快、最有冲刺力的人”。唐·休伊特把电视新闻传播这种形式比作接力赛跑，其中最强的队员跑最后一个赛程，也就是“新闻节目主持人”，他希望“让最有力的记者在最后把所有报

① 卢杉、晓澄：《感悟与升华——节目主持人素质修养论纲》，上海教育出版社 2000 年版，第 65、66 页。

道串联在一起，高度概括起来”[①]。当时，唐·休伊特选中的 anchor 正是日后在节目主持史上立下不朽丰碑的老牌记者沃尔特·克朗凯特，克朗凯特被公认为世界上第一位新闻节目主持人。

“主持人”一词是陈汉元和于礼厚先生先后从海外华人刊物的报道和归国华侨的介绍中了解而来的。于礼厚在《新闻工作手册》[②]中，甘惜分主编的《新闻学大辞典》[③]中，俞虹在《节目主持人通论》[④]中，赵玉明、王福顺《广播电视辞典》[⑤]中，各自对主持人作了可贵的探索和界定。

结合新媒体带来的新的节目主持形态、语言样态，综合各家观点，可以认为，主持人是在电子媒体中，以个体行为出现，代表着媒介群体观念，用口语、体态语为主干或主线，能动地把握着节目进程，直接面对受众，平等地进行传播的人。

（二）即兴口语

关于口语。作为节目的主干或主线，主持人语言水准的高低，从内容到形式都会直接影响到节目的整体质量。他们或者直接采访报道新闻事件和人物，或者用自己的学识和感受来串联、介绍、评说、组织节目，或者以热情巧妙的语言调动听众、观众的注意力和兴趣，或者平等真挚地与听众、观众交流沟通。主持人传播信息、表述观点、串联节目、与听观众的沟通交流，主要是通过主持人的语言来进行的。除了口语，主持人的眼神、表情、动作、体态语、服饰、化妆、道具等也是主持人传递信息的重要手段，因此，本书虽采用“口语”一词，以主持人的即兴口语研究为主，却不仅仅是口语，也会关注眼神、表情、动作等体态语，以及服饰、化妆、道具等语言要素。

关于即兴。在节目制作的前期，编导或主持人通常会事先预备好主持方案。但是，现场实际的情况和预想的情况总有差别，常常会出现大大小小与预想不同的情况，这时候主持人就需要在很短的时间内，根据所处传媒的特征，根据实际情况来临场应变，结合那些或大或小的突发事件迅速调整方案、即兴组织语言，用于适应新的传播实际，传达新的传播内容，以实现预想的传播效果，并争取更好的传播效果。另外，一些优秀的节目主持人常常主动求变，他们会依据现场情况主动发掘一些预案中没有的细节，迅速组织语言，即兴生发表达，用于契合现场气氛，提升节目质量，获得更好的传播效果。因此，本书认为，只要主持人不是按背好的稿子逐字逐句说话，就存在即兴的状态，比如主持人仅凭提纲要点即兴扩展语言，比如主持人即兴调整提纲要点从而调整语言，比如主持人根据现场情况即兴生发提纲上没有

---

① 赵淑萍：《新闻权威与个人魅力——美国电视新闻主持人成功之路》，华文出版社 1999 年版，第 182 页。

② 于礼厚：《新闻工作手册》，新华出版社 1985 年版，第 630 页。

③ 甘惜分：《新闻学大辞典》，河南人民出版社 1993 年版，第 240 页。

④ 俞虹：《节目主持人通论》，中国广播电视出版社 2004 年版，第 7 页。

⑤ 赵玉明、王福顺：《广播电视辞典》，中国传媒大学出版社 1999 年版，第 212 页。

的语言，等等。

（三）传播

主持人即兴口语传播，是大众传播、人际传播、语言传播的有机结合，在传播过程中，必须同时考虑大众传播、人际传播、语言传播三种方式，缺少任何一个方面都不能形成有效恰当的主持人即兴口语传播。

第一，主持人即兴口语传播必须考虑大众传播的技术性特点。技术的革新可以直接推动广播电视事业的发展乃至飞跃，新技术的使用可以催生新的节目形态、主持人即兴口语样态。

第二，主持人即兴口语传播必须考虑大众传播的社会性特点。主持人即兴口语不仅代表其个人，也代表其身后的团队，包括记者、编辑、制片人，代表节目形象、栏目形象、所在台（媒介）的形象；主持人即兴口语也不是只向个别人传播，而要向更广泛的大众和社会进行传播。因此，主持人即兴口语虽然是通过主持人个体说出来的话，但是必须考虑传播因素、大众因素、社会因素。

第三，主持人即兴口语传播还必须考虑人际传播的特点。主持人虽然代表节目、栏目、媒介形象，但是他（她）也是通过主持人个体向大众传播，并且，大众也是由一个个个体组成，可以说，主持人即兴口语传播是代表整体形象的主持人个体向广大受众中的众多个体进行传播的活动。因此，主持人即兴口语传播在考虑大众性、社会性的同时，也要考虑人际性，这样才能实现有针对性、有亲和力的传播，才能做到"人同此心，心同此理"。另外，节目现场有嘉宾、有观众，这就更要考虑节目现场的主持人即兴口语传播的人际性因素。

第四，主持人即兴口语传播必须考虑语言传播的特点。主持人主要是通过语言向大众即兴传播的，包括口语以及其他语言要素，比如眼神、动作、表情、服饰、化妆、道具等。语言传播有其自身特点，尤其是即兴过程中的生成理解机制、认知心理、思维特点等，本书正是以即兴口语传播为研究重点。

（四）艺术

正如前文提及，"语言不仅仅是语言本身的事"，优秀的主持人即兴口语不仅关乎技巧，更超越技巧。它蕴含素养、勇气、关怀、智慧、策略，充满创造性，是一项能力，是一门学问，是一种艺术。本书在研究技巧、能力的同时，也将探索其蕴含的素养、勇气、关怀、智慧、策略，并探索其更深处的人文性、社会性、政治性、科学性、艺术性与创造性。

由此，可以将本书的研究对象——主持人即兴口语传播定义为：主持人以大众传播媒介为载体，兼顾人际传播的特点和优势，基于预先设定的传播目的及预先制定的语言方案，结合现场实际情况，即兴理解和生发，用以获得有效恰当的传播效果的口语活动。

二、主持人即兴口语传播的内涵

为了进一步理解主持人即兴口语传播的定义，我们继续明确其内涵，该定义的内涵至少包括以下四个方面：

（一）契合电子媒体的传播语境

20世纪有了许多科技创新，其中之一就是广播电视技术革命和电子工业的随之兴起。一个世纪以来，广播媒介从真空管到电晶体，从模拟信号到数字信号，技术渐趋完美，自从电视诞生之日起短短的半个世纪，电视媒介从无线到有线，有线再到无线，从单向传播到多向传播，从微波接力传送到卫星传送，从间接覆盖到直接覆盖，正朝着操作简单化、功能多元化、图像清晰化、声像立体化的方向发展。

从大众传播学角度看，传播语境是社会系统的一个子系统。在社会这个大系统中，传播必然受到社会其他子系统的影响和制约，如社会的政治、经济、文化等等。不仅如此，传播本身也是众多要素及其相互关系的集合，如传播者、传播信息、传播媒介、传播渠道、传播手段、受传者、传播效果等。因此，作为传播者的节目主持人，认识其语言活动，不能脱离传播存在空间和传播过程中各个子系统及其要素对主持人即兴口语传播的影响。

主持人即兴口语传播是在特定情景中进行的，与日常生活谈话的情境相比，由于进入了传播媒介，谈话主体的身份地位就发生了变化，既是个人的，又不完全是个人的，因此谈话目的一定会受到媒介的制约；主持人在节目中的谈话，虽然经常采用人际方式进行，但因为所有的谈话都是向大众传播的，谈话内容必然受到社会、时代、地域等因素的影响；各类主持人节目的交流对象是不尽相同的，但是不同于在日常生活中，比如家庭情境、工作情境、消费情境中时时遇到的社会角色的转换，任何主持人与传播对象的关系总体把握上是相对稳定的，即主持人是在提供一种“寓引导于服务之中”的服务，主持人在节目中的谈话方式也必然受到特定身份、特定关系的制约；此外，还有广播、电视传播及其他电子媒介传播渠道的区别，不同类型节目的差异，以及民族的、文化的特点，都会影响到主持人对语言材料的选择和使用。所有这些语境因素对主持人即兴口语形成了一定的规约，不能“信口开河，忘乎所以”。但是语境的制约，绝不是要把主持人即兴口语赶进一条狭小的死胡同里，适应语境绝不是消极的主张，而是面对现实的积极态度。主持人的口语活动，在节目语境中或整个社会语境中，实际上都存在着互动的关系。如果主持人在符合语境的前提下，能够充分发挥想象力和创造力，既适应语境，又积极地营造语境、控制语境，就能进入语言运用的“随心所欲不逾矩”的自如境界。这样主持人的即兴口语才是为广大受众所乐于接受的、富有传播魅力的，才是有效的①。

---

① 吴郁：《主持人的语言艺术》，北京广播学院出版社1999年版，第31～33页。

因此，认识并重视传播语境是主持人即兴口语活动的起点。从这一点出发，主持人即兴口语的可接受性才有保障，同时才能真正体现出主持人即兴口语的语体特点，主持人即兴口语传播的有效性才能提高。能够从这一点出发的主持人，他们的即兴口语才更经得起推敲，更贴近受众的内心，更适合受众的接受习惯和水平，因而也更易于在受众心目中留下深刻鲜明的印象，受众会因为喜欢某位主持人谈话的内容和方式而关注他所主持的节目。主持人要想正确而得体地运用即兴口语传达信息，沟通情感，就要弄清楚自己是“什么人在什么情况下为了什么目的对什么人说话说什么话并得到什么结果”①。

(二)预先设定传播目的并制定语言计划

语言计划就是用语言行为来实现交际目的的整体计划，应该考虑几个问题：

首先，制订计划的出发点和依据。第一，语体。说话人往往根据听话人的知识层次、他与听话人的关系来决定使用哪一种语体。第二，合作的原则。说话人期望听话人相信他们是遵循合作的原则的，也就是说他们会努力提供信息，说真实的、有关的、清楚的话语。如果有意违反某一条准则，那就必然有别的说话意图。第三，现实的原则。说话人期望听话人相信他们所谈到的事实、情况、状态都是可以理解的、合乎常理的。第四，语境。不同的语境使说话人使用不同的词。第五，供说话人使用的语言手段。有很多要表达的东西并没有现成的说法，这就必须运用说话人所有的语言手段来把它们表达出来，包括口语手段(如修辞手法)和其他语言手段(如体态语)。

其次，制订语篇计划。根据参加话语活动的人数的不同，可以划分两种类型，一种是一个人的独白型，另一种是两人或两人以上参加的会话型。就语段的结构而言，不管是会话型还是独白型，都可以分为两类，一类是层次结构，说话人必须根据说话意图决定什么时候开始一段语段、如何进行、强调什么、在哪里结束等等。另一类是局部结构，根据整体的层次结构，说话人还必须对每个句子就地计划，因为该怎样说往往视对方的话而定。

最后，表达信息的次序。如果说话人要表达的不是一个简单的断言、请求或陈述，而是较为复杂的信息，他就要解决所谓线性化的问题(linearization problem)：决定先说什么，后说什么，等等。线性化问题自古以来都是修辞学中的一个论题：受过教育的说话人都应特别注意对所表达的信息进行排列和安排。不同的顺序会产生不同的效果。

语言计划的制订或者说语言编码是一个心理过程，涉及许多因素，很难测量，大体上，语言计划的制订或者说语言编码需要集中考虑三个方面②：

第一，交际内容。在这个过程中，需要简洁扼要地列出一二三四想说的内容。一般来说，要有好的内容、好的顺序段落、好的例子。

---

① 〔美〕尤金·奈达：《关于社会语言学》，见祝畹瑾《社会语言学文集》，北京大学出版社 1985 年版，第 46 页。

② 参考李宇明教授“中国传媒大学 2004 级语言学及应用语言学博士生课程‘心理语言学’讲座”。

第二，交际技巧。包括如何开头、结尾，好的开头、结尾非常重要，应该事先想好。还要考虑基调，或张扬或内敛，或浪漫或平实等等，基调也很重要，是说话者自我企求和听者企求的结合。

第三，交际目的。交际的目的都是为了成功。一方面，交际需要语言表达准确、鲜明、生动，但很多时候，说话人也是为了交际需要，故意不准确、不生动、不鲜明，也是为了实现交际目的，也可以实现交际目的。

主持人进行即兴口语创作活动的基础，首先就是要制订语言计划。良好的语言计划，是主持人即兴口语获得成功的重要前提。独到的选题、鲜明的主旨、充实的内容、恰当的表现形式是主持人即兴口语的主要内容，也是节目策划构思的基本要求。

比如下面这个例子：

男人买单①

开场：这儿天很辛苦，录完相去吃饭，好吗？
　　你买单——男人。
　　细琢磨起来还真是一个有意思的话题。

Part Ⅰ

刘仪伟：　从买单看男女关系。
叶蓓：
陈昕：
男 {追：不看账单，还付小费。
　　追到手：留意账目。
　　感情稳定：埋怨收费高。
女——嘱咐不要付小费——→已经爱上。

1. 你自己做，不出去吃吧？/ 怎么吃不胖？
2. 追太太时是不是每次都很主动地付钱？/ 如果是一般女士？
   与一大群普通朋友出去呢？/ 如果女孩主动买单，你有何感想？
3. 杨立新：付钱也不舒服。/ 怕被人说小气？
4. 叶蓓：女人感受：如果一个男人迟迟不付钱，你会怎么看他？/小气/西化/不喜欢自己
5. 与经济实力有关吗？怎么看 AA 制/与风度有关？
6. 最烦男人怎么付钱？
   A. 仔细算账　B. 争论贵了　C. 没吃完提前买单　D. 大张旗鼓
7. 陈旭谈日本 AA 制。
   女孩蹭吃：①办公室振臂一呼，有人请客。
   　　　　　你不能去，你是男的。
   　　　　②轮流付账，女的才付了 300，男的付了 3000。
   地域差别，男生怎么躲(现场临时加)。

① 本材料采集于 2004 年 12 月 7 日《天下女人》录制现场，征得杨澜女士同意，由杨澜女士提供。

Part Ⅱ

AA 制进入家庭会怎么样？

其实与社会角色定位、女性择偶标准有关。

男女谁买单不单是饭桌上的问题，也会涉及家庭经济。从婚礼就开始了，传统女方的嫁妆就是媳妇未来在婆家地位的象征。现在结婚男方女方在置办上也有分工。

1. 为什么男人常买“固定资产”，女人买“可移动资产”，这与家里的话语权有没有关系？

心理层面{男人 / 女人} ——不好时谁走的问题。

2. 家庭 AA 制伤不伤感情——老夫妻连公共汽车票都分来回谁付。
3. 如果反过来女人买了房子，这丈夫会有什么感受？
   （那离婚时总会知道了吗）
4. 中国文化的特点是在情理之间保持模糊，在乎情，经济发展快，心理变化慢。
5. 女性地位变化，不仅能力问题，也要求地位。
   （但是微妙心理上也还是希望男性买单）
6. 杨立新：说明女人虚伪，不独立，但其实没这么严重，小小的心理需求，make sure 丈夫爱自己、重视自己，还是渴望爱的肯定。
   （AA 是不是还是没有安全感）

☆ 你分得这么清，不是股份公司了吗？

☆ 家庭背景负担，
避免家庭矛盾。

☆ AA 制不同情况。
男女经济状况三四千块。

☆ 中国文化：互相欠情，“你欠我一顿饭”。

☆ 随份子在日本。

☆ 中国人看重经济物质表达感情。

家庭 AA 制哈尔滨 3 成/增添情趣。

个人空间也很重要，抽支烟，买支口红，都要汇报。

过去容易制造谎言。

《东北一家人》“编，编，继续编”。

结论：到底 AA，还是统在一起过日子？

在这个语言计划中，主持人杨澜充分考虑了男女谁买单的国情、现状、变化，考虑了媒体性质和栏目宗旨，考虑了搭档主持、嘉宾之间语言关系，考虑了现场观众和收视受众的理解与接受，选题有趣、主旨清晰、段落结构层次分明，通过这个提纲，主持人杨澜即兴生发语言，主导完成了节目录制，成功实现了预先设定的传播目的。

主持人即兴口语的创作过程，是一个复杂的心理活动过程。主持人自身特征的复合型，决定了他在创作活动中的多向思维、复合属性的特点。一方面，主持人在创作构思中，需要借助丰富的艺术手段，创作美的艺术形式，从而更有效地进行传播活动；另一方面，主持人在本质上是一个大众传播者，不是一个艺术家。因此，主持人的即兴口语构思有别于艺术家的创作构思。虽然其中都蕴含有创作者的生活经历、思想修养、创作个性，但是比较而言艺术家的创作更多的是抒发自己的内心感受、生命体验。主持人则不同，主持人的即兴口语构思，是以个体思维为基础的体现全体创作人员群体思维的复杂心理活动，它不仅要受到媒体性质、栏目宗旨的制约，而且必须兼顾受众群体的要求与愿望。要在栏目、受众与自我之间找到最佳契合点，充分利用并挖掘素材的内涵，发挥广播电视的媒介优势，尽可能制订周密、深入、独特、新颖的语言计划。

（三）根据现场实际情况，即兴理解和生发

虽然提前做了周密的语言计划，但是，在主持人现场录制节目的过程中，仍然会出现事先预料不到的情况，这时候主持人就需要根据现场实际情况，即兴理解并生发出恰当的语言，保证节目顺利进行并取得良好的传播效果。

比如，台湾著名主持人凌峰在一次节目主持的过程中，现场表演的演员不慎跌入乐池，正当全场观众惊愕之际，凌峰不慌不忙走上舞台，摘下翘边的礼帽，露出光头，先是深深地一鞠躬，接着就说："我知道，大家此刻牵挂的是摔伤没有，那么请大家放心，假如跌坏了，我愿后半辈子嫁给她。"滑稽的动作，配上风趣的话语，引发了全场的大笑，场内凝重的气氛也随之消释。凌峰的即兴口语，用制造笑料的方式，转移全场的注意力，为事故处理争取时间。

2008 年 5 月 19 日，是全国哀悼"5・12"汶川特大地震蒙难同胞的默哀日，央视对全国各地的默哀活动进行了现场报道。3 分钟默哀之后，聚集在天安门广场的群众还久久不愿离去，他们手举国旗呼喊着："加油中国！加油汶川！汶川挺住！坚强中国！"面对如此感人的场面，主持人康辉也被深深感动，于是他即兴说道："当 13 亿人民为同胞失去的生命，为同胞遭受的苦难，我们的泪流在一起，我们的心连在一起的时候，向世界传递出的是这样的信号：中华民族对生命有极大的尊重，中华民族有着顽强的钢铁一般的意志，可以战胜一切困难。当 13 亿人的泪水流在一起的时候，我们这个民族就有希望！当 13 亿人心手相连的时候，没有什么可以打垮我们！"

上海的一位主持人在主持《市民与社会》这档节目时，有人突然发问："我热爱我们的祖国，热爱我们的人民，但我不爱党，可不可以？"这是个十分敏感而又无可回避的问题，面对如此刁钻的发问，主持人先通过向嘉宾提问题给自己创设一个缓冲的机会，在听取情况的过程中，理清思路，找到症结，接下来便直接回答问题，他说："刚才那位女听众谈话声音很激动，我猜想，她现在的情绪可能是出于对腐败现象的不满，现在党中央非常重视这个问题，部署了反腐败斗争，我想，随着反腐败斗争的节节胜利，你是能把爱党与爱祖国爱人民统一起来的。"[①]遇到这类棘手的问题，先通过提问给自己一个缓冲，在听取意见的同时找到问题的症结，再有针对性地集中突破，消除问题本身所产生的负面影响，这同样是不

---

① 唐涤非：《节目主持人即兴话语的技巧及养成》，《当代传播》2010 年第 5 期。

失高明的即兴处变的手法。

(四)获得有效恰当的传播效果

效果分析是整个传播行为的重要一环,是评价传播行为实现程度的关键指标。传播效果具有双重含义:一方面是指带有说服动机的传播行为在受传者身上引起的心理、态度和行为的变化,这种说服性的传播主要通过劝说或宣传来使受传者接受某种观点或从事某种行为,而且通常指传播活动实现了传播者所希望实现的意图。另一方面是指广播、电视等大众媒介的传播活动对受传者和社会所产生的一切影响和结果的总体,这就不区分这种影响的有意无意、直接间接或者现在的还是潜在的①。

拉斯韦尔在《宣传、传播及公众舆论》一书中对传播如何获得效果做了具体阐述,他认为,传播是一项极为复杂的过程,而不是一个简单的信息和效果之间的一对一的因果关系;相反,是传播过程与变化的过程——如果传播具有任何效果的话,那是因为信息本身具有的效果起到了作用。一般来说,传者总是带着某种主观意愿进行传播,他的性格、动机、传播技巧以及其他变化在他开始传播之前,就已"限定"了他想要传播的信息。拉斯韦尔在对传播过程及效果进行了大量深入的研究之后,提出了检验受众反应的测试程序。

这个程序在五个阶段进行:首先,传播的信息必须引起受众的注意力,但传播如果不能收到较高水准的效果,注意力就会迅速消失;接着是理解,即受众是否理解了接受的信息;然后是欣赏;评价;最后是明显的行动,即受众接受信息后采取了某种行动。拉斯韦尔解释说,受众在每一个阶段做出的反应都可以测出——虽然前四个阶段通常只能做出推理测量,因为这类反应绝大多数是主观性的。最后一个阶段的测试则比较难,因为许多效果并非都是立即获得的,而是经过长期的潜移默化获得的。

就主持人即兴口语传播来说,即兴不是目的,只是手段,即兴的目的仍然是:为了适应传播实际及突发状况,为了实现预想的传播效果,以及为了争取更好的传播效果。

第二节 主持人即兴口语传播的特性

一、传媒性

今天,大众传媒日益广泛和深入,竞争愈来愈激烈,除了印刷媒介,光是电子媒介,老百姓就能接收无线、有线、卫星广播与电视,还能通过电脑和手机上网浏览、点播节目。要在竞争中立足,传媒优势的充分发挥显得十分重要。主持人应对传媒特性有充分的认识,应对职

---

① 郭庆光:《传播学教程》,中国人民大学出版社1999年版,第174页。

业有充分的了解，才能提高即兴口语的有效性。

比如，广播电视节目的传播，相对于印刷媒体来说有着许多无法比拟的优势：

传播速度快，无需复杂的中间环节，受众不仅可以获取“刚刚收到的消息”，还能够同步关注正在发生的事情，信息传播的速度非常快；传播面广，一方面借助通讯技术，其传播几乎可以不受时空限制，另一方面几乎不受文化程度的限制；传播手段丰富，声音画面的直接可感增加了信息量，强化了传播的感染力，广播电视节目的现场感、真实感使之成为受众获取信息的主要媒体。主持人节目的人格化、参与性的传播特色，缩短了传受双方的心理距离，“双向传播”的互动功能焕发了受众极大的热情，吸引了受众的深入参与。同步直播的发展，异地传输、海事卫星、多视窗等先进技术的运用，使电视传播的直观性、实证性更为突出，传媒的魅力愈发诱人。

任何事物有特点也有局限，广播电视传播渠道的局限性也是显而易见的：

受众广泛，层次复杂，年龄、文化、兴趣、爱好千差万别，接受能力悬殊，不易控制，因而传播内容的针对性、主持人即兴口语的可接受性需要仔细选择和推敲。

信息传播转瞬即逝，无法即时重复、当时定格、来回翻检，而受众常常处于“半接收”状态，经常在有意注意和无意注意之间来回漂移，因此对即兴口语传播从吐字到内容的清晰明了、关键信息的适当重复都有特别的要求，同时需要主持人讲究语言的张力和分寸，也就是一定的表现力和感染力。

广播电视传播本质上是大众传播，其区别于人际传播的根本特点是借助了电子媒介，绝大多数节目不是“面对面”的人际传播，而是传播者面对话筒、镜头的间接传播，也就是说，在许多节目里主持人说话时，是一种“拟态”的人际交流，面前并没有交流对象，这和日常的语言交际太不一样了，由于缺乏及时的反馈，如果没有一定的把握“对象感”和“交流感”的心理技巧和表达技巧，语言很容易变得刻板无味，很容易丢失语言目的和忘记语言对象。即使是主持人节目中的“人际传播”“互动传播”，也并不等同于日常的人际传播，主持人即兴口语是特定情境中特定的语言活动。

二、个性化

个性，是一个人长期的在与不同人交往的过程中形成的比较稳定的经验模式和性格方面的优势总和，是动态的函数式[①]。它是生命力在反抗各种异化、非人性化的过程中产生的，是个体存在的价值和世界丰富多彩的需要。它不是各色，也不仅是不同，而是一个人在某一方面比较先进，比较超前，这是个性的本质。人人都有个性，人人都有先进的一面，但是个性又分层次，又有程度和类型的不同。在不掩盖的前提下，先进得多，进步得多，个性就鲜明得多。

---

① 蔡长虹：《主持人的个性化语言》，中国经济出版社 2005 年版，第 37 页。

个性是主持人的生命，主持人的个性和其生活中的个性不完全相同，它们是一个整体的不同部分。个性没有抽象的，都要落实到语言上，主持人的个性体现在与节目中的人和不同层次受众的不断磨合中。在与不同人的磨合中，个性因其强烈的创新意识和超越精神，必然表现出一定程度的尖锐性，融合不够，也不要勉强迎合，这时不是减锋芒，而是增加包容度，要在真诚合作的原则下，更好地实现交际目的。

个性首先是一种不同，表现为一种创造，个性的本源就是不息的创造性和活泼的生命力。个性是在生命力反抗各种异化、非人性化的过程中形成的。人具有未完成性、开放性和无限可能性，始终处于运动的中介状态。个性化过程是个整合、统一、圆融、和谐的过程。个人在尝试、奋斗和自我超越中完成个性。健全的个性，应该是摆脱了异己力量束缚的自由自在的个性。

沈力曾经谈到，关于“电视节目主持人的个性”问题的提出，大约是在 1984 年，“那个时代强调的是党性，还不敢强调个人作用，但通过实践又感到个性是由节目主持人工作特性所决定的。因为主持人是以真实的个人身份出现在观众面前，并与之进行直接的、面对面的交流的，而这种交流更多的是通过主持人的意向、认识、感受和语言来完成的。所以，个性色彩是无法回避的。后来，在给北京广播学院的同学讲课时，结合自己的体会和观摩，谈了自己的看法。虽说现在对之已取得共识，我还是想说说当时的认识和体会。”①当时沈力谈到主持人的个性问题时，还提出了两点：“我认为：鲜明的个性色彩是主持人魅力的先决条件，有个性才有活力，才能产生魅力。实践证明：凡是受到观众欢迎的主持人（赵忠祥、宋世雄、陈铎、敬一丹、水均益、白岩松、倪萍、鞠萍、杨澜等，还有很多）都具有鲜明的个性色彩。另外，主持人的个性色彩应该和他所主持的栏目风格相一致，这样才能起到相辅相成的作用，才能融为一体。”②

吴郁曾强调节目主持人的本质特征是“个性化”和“人格化”，更进一步提出个性应当体现在语言上：“个性是主持魅力的核心，语言又是主持人个性展露最重要的窗口。”③“语言能力是一个人的思维、学识、情趣、个性等诸种因素的综合表现。”④“语言是一个人综合能力的具体表现，是主持人传播信息、沟通受众、交流情感、发挥个性最主要和最重要的载体。”⑤

倪萍在《自述与自视》一文中也一再强调“主持人最重要的就是个性，具有个人的魅力。”⑥她还说过：“我哪有什么绝招！我只是觉得当主持人，不应该做作，你就是你，应该让观众感到，面前这个人就是一个普通人……”⑦

---

① 《中国荧屏第一人——沈力》，中国广播电视出版社 1999 年版，第 59 页。

② 同上，第 60 页。

③ 吴郁：《主持人语言个性的层面分析》，《语言文字应用》1996 年第 2 期。

④ 吴郁：《优势与挑战》，《中国广播电视学刊》1992 年第 2 期。

⑤ 吴郁：《关于主持人发展的多样化和规范化》，《现代传播》1996 年第 5 期。

⑥ 倪萍：《自述与自视》，《现代传播》1997 年第 1 期。

⑦ 俞虹：《节目主持人通论》，杭州大学出版社 1996 年版，第 256、195 页。

敬一丹更明确地指出:“我理解这个‘个性’并不是‘这个清纯可爱,那个端庄大方’之类,而是一种人格,一种风范,一种与众不同的精神。”①

另外,个性化并不等于“个人化”,吴郁在《21世纪主持人的新标高》②一文提到:“个人化是针对受众而言的另一个概念(如提供个人化的信息、个人化的节目),主持人提个人化则会误入迷恋和展现‘小我’的泥沼,一切脱离栏目特点,不符合社会主流价值判断、肆意妄为孤芳自赏的‘与众不同’,是不被受众承认,更无法接纳的。”提个人化不必然就是小我,就是孤芳自赏,不提个人化也不必然就是大我,就是主流,大我和小我,还都是我,是个人这个整体的一部分。事实上,从生物学意义上来说,任何物种的存在都摆脱了孤立个体的支撑,而是依赖群体的共现。事物总是普遍联系的,世界上并不存在纯然无类的个体,个体都生存于群体之中,任何个体都包含了群体的共性,个体是群体的全息元,个性要在社会关系中存在和发展,永远无法与个人生活于其中并因而具有其本质的人际关系的背景相脱离。因此个人化决不等于绝对的私人化或主观性。

因此,正如于根元教授所说:“高层次的个性还应该是善于以独特的方面为整体的提升作出贡献。说白了,就是善于配合,善于与人为善。”③

三、互动性

技术进步使电视成为最有影响力的大众媒介,它构筑了一个新的现实,却割裂了人际交流与沟通。为了达到更好的传播效果,广播电视媒介便借助主持人,将人际传播的优势嫁接到大众传播之上,取人际传播之长,补大众传播之短,营造出人际传播的拟态氛围,因此,“主持人形式是大众传播的个人化、人格化、形象化,它使受众在接受传媒提供的信息的同时,感觉不再是面对冷冰冰的媒体,而是活生生的、可亲、可近、可信赖的、与自己‘相同’的人。这样,大众传媒便仿佛具有人情味,受众也似乎能从中体味到交流与沟通的快乐了。”④

“我采用了高技术与高情感相平衡这个说法来描述人们对技术的反应。每当一种新技术被引进社会,人类必然会产生一种要加以平衡的反应,也就是说产生一种高情感,否则新技术就会遭到排斥。技术越高级,情感反应也就越强烈。”⑤

所谓互动性,是传播者在增强受众意识,尊重受众自主选择自主接受的心理基础上,与受传者之间信息往返的流动,是传授双方平等的沟通交流⑥。传播者和受传者的角色是互相转换的。传播中的受传者,在反馈信息时则是传播者;同理,传播中的传播者在反馈信息时

---

① 敬一丹、申家宁:《走出围城》,《现代传播》1995年第6期。

② 吴郁:《21世纪主持人的新标高》,《现代传播》2001年第1期。

③ 于根元老师的观点,来自与于根元老师的交流中。

④ 东亚:《主持人:在文化超越的背后》,《现代传播》1996年第21期。

⑤ 〔美〕约翰·奈斯比特:《大趋势——改变我们生活的十个新方向》,中国社会科学出版社1984年版,第38—39页。

⑥ 陆锡初:《互动——节目主持的亮点》,《现代传播》2003年第6期。

则是受传者。在互动性传播中，受众既是信息的接受者又是信息的传播者，既满足了获取信息的需要，又完成了深度参与的过程。

随着技术和观念的进步，观众直接参与的主持人节目越来越多。这类节目多以生活服务、电话咨询、听众点歌、观众竞猜、问题投诉、社会热点为主要内容。在互动性主持人节目中，一方面，主持人可以与节目录制或播出现场的听众、观众互动交流；另一方面，不在场的受众可以通过热线电话、网络调查、现场电话调查、网络咨询，与主持人或其他节目参与者进行直接的交流，近几年，更是利用手机短信扩大了广播电视吸引受众参与并在节目进行过程中互动交流的途径。互动性是大众传播人际化的具体体现，是主持人即兴口语传播的又一魅力所在。

1996 年云南丽江大地震之后，《综艺大观》在昆明做了一期节目，其中有一节是介绍地震后出生的第一个婴儿，这个婴儿曾经得到过一位不愿透露姓名的好心人一万元的捐助。原来的文稿是这样的："震生（孩子的名字），你是丽江震后最幸福的一个婴儿，你要感谢帮助你的人，感谢有了他们的帮助你才能健康成长。"然而，当倪萍抱着孩子上场时，看到孩子好奇地东张西望的神情时，她心头一热，一段情景交融的话语便脱口而出："来，震生，阿姨抱抱，咱们转过脸来，让坐在电视机前的爷爷奶奶看看，瞧，得到你们捐助的小震生长得多好，多健康！"这时，孩子突然大声地"啊"了一声，全场热烈鼓掌。倪萍搂着孩子接着说："来，给捐助你的亲人们鞠个躬，告诉他们，我会使劲长，将来好报答他们。"[①]孩子又神奇地"啊"了一声，现场的观众无不热泪盈眶。倪萍的这段即兴口语，极好地实现了主持人与小婴儿之间的心灵感应与沟通，也极好地实现了与现场观众的互动。这种即兴口语，比事先准备好的单向传播式文稿更口语化、更生动、更符合现场情境，因而更具有交流感、互动性、感染力与震撼力。

四、时效性

主持人即兴口语传播的时效性表现为高效率、合时宜、重时限。主持人的即兴口语在孕育、发生的时候，不是线性构造，而是网络构造，因而相当高速。它的储存方式如同大脑心理词典，是一个庞大的网状结构，能够有效提取并引发宏大计算。除了高效率，主持人的即兴口语艺术还要处理好表达的时机分寸、表达的时间限定。

中央电视台节目主持人董卿于 2006 年 12 月 31 日晚在钓鱼台国宾馆芳菲苑主持《欢乐中国行——2007 元旦晚会》时，遭遇了一个零点敲钟的特别情境。当晚会进行到夜里 11 点 57 分时，计划好的节目都流畅地演完了。下一个流程就该是零点敲钟了，此时《欢乐中国行》节目组资深导演通过耳麦向主持人董卿传来指令：现在距离敲钟还有两分半的时间，请你救场！此刻，董卿义不容辞，迈步登场。当她走到台口演播桌前，耳麦里又传来一个年轻

① 倪萍：《我常常觉得自己不会说话》，《语言文字应用》1997 年第 4 期。

导演的指令：董卿，不是两分半钟，是一分半钟，是一分半钟！此刻，董卿在话筒前开始演播了，当她按照一分半钟的时间在边说边想、边想边说快要结束时，耳麦里又传来那位资深导演的声音：董卿，不是一分半钟，是两分半钟，现在再填补一分钟，听我的！这是我的指令。不允许质疑，不可能对话，此刻董卿立即把即将完成的一分半的串词又调整到再填补一分钟的最新指令上。下面是这段即兴口语：

董卿：谢谢，谢谢莫文蔚。亲爱的观众朋友们，您现在正在收看的是我们在钓鱼台国宾馆芳菲苑为您现场直播的2007年新年特别节目。今晚，我们将在这里共同迎来又一个新年。

刚才莫文蔚为我们带来了一首歌曲叫"忽然之间"。真的，忽然之间好像2006年就过去了，忽然之间好像2007年马上就要来到了。在回顾过去的这2006年的时候，我在想，我能想起来的绝大部分的记忆都是关于节目的录制。在中央电视台的舞台上，真的，得到了很多……得到了很多欢乐的笑，得到了很多感动的泪。当然，也有奔波的苦，当然更多的还是一分收获的满足。以前我总觉得，是我们在创造着快乐，然后把它传递给观众。但是慢慢地我感受到了，真正的天使，是那些从来就不吝啬掌声、从来就不吝啬关爱，一直以来在默默支持我们的观众朋友们。

所以后来我跟随"欢乐中国行"节目来到祖国各地，每到一个地方，虽然他们说的是不同的方言，但是却有着相同的热情，真的会让我们感到非常的快乐和满足。所以请允许我在这里借今天这样一个机会，向所有的观众朋友们表达我们这些电视人对你们的感谢！我们想由衷地说一声，谢谢你们！（热烈的掌声）

（董卿走出演播桌，对观众深深一鞠躬……）

所以，在这样的一个夜晚，在这样一个彼此祝福的夜晚，我真的是怕时间不够长，不够将所有的祝福都送出；我也怕我们的祝福不够深，及不上你们对我们的那份真情；我也担心所有的礼物不够多，不够让所有关注我们的观众都有所收获。

那在这里我只能说，无论今晚，还是明晚，还是今后的每一天，我们所能做到的就是尽心尽力地在我们的工作岗位上去做出最好的节目，来回馈给你们，为你们带去更多的快乐。（欢呼声，口哨声，掌声）亲爱的观众朋友们，在我们的彼此问候当中，在我们的期盼当中，2007年马上就要来到我们的身边了。

导播告诉我说，现在距离2007年只有17秒的时间了，让我们一起来倒计时吧！9、8、7、6、5、4、3、2、1（全场齐声）

新年快乐！新年快乐！（掌声欢呼声）①

在这个案例中，由于事发突然，主持人董卿没有专门的准备时间，基本处于边想边说的

① 吴洪林：《传必求通 功为胜道——解读主持人董卿成功创作的"金色三分钟"》，《浙江传媒学院学报》2008年第1期。

情况，这个思考过程必须是高速且高效的，同时，还要把握好两分半钟的时限以及时限的随时变化。在这个过程中，董卿临危不乱，调动智慧和激情，根据现场时限变化，及时调整语序，用“欢乐的笑”“感动的泪”“奔波的苦”等诸多排比句即兴制造了一个又一个赏心悦耳的“感谢”，并通过深深鞠躬等体态语，既表达了谢意，又赢得短暂时间，在紧急中控制住了节奏，创作了主持人即兴口语传播中一个成功的案例。

对主持人而言，录播相对容易，录播事先有脚本，可以一字一句斟酌，可以一遍一遍反复。而直播则不同，直播与事态同时发生、进行、结束，一遍就过，不可逆转。直播短则半小时，长则几个小时，如果这几个小时的稿子都要一字一句地写下来，是不现实的。并且，许多事情无法事先预知。因此，主持人在直播状态下的即兴口语能力非常重要。1997 年 6 月 30 日上午，驻港部队离营誓师大会开始前一小时，突然天降大雨，离大会开幕还有 20 分钟，天气又突然放晴，白岩松在现场即兴组织了这样一个开场白：“一场大雨洗刷的是中国百年的耻辱，而风雨过后，是中国晴朗的天空。”这个即兴的开场白，很契合当时的气氛，也具有一定的内涵，让人觉得很得体。7 月 1 日，部队正式进入香港时，白岩松有 10 分钟的主持时间，这 10 分钟的内容，白岩松是准备好了的，但直播时白岩松的主持时间被延长到 20 分钟。面对这多出来的 10 分钟，他不慌不忙地又通过即兴现场报道继续主持了 10 分钟。白岩松多出来的 10 分钟即兴口语，高效率、合时宜、重时限，也是主持人即兴口语传播中一个成功的案例。

五、全息性

主持人常常以直接的、面对面的人际交流的形式进行大众传播活动，而“人际传播是全息化的”①。

主持人的即兴口语，刚开始可能只是萌生于一个想法、一个字、一个词、一句话……它们如同种子般，生发出一段段即兴口语，全息性即表现为此。“一切都是由种子发展而来的，一切事物都已存在于种子之中，因而所谓变化只是早已存在的东西的生成过程，是由潜在到显现的过程。”②“两者之所以能相互转化，就因为相互包含，每一方都潜在于对方之中，转化实在不过是显化。由此，辩证法不承认绝对分明的界限，而认为一切都是可以相互转化的；并且物质世界是一个有机联系的整体，一切都处于普遍联系之中。”③

除了口语，主持人的其他语言要素，如眼神、动作、表情、服饰、化妆、道具同样传递信息。奥斯古德（Osgood，1954）提到“姿势、面部表情，甚至对物体的操纵（例如，扔下一张纸牌，推

---

① 〔美〕威尔伯·施拉姆、威廉·波特：《传播学概论》，新华出版社 1984 年版，第 74 页。

② 王存臻、严春友：《宇宙全息统一论》，山东人民出版社 1988 年版，第 15 页。

③ 同上，第 35 页。

开手边的一碗食物)均是消息的一部分”①,这一对信息的理解具有全息性,语言观上则是大语言观的反映。

全息还包含发展的趋向。主持人即兴口语生长的过程除了扩展以外,也可能随机应变,充而用之,实现发展。

全息、有机联系允许差异,因此,不同的人可以有不同的角度和表述,能够得出各种各样不同的语篇,形成丰富多彩的语言实践。

第三节　主持人即兴口语传播的研究意义与方法

一、理论意义与实践意义

(一)理论意义

主持人即兴口语传播研究与语言认知、语言生成和语言理解等理论的探讨有关。主持人即兴口语传播研究既有助于丰富和发展节目主持专业相关理论研究,也有助于丰富和发展语言认知、语言生成和语言理解等相关理论研究。

长期以来,语言和思维的关系问题,哲学界、科学界、语言学界都给予极大兴趣和关注,尽管大脑研究有“黑箱”之说,但是思维研究、语言研究包括心理学研究从未停止过。

国外学者对语言认知、语言的生成和语言理解有比较早的探讨。

苏联学者维戈茨基(Vyigotski)指出:语言发展有三个阶段:外部语言、自我中心语言和内部语言。内部语言即思考问题时的言语活动,其特点是:发音器官活动的隐蔽性,形态上的凝缩性和简约性,功能上的述谓性。内部语言在思想与扩展性语言之间起着不可缺少的中间环节的作用。苏联学者宋采夫提出了与内部语言相应的“特殊代码说”。美国语言学家乔姆斯基(Noam Chomsky)将特殊代码表述为“一种特殊的深层结构”。苏联学者卡谢维奇(Kasiewicz)同样认为:人在说话以前先形成一种动机(мотиъ),即对所要说的话有一种大致的想法,这种动机属于前语言阶段。苏联学者鲁利亚(Luriya)发展了他的老师维戈茨基关于“内部语言”的观点,认为“内部语言”在形式上虽然被凝缩、简约为不合自然语言语法的结构,但是它却保持着可以随时扩展为完整地、复杂地说出来的可能性。1975 年,在《神经语言学》一书中,鲁利亚进一步把“内部语言”引入语言的生成(表达)和理解过程。美国语言学家切夫(Chafe)将特殊代码表述为“一种特殊的语义结构”,并且通过实验,研究了“言语化过程”。②

---

① 〔美〕沃纳·塞弗林、小詹姆斯·坦卡德:《传播理论:起源、方法与应用》,郭镇之等译,华夏出版社 2000 年版,第 55、56 页。

② 参见吴为章:《新编普通语言学教程》第三章“语言和思维”,北京广播学院出版社 1999 年版。

还有不少人对言语生成的一般过程做了描述，并且形成了模型。冯特(Wundt)将言语生成过程划分为四个阶段。莱维特(Levelt)也将话语产生分为四个阶段。弗罗姆金(Fruomkin)发表了第一个企图解释心理表征各个层面和重要阶段的言语产生模型。加里特(Gareet)又发表了一个与弗罗姆金相似但更为详细的模型，这些模型都可称为串行的模型，他们把言语产生看成是先后发生的一个个不同层面的阶段。和弗罗姆金与加里特的串行模型相对立的是并行模型，认为在言语产生过程中言语处理的各个层面是同时运作的，这一类模型又称为连接主义的模型。肯奇(Kintsch)和梵·迪克(van Dijk)也提出了一个影响很大的语篇处理模型。这个模型认为人们从语篇中获得一系列命题，并且把它们组成一个连贯的语义表征。肯奇进一步提出一个新的模型，他称之为构建与结合模型(Construction－Integration Model)。前莫斯科语义学派的代表人物梅尔秋克也创立了"意思——文本(MTT)"理论来揭示语言理解和产生的一般过程。①

国内学者同样对语言认知、语言的生成和理解及一些具体的应用进行了讨论。

伍铁平在《语言与思维关系新探》一书中谈到：人的大脑具有比现代最先进的计算机多得多的信息存储量，据估计高达1015比特(bit，信息单位的名称)。这么多信息如果全靠完整的语句表达，我们很难想象，小小的人脑怎么能够容纳得下。因此，当代科学家推测，大脑很可能是一种全息装置；除语言外，还有表达思想的某种特殊代码，使得大脑有可能容纳下这么多的信息。伍铁平认为：与特殊代码相应的思维形态是科学家们称为"跨越式"思维的思维。这种思维只要在大脑中保存若干关键性的词语或某种特殊代码，通过它的启发，就可以跨越许多阶段，一跃而变为连贯的自然语言。他认为：即兴发言时思考发言提纲、听人说话时抓住话语要点、翻译外语时迅速进行意译，人们运用的都是"跨越式"思维和非自然语言的"特殊代码"。②"跨越式"思维有这样一些特点：第一，它是与内部语言相对应的，以内部语言为载体，它们的发生可以同步，也就是说，一旦有讲话的意念，特殊代码就出现了。第二，"跨越式"思维以一些关键词语为动机(motivation)，这些关键词语貌似不连贯，但是一旦扩展就可成篇。例如一些主持人大赛试题：根据"水、泥沙、鱼"或者"小偷、警察、鲜花"说一段话，这些词貌似不连贯，但是通过建立关联，使其中至少一个词具有述谓性，就可以发展出语篇。有了预期的连贯以后，根据现场情况或者语境可以变换连贯性。并且，面对同一组词，不同人有不同理解，可以建立不同关联，从而得出不同语篇。第三，现代心理学在讨论继时(连贯)辨认和瞬时辨认的区别时，都提到"跨越式"思维；并且认为只有人脑才具有两种辨认能力，而电脑还只有继时(连贯)辨认的能力。伍铁平关于"特殊代码"、"内部语言"和"跨越式思维"的讨论涉及话语产生。

应天常认为："在这个言语生成的网络系统中，布满于网线交叉部分的是许多'节点'，它

---

① 参见桂诗春：《新编心理语言学》，上海外语教育出版社2000年版，第431、432、483页。

② 同上。

是头脑中最灵敏的言语信息的聚集，在言语生成时，它具有很强的提取功能和激活扩展功能。在表达过程中，一旦提取或激活某一个‘节点’，思维和意识就沿着网络通道同时向许多方向扩展，直到波及整体的个人语典。如果网络通道畅通无阻并能合理地组织与控制，个人的言语才华就会得到充分的发挥。”[①]关于“节点”提取和激活扩展的讨论涉及话语产生。

于根元论及：“我们往往说长篇大论的时候脑子里起初或者面前的纸上是几个几十个字。还有一种情况，我是有成文的稿子的，如果用说话的方式来说，总有不少书面语的味道，如果只记几个语结，说起来可能漏掉一些，但是比较生动，而且容易根据时间长短加一些话减一些话。”“有的应急情况下说话比较好，是语结确定得好。比如朵而主持人大赛，大屏幕上是抗洪中一位子弟兵背着一位老大娘。选手始终围绕着‘依靠’来说这幅照片的思想，说得很好。有的说不到点子上，是语结没有找好。实际上这也是选题问题……这个问题的探讨，进一步研究人的内部语言以及同外部语言的关系，理论性也是很强的。”[②]这里关于“语结”的讨论和应用涉及的也是话语产生。

《中国播音学》在口语训练中提到：人在说话前，先要产生说话的动机、愿望，即“为什么说”“对谁说”“说什么”“怎么说”，思考这些的过程，也就是组织内部语言的过程。在这一阶段，要完成说话内容的轮廓、主题词语或一些“语点”[③]。

中国播音学中的准备稿件也是很有价值的讨论和应用。备稿有两方面的含义，一是广义备稿，一是狭义备稿。广义备稿是指平时不断地学习和积累。播音员、节目主持人是新闻工作者，应该具备较高的政治觉悟和理论水平、广博的文化知识、深厚的专业基本功和艺术修养等等。播音成功与否取决于这种学习和积累的深广程度。广义备稿是播音创作的基础。狭义备稿，是指播出前具体一篇稿件的准备。如何准备一篇稿件，不同的播音员、不同的稿件，会有些细微的差别。但从播音创作的根本上看，主要的方法是大同小异的。概括起来有六个步骤，简称“备稿六步”。它们是：划分层次、概括主题、联系背景、明确目的、找出重点、确定基调[④]。备稿的讨论和应用涉及语篇理解。

於春《论语结——有效提高语言实践能力》[⑤]探索了即兴语言中的语结现象，认为：一般发言的时候，我们可能不是把所有要说的话逐字逐句全想好了，而是想好几个简单的字、词、句，有时候记在脑子里或者随便写在纸上。要表达的多了，就在前面标上序码。这一个字、词、句就是一个语结，这一串是一个大语结或者是语结串。许多长篇大论最初也是几个字或者几十个字。语结的作用相当于种子，生长的过程是以语结为基础向相对完整的语篇过渡的过程。生长除了以语结为基础扩展以外，还可能会生发出新的内容，即充而用之。各个语

① 应天常：《节目主持语用学》，北京广播学院出版社 2001 年版，第 246 页。
② 于根元：《现代汉语研究与应用》，北京广播学院出版社 2003 年版，第 285 页。
③ 张颂：《中国播音学》，北京广播学院出版社 1994 年版，第 270 页。
④ 付程：《实用播音教程第二册：语言表达》，北京广播学院出版社 1999 年版，第 2 页。
⑤ 於春：《论语结——有效提高语言实践能力》，中国经济出版社 2006 年版，第 1 页。

结不是孤立的，在语义网络上，它们就像一个个结，有时候联系着好几条线，重要的大语结往往联系着更多的线。语结的“结”，是为了突出其生长、扩展、层次、辐射的能力，突出语结之间的立体交叉和有机联系。根据在实际形成的语篇中的功能和作用，该研究将语结大致可以分为基本内容类、关系类、情绪气氛类。如果进一步考虑种种表达作用及其对语篇语体色彩的制约，基本内容类语结还可以区分为议论、记叙、描写、说明、抒情、对话六种下位类型。从研究角度看，前五种小类有比较明显的区别，可以分开介绍。但是从实际运用中看，各小类常常交叉配合、互相补充，有时候甚至重合，共同构成语篇的基础。逻辑关系类语结不是构成语篇的基本内容，但是，基本内容类语结之间如何衔接、过渡，逻辑关系类语结起着重要作用。情绪气氛类语结不是语篇的基本内容，和主体没有太多关系，却很有意思，可以为语篇增色。

从“内部语言”“特殊代码”“一种特殊的语言结构”“一种特殊的深层结构”“语点”“节点”“语结”等看法以及多种多样的划分阶段和模型，可知相关探讨的敏锐和热烈。希望本书在借鉴各家精华的基础上，提供一种新的思路，以丰富语言与思维、广播电视语言传播、节目主持研究等相关理论探讨。

（二）实践意义

除了上面提到的白岩松、董卿等在节目主持的过程中通过即兴口语“救场”的情况，在主持人选拔比赛中也常常通过即兴口语来考察选手的能力素质和思维水平。

2001年初，在中央电视台举办的“荣士达杯节目主持人大赛”复赛中，一位选手抽到这样一道题：请在两分钟内用“鲜花”“警察”“风车”三个词当场讲一段故事。

这位选手说出了下面一段话：

> 在所有的故事当中最吸引我的是爱情故事，可能此刻我正陶醉在热恋当中，所以我一听到要讲故事，我觉得应该讲个爱情故事。讲个什么样的爱情故事呢？我想，可能在大时代下发生的，一个小人物的爱情故事才是最感染人的。这个故事，该是如何发展呢……其实这个故事，我讲的是一个我们大时代可能我们……现在经济的快速发展出现了一个下岗的现象，我今天要讲的是有个下岗职工，他们两个人之间的爱情故事，现在，从最早开始吧。他们都是从这个，从知青回到城市的，知青谈对象的时候呢，是他们非常怀念的日子呢……就是那个男生采一朵鲜花给女生送去……因为在那一刻鲜花是最值钱的，也是他们的爱情……
>
> （主持人提示：“时间到！”选手尴尬地说了最后一句话）
>
> 可能讲故事不是我的特长……①

① 转引自应天常：《节目主持语用学》，北京广播学院出版社2001年版，第243页。

显然这段表达是不成功的。虽然这“鲜花”“警察”“风车”三个词貌似不连贯，但是通过建立关联，完全可以发展出有故事的语篇。这个选手的失误不仅在于语言不流畅，最要紧的是，在规定的时间内选手没有迅速建立“鲜花”“警察”“风车”这三个词间的关系，因而无法据此说出完整、新颖的故事。

同样在中央电视台举办的“荣士达杯节目主持人大赛”复赛中，另一位叫许可的安徽选手抽到这样一道题：请在两分钟内用“数学”“春节”“护照”当场讲一个故事。她是这样说的：

> 这是一个文学成绩很好、作文写得很好的高中生，可是她的数学成绩非常差，但是这个女孩呢在高三那一年发生了师生恋，她的数学老师爱上了她，她觉得非常烦恼，不知道该怎么办。就正在这个时候——在春节那时候，她的父母从澳大利亚回来了，告诉她已经给她办好了出国的护照，她就带着这些烦恼和麻烦事儿离开了这个……因为她的语言也非常好，因为澳大利亚是个英语国家，有利她的生活，于是她就离开了这个烦恼的学校到澳大利亚一所大学读她的大学，在今年的奥运会上，她还为中国运动员加油呢！①

规定的时间内，选手迅速地在“数学”“春节”“护照”三个词间建立了联系，简单说来就是：一位高中生烦恼于她和数学老师之间的恋情，春节期间她办好护照出国了。通过三个词及其相互关系，选手发展出一段比较合理、完整的故事。另外突出的一点是，选手将出国地点选在了“澳大利亚”，和当时火热的2000年悉尼奥运会联系起来，具有新闻性。

从上面两个例子可以看出掌握主持人即兴口语传播的规律、技巧。加强主持人的即兴口语艺术研究，可以帮助主持人在获得优质即兴口语的同时，减少“语用失误”的现象。

中国传媒大学鲁景超教授在即兴口语表达的教学和研究中有这样一个案例：针对北京连降几天大雾这一现象，要求学生进行独白性即兴口语的练习。在严格限定的时间里，不可能逐字逐句写好完整的语篇，某同学即兴准备的只是一些“语点”，“语点”正是本书随后要讨论的语结，也就是主持人即兴口语的种子，下面是该话题的语结和语篇对照(见第23页)②：

在这个案例中，左侧的语结共分为三个部分：“开门见山”“现状和成因”“前后呼应”，这三个部分反映出发言者对将要发言的语篇的思路和总体安排；三个部分下面各自还有下位语结，比如第一部分的“大雾”“5级”“污染”，第二部分的“由1993年申奥谈起”“问几级”“伍绍祖的回答”“将投入巨资治理”“相信”“清新 透明”“然而”等，第三部分的“盼奥运”“行动”“呼唤法律法规”等。这些语结有的代表具体事实、论据、观点、态度等基本内容，有的衔接基本内容、体现基本内容间相互关系。总的来说，在相当有限的时间内，在左侧语结的引导下，右侧发言语篇基本体现了表达流畅、论点清晰、层次分明、逻辑推进、首尾呼应的特点。

---

① 转引自应天常：《节目主持语用学》，北京广播学院出版社2001年版，第246页。

② 鲁景超：《广播电视即兴口语表达》，北京广播学院出版社2000年版，第173～175页。

语　　结	语　　篇
一、开门见山 大雾 5 级 污染	自 11 月 20 日以来，北京地区连降大雾，同时空气质量下降到 5 级。在一片茫茫大雾之中，北京市民最直接的感触是：北京的空气质量又下降了，空气污染又严重了。
二、现状和成因 由 1993 年申奥谈起 问几级 伍绍祖的回答 将投入巨资治理 相信 清新 透明 然而	这使我想到了几年前的一件事，那时北京正在申办 2000 年奥运会。据当时随团采访的记者回忆说：悉尼申奥工作负责人曾在全体国际奥委会成员面前问我们的伍绍祖主任，北京的空气质量是几级？伍绍祖主任回答说：我们将投入巨资用于北京环境污染的治理工作，相信 2000 年奥运会在北京举行时，我们能给各国运动员清新的空气和透明的蓝天。尽管他的回答非常巧妙，然而远期的承诺毕竟还缺乏对现实的说服力。
引到现实 临近千禧年 再申奥之际 危害 1. 飞机停飞 2. 高速路关闭	现在是 1999 年 11 月 25 日，距离千禧年的到来还有几十天的时间。当不服输的中国人正满怀信心地准备申办奥运会之际，让我们来看一看现在北京的空气状况又是怎样的呢？茫茫大雾造成了首都国际机场 70 架次飞机被迫停飞，高速公路 24 小时关闭。有人颇具黑色幽默地说：在这样的天气骑车真有“自古华山一条路”的感觉，到了地形稍微复杂的地方，是向左拐还是向右拐完全是凭直觉。
雾的形成 气温下降 水蒸气凝结 正常 非正常 警惕 污染	下雾，本来是由于“气温下降时空气中所含的水蒸气凝结成小水点，浮在接近地面的空气中”而形成的比较正常的自然现象。但气象专家们指出，像今冬北京这样连降大雾，却是一种少见的现象，必须高度警惕潜藏在正常自然现象背后的非正常因素，即：城市污染。
三、前后呼应 盼奥运 行动 呼唤法律法规 环保意识 全社会 “清新、透明” 不能 而必须	几年前我们申办奥运会，提出的口号是“开放的中国盼奥运”。那么现在，处在世纪之交的中国应该说比以往任何时候都更期盼奥运，期盼五环旗。我们决不能因环保问题再度败下阵来。为此，我们呼唤有关法律、法规的尽快出台，呼唤市民的环保意识，呼吁全社会都来关心我们的生存环境，爱护我们共同的家园。将“清新的空气”和“透明的蓝天”还给北京，决不能是一个遥遥无期的承诺，而必须在我们手中变成美好的现实。

我国于 1954 年建立了第一座培养广播专业人才的学校——北京广播学院（现中国传媒大学前身），并于 1963 年正式招收播音专业学生，学制 3 年，这是我国培养口头表达能力及播音人才的第一所正规院校。10 年动乱之后，1974 年北京广播学院恢复办学并招收 2 年制播音专业学生，1977 年改为四年制本科。而随着广播电视的发展，据不完全统计，到 2010 年止，全国开设播音与主持艺术专业的本科院校有 100 多所，专科院校 200 多所。而该专业的

人才培养方案及课程教学计划,基本上沿用“中国播音学”的理论体系,即:实行四年制本科教学,第一年进行基础性学习,内容涵盖普通话语音及发声,第二年对学生进行语言表达的内外部技巧的技能型培训,第三年开始偏向于学习广播播音主持及文艺作品的演播,第四年开始着手电视播音主持及配音学习等。而随着信息全球化的到来,广播电视事业改革的进程也随之加快,20 世纪 80 年代中后期,我国开始出现主持人节目,院校专业培训也开始意识到主持人口语表达的能力在一个节目中的重要性,一批院校率先在播音与主持艺术专业中增设了“即兴口语表达”的课程。但是,到目前为止,主持人即兴口语传播的系统研究仍然相对薄弱。同时,在现今语言也作为一种生产力而存在的大环境下,主持人即兴口语传播除了作为专业性训练,也可以作为普及性训练,有助于提高普通民众的即兴口语修养。

二、研究思路与研究方法

(一)研究思路

主持人即兴口语传播,秉持全息的传播观和语言观,是大众传播、人际传播、语言传播的有机结合,这一观点将贯穿于全书。

在传播观上,强调“每个人都是信息发布者,也是接收者,信源迅即就可到达信宿、信宿迅即就可转而成为新的信源”。在语言观上,以即兴口语研究为主,同时也关注即兴体态语。既考查即兴口语表达,也考查即兴口语理解;不仅研究语言本体,也观照语境要素、修辞手法,同时重视语言意义、语言认知研究。在语言的静态研究与动态研究、内部研究与外部研究、历时研究与共时研究的结合方面,也将进行探索和尝试。

在研究过程中,以口语传播研究为主,侧重即兴口语认知机制、表达与理解研究等,兼顾思维构成、修辞手法、体态语研究等。就大众传播研究而言,本书侧重“谁”(信息控制研究)、“说了什么”(内容研究),其他问题虽然不作专章论述,但是在实际研究过程中,也兼顾“通过什么渠道”(渠道研究)、“对谁说的”(受众研究、互动研究)、“产生了什么效果”(效果研究)。在主持人即兴口语传播研究中,必须有取舍、有重点、有区分,但在主持人即兴口语传播实践中,很多问题是不能截然分开并且必须极速同步考虑的。

全书的结构安排如下:

第一章为总论,明确本书的研究对象——主持人即兴口语传播,发掘其内涵与特性,阐释节目主持人即兴口语传播的研究意义,说明这项研究所采用的研究方法。对这些基本问题的回答,具有统领作用,全书此后其他章节、分项研究、训练方法均由此展开。

第二章对主持人即兴口语进行传播考察,介绍了与之相关的四种传播模式,明确主持人即兴口语研究的传播属性及范畴。

第三章研究主持人即兴口语的思维构成,这在主持人即兴口语训练中有很强的操作性。

第四章研究主持人即兴口语的认知机制、语言生成与语言理解,特别引入语结这一概念，语结是主持人即兴口语的种子，对主持人即兴口语研究来说具有方法论的指导意义，对主持人即兴口语训练来说有技术手段的操作意义。

第五章、第六章研究主持人即兴口语表达，介绍主持人获得优质即兴口语表达的方法，是主持人即兴口语生成机制的实践应用。

第七章研究主持人即兴口语理解，好的说离不开好的听，良好表达与良好理解相辅相成，此章介绍主持人即兴口语理解的方法，是主持人即兴口语理解机制的实践应用。

第八章研究主持人即兴口语修辞，这是主持人即兴口语生动、有趣、新鲜的重要方面。

第九章研究主持人即兴体态语，体态语具有“此时无声胜有声”的力量，与主持人即兴口语应相互配合、相得益彰，是主持人即兴口语全息化考查的一个方面。

第十章为未来展望，介绍新世纪主持人即兴口语传播的创新空间。

（二）研究方法

1. 文献研究法

文献是指记录知识的一切载体，包括图书、报刊、会议资料、各种文件、学位论文、科技报告、专利文献、磁盘、光盘及各种音像视听资料、微缩胶卷、胶片等。文献研究法是指根据一定的研究目的或课题需要，通过检索、查阅文献来获得相关资料，了解有关问题的历史和研究现状，梳理、洞察所要研究的问题，找出事物的本质属性，从中发现问题的一种研究方法。本书所涉及的文献主要包括节目主持学、新闻学与传播学、语言学、心理学、思维科学、修辞学等。

2. 实证研究法

实证研究指研究者亲自收集观察资料，为提出理论假设或检验理论假设而展开的研究。实证研究具有鲜明的直接经验特征。实证主义所推崇的基本原则是科学结论的客观性和普遍性，强调知识必须建立在观察和实验的经验事实上，通过经验观察的数据和实验研究的手段来揭示一般结论，并且要求这种结论在同一条件下具有可证性。根据以上原则，实证性研究方法可以概括为通过对研究对象大量的观察、实验和调查，获取客观材料，从个别到一般，归纳出事物的本质属性和发展规律的一种研究方法。在本书中，许多语篇材料通过观察、实验获得，直接采集于主持人即兴口语的实践中，直接采集于主持人即兴口语的课堂训练中，是来自第一手的分析材料。

3. 内容分析法

解读式内容分析法是一种通过精读、理解并阐释文本内容来传达意图的方法。“解读”的含义不只停留在对事实进行简单解说的层面上，而是从整体和更高的层次上把握文本内容的复杂背景和思想结构，从而发掘文本内容的真正意义。这种高层次的理解不是线性的，而具有循环结构：单项内容只有在整体的背景环境下才能被理解，而对整体内容的理解反过来则是对各个单项内容理解的综合结果。本书将对诸多主持人即兴语篇进行内容分析，通过大量研究探索其中的规律和方法。

4. 话语分析法

话语是特定的社会语境中人与人之间从事沟通的具体言语行为，及一定的说话人与受话人之间在特定社会语境中通过文本而展开的沟通的言语活动，包括说话人、受话人、文本、沟通、语境等要素。本书将对所采集的即兴语篇材料作话语分析。

5. 案例研究法

案例研究法是研究特定时空范围内某一特定现象的研究方法，即通过比较典型的个案来说明一系列观点。本书将对崔永元、白岩松、杨澜、敬一丹、倪萍、董卿、元元、张越等节目主持人的即兴口语进行案例研究，通过大量的案例研究积累，揭示主持人即兴口语传播的规律与方法。

第二章　主持人即兴口语的传播考察

第一节　模式

一、模式研究的必要

模式是“对真实世界理论化和简约化的一种表达方式”[①]，是“一种符号的结构和操作的规则，它用来将已存在的结构或过程中的相关要点联系起来”[②]。模式“对于了解更复杂的过程是不可缺少的”[③]。这是一种选择和抽象的形式，它使用的广泛程度大大超出人们的意料。模式包含了要点，也隐含对相关性的判断，反过来，这种判断又隐含着对模式化事物的一种理论。

模式能提供我们考虑问题的框架，即使它早期的形式还不能用以进行成功的预测。此外，模式也能指出我们知识中的那些明显的空白，可以提出需要研究的领域（寻找做结论的目标）。对理论模式的使用将自然科学和社会科学联系起来，就像它将科学本身联系起来一样。在几乎所有的科学领域中，符号都被用来描述现实的基本方面，这也是特定领域的科学家共同关注的方面。当然，抽象势必会带来过分简化的危险，检验一个模式可以引出改进了的模式，这就意味着原来模式的失效。

二、模式的功能

模式有四种明显功能：组织、启发、预测、测量[④]。

---

① 〔美〕沃纳·塞弗林、小詹姆斯·坦卡德：《传播理论：起源、方法与应用》，郭镇之等译，华夏出版社 2000 年版，第 44 页。
② 同上。
③ 同上。
④ 同上，第 45 页。

模式的组织(organizing)功能体现在:它能对资料进行排序和联系,以显示事先没有看出来的资料之间的相似性和关系。如果一个新模式解释了人们尚未了解的事情,那就几乎总是表示,他可以作出预测。

预测(predictions),模式如果具有可操作性,那就表示,一个模式可以通过实际的检验对预测加以证实。

启发(heuristic),即使缺乏测量技术不能证实预测时,它仍然可以成为引出新的未知事实和方法的一种手段。模式也允许一定范围内的预测,从简单的"是"与"否"的形式到完全量化的有关"什么时候"或"多少数量"的预测。

测量(measuring),当一个模式在一定精确度上容许人们对有关"何时或多少"的问题做完全量化的预测时,它就变成对我们感兴趣的现象的测量。如果模式与被模式化的事物之间的联系过程是明白易懂的,则所得的资料在模式的帮助下便可形成测量,不论这种策略是一种简单的排序,还是一种全由比率组成的等级表。

第二节　四个相关的传播研究模式

传播学研究中,有很多人提出了多种多样不同的分析框架和模式,下面介绍与主持人即兴口语传播最为相关的四个经典的传播研究模式,主持人即兴口语传播正是建立在这些传播研究的基础上。

一、拉斯韦尔模式和维纳的反馈观

早期在传播方面的一个口语化模式是哈罗德·拉斯韦尔(Harold Lasswell,1948)提出的:

谁(Who)

说了什么(Says What)

通过什么渠道(In Which Channel)

对谁说的(To Whom)

产生了什么效果(With What Effect)

拉斯韦尔模式后经英国传播学家 D. 麦奎尔整理后图示如图 2—1[①]:

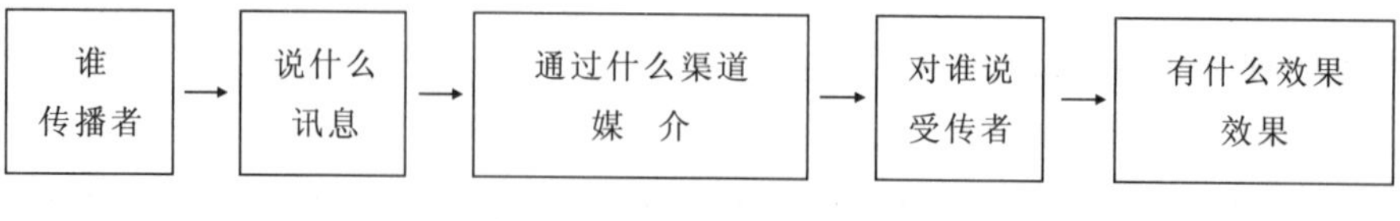

图 2—1　拉斯韦尔 5W 模式

① 郭庆光:《传播学教程》,中国人民大学版社 1999 年版,第 36 页。

拉斯韦尔的模式可普遍应用于大众传播。它意味着，传送同一信息的渠道不止一种。“谁”提出了对信息的控制问题。“说了什么”是内容分析研究的主题。传播渠道是对媒介作分析研究。“对谁说的”是对接收者和受众的分析研究。“有什么效果”即效果研究，包括信息散布研究和传播者可信度研究等。

尽管拉斯韦尔的模式可普遍应用于大众传播，但是，该模式也被很多人批评为过于简单，并且缺乏一个反馈的、互动的思维，大众传媒发展到今天，这一问题显得尤为突出。

维纳(Nobert Wiener)同年(1948)出版了《控制论》(Cybernetics)。这本书强调了两个重要的概念：传播的统计学基础和反馈(feedback)，反馈是传播学中最常借用的概念之一。

二、香农与韦弗模式的技术观

克劳德·香农与韦弗(Clavde Shannon & Weaver)的《传播学的数学理论》(*Mathematical Theory of Communication*，1949)已成为其他传播模式和理论发展的最重要及最有影响的促进因素，香农与韦弗模式的最大特点是从技术的角度出发，根据是信号传输的统计学概念(这种概念最先是由维纳强调的)，提出了“噪音源”的概念，形成了“香农—韦弗数学模式”(见图2—2)。在《传播学的数学理论》的第二部分，韦弗提出了传播的简图，由此产生了其他许多传播过程模式。

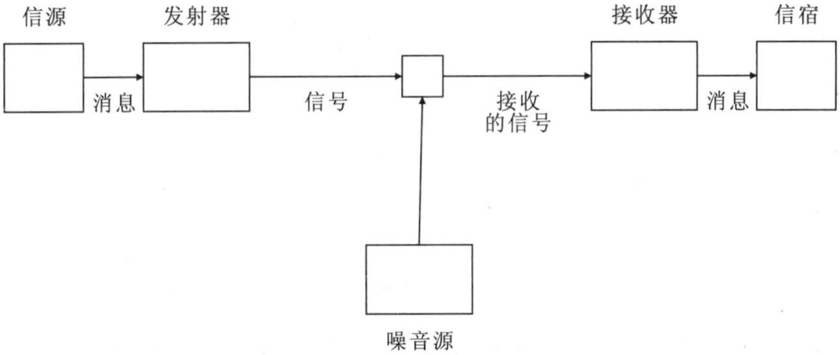

图2—2　香农—韦弗数学模式

在这个模式中，信源从一组可能传播的消息中产生出实际传播的一条消息(message)，这个消息可能由口头语或文字、音乐、图像等组成。发射器(transmitter)将消息转变为信号以适合传播渠道使用。渠道(channel)是将信号(signal)从发射器传送到接收器的传送中介。在人际传播中，信源是大脑，发射器是制造信号(口语)的发音器官，通过空气渠道送传。

香农和韦弗的另外一个主要贡献就是在消息中包括了熵(entropy)和冗余(redundancy)的概念。为达到有效的传播，两者之间就应保持平衡，以抵消传播渠道中的杂音。简单说来，传播渠道中的噪音越多，就越需要冗余，这样就降低了消息中相对的“熵”值，例如，在嘈杂的渠道传送无线电信息时，需要重复关键的部分，以确保信息的接收，如“星期二将抵达，重复星期二”。通过冗余来克服传播渠道中的噪音，在特定时间内可传送的信息量就会减少。

三、奥斯古德模式的认知观

奥斯古德(Osgood)批评香农和韦弗未解决工程应用问题而发展出的机械传播模式，说它没有考虑人类传播的问题。奥斯古德的模式是从其意义理论(Theory of meaning)和一般心理语言过程(Psycholinguistic process in general)中发展来的，与香农和韦弗模式的技术观出发点不同，奥斯古德模式从人类认知心理的角度出发，实质是认知观。

奥斯古德将符号的意义列入考虑范围，而此前，香农和韦弗的模式中对信息的定义特地排除了意义。奥斯古德还提供了在一个个体内同时具有发射和接收功能的模式，而此前香农和韦弗的模式意味着，信源、信宿、发射者、接受者是相对独立的。虽然对机械系统而言这通常是正确的，但对人类传播系统而言却未必如此。其实，一个个体兼具信源和信宿的功能，同时作为发射者与接受者，通过许多反馈机制对他或她自己编码的信息进行解码。奥斯古德的观点是，根据香农和韦弗的模式，处于语言共同体(speech community)中的每一个人都被视为一个完整的传播系统。奥斯古德重新调整了香农的模式，把它变成他所认为的一个既能发射又能接收信息的传播单位(community unit)。

奥斯古德强调了传播的社会本质：“因此，任何适当的模式至少应包括两个传播单位，一个信源单位(说话者)和一个信宿单位(听话者)。在任何两个这样的单位之间，将两者连接起来成为一个系统的，就是我们所说的消息。根据本报告的目的，我们将消息定义为从信源单位所有输出(反应)的那部分，同时也可能是所有输入(刺激)信宿单位的一部分。例如，当个体A与个体B说话时，他的姿势、面部表情，甚至对物体的操纵(例如，扔下一张纸牌，推开手边的一碗食物)均是消息的一部分，就如事件以声波传送一样。”

应该说，奥斯古德对信息的理解具有全息的观点，在语言观方面则是大语言观。比如他提到消息在两个单位间的系统性；比如提到“姿势、面部表情，甚至对物体的操纵(例如，扔下一张纸牌，推开手边的一碗食物)均是消息的一部分”，而不仅仅是口语，这正是出于信息的全息化与语言的全息化考虑。

四、施拉姆模式的集大成

施拉姆并没有像香农和奥斯古德那样，把技术和非技术的传播截然分开，而是将两者优势融合在一起，并结合了维纳的反馈观。

在早期的一系列模式中，施拉姆从简单的人类传播模式入手，进入了两个人根据积累的经验试图沟通的更复杂的模式，后又转向两个人之间互动关系的人类传播模式。很明显，施拉姆的第一个模式与香农、韦弗的模式极为相似。第二个模式，施拉姆介绍的观念是，只有在信源与信宿经验范围内的共同领域，才是实际上传播的部分，因为只有在那部分，信号才是信源与信宿共同拥有的，施拉姆所提及的“经验范围”，实质上进入了奥斯古德倡导的认知心理、意义领域。第三个模式，施拉姆实质上贯彻了奥斯古德“每一个人都是一个完整的传播系统”“说话者和听话者都是既能发射又能接收信息的传播单位”这样的观念，将两个单位各自的编码、解释、解码和两个单位之间的传送、接收、互动融合在一起(见图 2—3)。

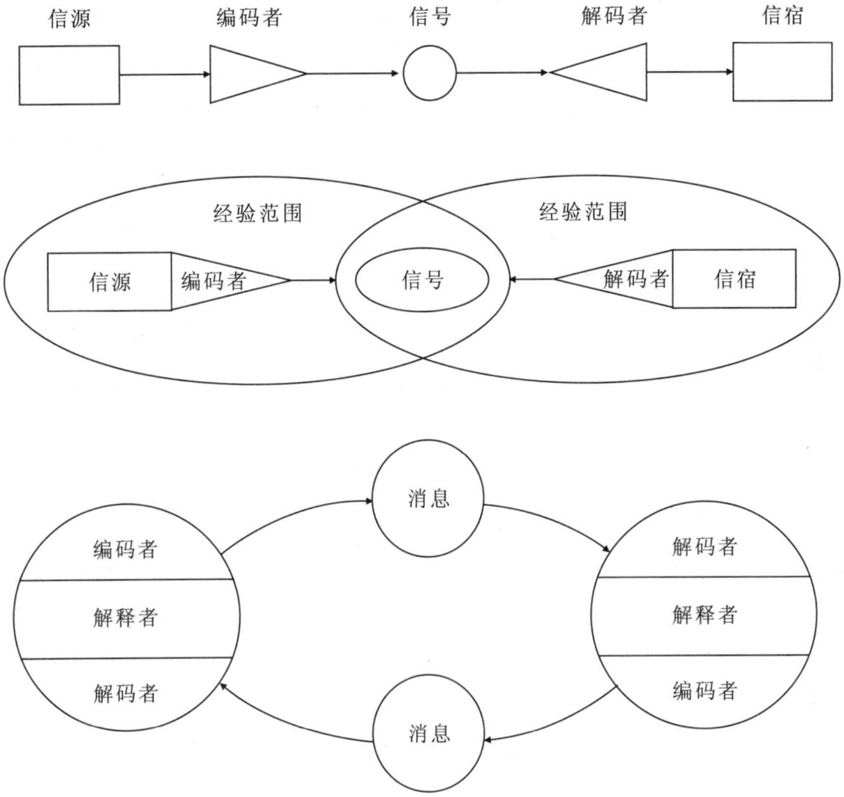

图 2—3 施拉姆的三个模式

施拉姆模式将香农与韦弗的技术观、奥斯古德的认知观、维纳的反馈观创造性地融合在一起，是集大成基础上的发展创新。

第三节 主持人即兴口语的传播考察

一、全息的传播观与语言观

在信息传播全球化、传媒技术互动化、每个人都是信息发布者也是信息接收者、信源信宿界限模糊、媒介即讯息的今天，主持人即兴口语传播研究秉持的是全息的传播观与语言观。

每一种传播模式在其所处的时代都有先进性，也都因时代的发展、技术的发展、人们认识的发展而显示出局限性，在认识的推动下，旧的模式不断得到修订，新的模式得以诞生。

拉斯韦尔口语模式奠定了传播模式的基础，他们的模式可以普遍用于大众传播，包括主持人即兴口语传播。比如，拉斯韦尔模式中，“谁”提出了对信息的控制问题，例如主持人和主持人团队的把关人对现场即兴口语的把握控制。“说了什么”是内容分析研究的主题，例如我们后面要谈到的主持人即兴口语生成机制、思维构成、资料准备、分析研究素材、选题与精炼、注重创新、全面理解、即兴修辞、即兴体态语等问题。“通过什么渠道”，包括了随后谈到主持人即兴口语传播要考虑传媒技术不断更新、要符合传媒的传播特性等。“对谁说的”是对接收者和受众的分析研究，比如本书将谈到的社会多元化趋向与受众需求分层、根据传播对象选择即兴口语等。“产生了什么效果”，即效果研究，在本书中即主持人即兴口语中信息散布研究，比如“人文关怀的智慧与品格”；主持人作为传播者的可信度研究，比如“政治素质思想品格提升”“责任意识敬业精神提升”等。需要说明的是，由于篇幅所限，本书在研究过程中主要侧重的是“谁”“说了什么”的信息控制问题和内容分析问题，其他问题虽然没有专门列出论述，但是在研究内容分析时，也同时观照了“通过什么渠道”的渠道分析、“对谁说的”受众分析、“产生了什么效果”的效果分析。事实上，在主持人即兴口语传播的实际操作过程中，这些问题是不能截然分开并且必须极速同步考虑的。

香农和韦弗模式及其技术观同样奠定了传播模式的基础。比如香农和韦弗模式中提出的熵（entropy）和冗余（redundancy）的现象及概念，在主持人即兴口语传播中，熵和冗余的问题非常明显，这也是主持人在即兴口语传播中需要适当重复关键信息的现实需要和理论依据。主持人即兴口语传播，主要是视觉和听觉的线性传播，具有转瞬即逝、难以同步重复的特点，在这种情况下，主持人先前表达的关键信息受众接收到但未必形成印象，形成印象也未必能够形成记忆，即使形成短时记忆也未必能够形成长时记忆，因此，主持人需要在一段限定时间（以分、秒为计）里，对关键信息适当重复，以有所冗余的方式来抵消记忆特点中熵的问题。另外，受众在接收广播电视信息时，大多数情况下处于放松状态，随意性强、变化性大、注意力弱，这时候，主持人进行即兴口语传播也需要对关键信息适当重复，以有所冗余的方式来抵消接收习惯中熵的问题。

奥斯古德为大众传播模式引入了人际传播、认知心理视野，避免了单从技术性角度进行传播研究的机械和狭隘。就本书的研究对象而言，本书第三章特地考察了主持人即兴口语的生成机制、认知心理问题，第四章考察了主持人即兴口语思维构成问题。奥斯古德还将符号的意义列入考虑范围，而此前，香农和韦弗的模式中对信息的定义特地排除了意义。这也说明，主持人即兴口语传播面对“熵”“冗余”这些问题时，除了考虑传播信息的量，也要考虑传播信息的质。质的问题同样重要，考虑到质也就涉及了意义的问题，简单说，主持人即兴口语要说得对、说得好、说得有意思、生动、有趣、动人，才能有效地引起注意、使人产生记忆、与人获得共鸣，才能获得理想的传播效果。奥斯古德还论及：一个个体兼具信源和信宿的功能，同时作为发射者与接受者，通过许多反馈机制对他或她自己编码的信息进行解码。本书第五、六、七章即考察了主持人个体在即兴口语传播中表达和理解这一双向互动问题。奥斯古德提到“姿势、面部表情，甚至对物体的操纵（例如，扔下一张纸牌，推开手边的一碗食物）均是消息的一部分”，而不仅仅是口语。这一对信息的理解具有全息性，也是大语言观的反映。本书第九章讨论主持人即兴口语传播中的体态语，正是出于信息的全息化与大语言观的考虑。

施拉姆模式将香农与韦弗的技术观、奥斯古德的认知观、维纳的反馈观创造性地融合在一起，是集大成基础上的发展创新。必须承认，施拉姆模式至今仍然有着极强的生命力，包括主持人即兴口语传播在内的许多大众传播行为，都可以植入施拉姆模式，并获得良好的解释力。当然，如果施拉姆模式在其第一个模式中以虚线的形式突出标示出信源和信宿之间的流动转换关系，将会使模式更加清晰。虽然在第三个模式中施拉姆标示了编码和解码的同步，编码者和解码者之间的流动关系，但仍然不够。直播、同步、互动等技术发展到今天，几乎所有人都可以共同面对同一个信息，信源与信宿、编码者与解码者的界限已经趋向模糊，每个人都是信息发布者、也是接收者，信源迅即就可到达信宿、信宿迅即就可转而成为新的信源。因此，信源和信宿之间的流动转换关系如果能够更加突出地标示出来，将会是传播革命性发展的又一个明确见证。

本书秉持全息的传播观、语言观，并将一以贯之在全书中。在传播观上，强调“每个人都是信息发布者、也是接收者，信源迅即就可到达信宿、信宿迅即就可转而成为新的信源。”在语言观上，以即兴口语研究为主，同时也关注即兴体态语。既考查即兴口语表达，也考查即兴口语理解；不仅研究语言本体，也观照语境要素、修辞手法，同时重视语言意义、语言认知研究。在语言的静态研究与动态研究、内部研究与外部研究、历时研究与共时研究的结合方面，也将进行探索和尝试。

二、大众传播、人际传播、语言传播的有机结合

主持人即兴口语传播，是大众传播、人际传播、语言传播的有机结合，在传播过程中，必须同时考虑大众传播、人际传播、语言传播三种方式，缺少任何一个方面都不能形成有效恰当的主持人即兴口语传播。

第一，主持人即兴口语传播必须考虑大众传播的技术性特点。技术的革新可以直接推动广播电视事业的发展乃至飞跃，新技术的使用可以催生新的节目形态、主持人即兴口语样态。比如，自 20 世纪 90 年代中期，由于电视直播设备被投入使用，以央视为首的中国各电视台纷纷开始在新闻节目中增加直播内容。央视更是通过对香港回归、澳门回归、黄河小浪底大坝合龙、建国 50 周年国庆大阅兵等重大新闻事件的直播，进一步巩固了作为中国第一大台的地位，包括白岩松在内的许多记者和主持人得以发挥现场报道、即兴口语传播方面的才华。比如，从 2003 年开始火爆的电视选秀节目《超级女声》宣扬“娱乐民主”的特色，即观

众可以通过手机投票的方式决定某个选手舞台上的命运，这档节目所采用的一个关键技术条件就是手机在中国电视观众中的普及。可以说，没有手机技术，这档当时风靡全国的电视节目的效果就会大打折扣。另外，20世纪90年代初，中国广播业在电视媒介的冲击下，丧失了很多黄金时段的节目资源和听众资源，旧有的广播事业格局和节目体系必须更新。此时，促成这种更新的重要力量之一恰恰是传播技术——热线电话、手机短信，正是由于这些新的传媒技术的普及使用，主持人可以通过点歌、谈话、观众竞猜、心理咨询、路况信息提供等互动性强的节目形式进行即兴口语传播，才促成了广播互动类节目的兴盛，使广播走出低谷。

第二，主持人即兴口语传播必须考虑大众传播的社会性特点。主持人即兴口语不仅代表其个人，也代表其所在的团队，包括记者、编辑、制片人，代表节目形象、栏目形象、所在台(媒介)的形象；主持人即兴口语也不是只向个别人传播，而要向更广泛的大众和社会进行传播。因此，主持人即兴口语虽然是通过主持人个体说出来的话，但是必须考虑传播因素、大众因素、社会因素，忽略这一点，就可能造成比较严重的后果。比如，一位著名体育节目主持人，曾因对足球独到、专业的分析，朴实又富有激情的解说，受到广大球迷的喜爱。但他在一次比赛的直播现场曾指责某球员“根本护不住球”“没有一脚像样的射门”“又浪费了一次机会”，他还质疑教练“18分钟过去了，他还不换人，还要固执到什么时候”“28分钟又浪费了，换迟了怕来不及了”，当对方进球时，他毫不客气地说这是教练“受到的惩罚”，并用“所谓神奇”“昏招”等挖苦、讽刺色彩的词语评价教练。在另一次解说国际比赛时，他又出现了大众传播认知上的偏差，比如“亚昆塔，唉！点球！点球！点球！格罗索立功了，格罗索立功了！不要给澳大利亚人任何的机会。”“伟大的意大利的左后卫！他继承了意大利的光荣的传统。法切蒂、卡布里尼、马尔蒂尼在这一刻灵魂附体！”“球进啦！比赛结束了！意大利队获得了胜利，淘汰了澳大利亚队。他们没有再一次倒在希丁克的球队面前，伟大的意大利！伟大的意大利的左后卫！马尔蒂尼今天生日快乐！意大利万岁！”“澳大利亚队也许会后悔的，希丁克，他在下半场多打一人的情况下他打得太保守、太沉稳了，他失去了自己的勇气，面对意大利悠久的历史和传统，他没有再拿出小组赛那样猛扑猛打的作风，他终于自食其果。他们该回家了，他们不用回遥远的澳大利亚，他们大多数都在欧洲生活，再见！”①这样的主持人即兴口语，由于个人情绪占据主导，没有考虑大众传播过程中方方面面的因素，必然会带来传播上的负面影响甚至外交风波。

第三，主持人即兴口语传播还必须考虑人际传播的特点。主持人虽然代表节目、栏目、媒介形象，但是他(她)也是通过主持人个体向大众传播，并且，大众也是由一个个个体组成，可以说，主持人即兴口语传播是代表整体形象的主持人个体向广大受众中的众多个体进行传播的活动。因此，主持人即兴口语传播在考虑大众性、社会性的同时，也要考虑人际性，这样才有亲和力，才能做到“人同此心，心同此理”。另外，节目现场有嘉宾、有观众，这就更要

① 《意大利终场点球绝杀 黄健翔罕见激动解说》，http://2006.sina.com.cn/ita/2006—06—27/012774638.shtml

考虑节目现场的主持人即兴口语传播的人际性因素。

第四，主持人即兴口语传播必须考虑语言传播的特点。主持人主要是通过语言向大众即兴传播的，不管是口语还是其他语言要素，比如眼神、动作、表情、服饰、化妆、道具等。语言传播有其自身特点，尤其是即兴过程中的生成理解机制、认知心理、思维特点等。本书正是以语言传播为研究重点，第三章特地考察了主持人即兴口语的生成机制、认知心理问题，第四章考察了主持人即兴口语思维构成问题。第五、六、七章即考察了主持人个体在即兴口语传播中表达和理解这一双向互动问题。第八章考察了主持人即兴口语传播中的修辞问题，第九章考察主持人即兴体态语问题。

通过一系列传播考察，可以明确，本书的研究对象——主持人即兴口语传播，秉持全息的传播观和语言观，是大众传播、人际传播、语言传播的有机结合，这一观点将贯穿于全书的其他章节中。

第三章 主持人即兴口语的思维构成

第一节 思维与语言

一、思维的概念与特征

思维(thingking)是借助语言、表象或动作实现的,对客观事物概括的和间接的认识,是认识的高级形式①。它能解释事物的本质特征和内部联系,并主要表现在概念形成和问题解决的活动中。思维不同于感觉、知觉和记忆。感觉、知觉是直接接受外界的刺激输入,并对输入的信息进行初级的加工。记忆是对输入的刺激进行编码、存储、提取的过程,而思维则是对输入的刺激进行深层次的加工。它揭示事物之间的关系,形成概念,利用概念进行判断、推理,解决人们面临的各种问题。但思维又离不开感觉、知觉、记忆活动所提供的信息。只有在大量感性信息的基础上,在记忆的作用下,人们才能进行推理,做出种种假设,并检验这些假设,进而揭示感觉、知觉、记忆所不能解释的事物的内在联系和规律。

思维有以下一些特征:

(一)概括性

思维的概括性是指在大量感性材料的基础上,把一类事物共同的特征和规律抽取出来,加以概括。例如,我们认为"凡优秀的节目主持人都有良好的即兴口语传播能力"。这种思维就概括了"优秀的节目主持人"这一事物的共同特征。概括在人们的思维活动中有着重要的作用,它使人们的认识活动摆脱了具体事物的局限性和对事物的直接依赖,这不仅扩大了人们认识的范围,也加深了人们对事物的了解。所以概括水平在一定的程度上表现了思维的水平。另外,概括是人们形成概念的前提,也是思维活动能迅速进行迁移的基础。概括是

---

① 彭聃龄:《普通心理学》,北京师范大学出版社2004年版,第246页。

随人们认识水平的深入而不断发展的。人们的认识水平越高，对事物的概括水平也就越高。

（二）间接性

思维的间接性是指人们借助于一定的媒介和一定的知识经验对客观事物进行间接的认识。例如，人类还没有真正弄清宇宙形成的奥秘，但人们可以根据宇宙中存在的种种现象以及相关的知识经验来推测它的形成。同样，人们不知道某些疾病与遗传基因的关系，但人们可以根据实验来认识它们之间的关系。由此可见，由于思维的间接性，人们才有可能超越感知觉提供的信息，认识那些没有直接作用于人的感官的事物和属性，从而揭示事物的本质和规律。

（三）思维是对经验的改组

思维是一种探索和发现新事物的心理过程。它常常指向事物的新特征和新关系，这就需要人们对头脑中已有的知识经验不断进行更新和改组。例如，人们过去认为世界上最小的物质是原子，后来发现原子还可以分为质子、中子等。在从事科学研究、探索世界的奥秘时，人们需要对已有的知识经验进行重建、改组和更新。

思维活动常常是由一定的问题情境引起的，并表现为试图解决这些问题。例如，人们在设计新的计算机程序时，不是简单地把头脑中有关的原理和经验统统呈现出来，而是根据设计的要求、课题的性质、材料的特点等重新组织已有的知识，提出种种可行的方案，然后进行检验，逐步形成一种新的可行方案。所以思维不是简单地再现经验，而是对已有的知识经验进行改组、重建的过程。

二、思维的过程

思维是通过一系列比较复杂的操作来实现的。人们在头脑中，运用存储在长时记忆中的知识经验，对外界输入的信息进行分析、综合、比较、抽象和概括的过程，就是思维过程。

（一）分析与综合是思维的基本过程

分析是指在头脑中把事物的整体分解为各个部分或各个属性。如把一篇文章分解为段落、句子和词，把一棵树分解为根、茎、叶、花灯。人们对事物的分析往往是从分析事物的特征、属性开始的。综合是在头脑中把事物的各个部分、各个特征、各种属性结合起来，了解它们之间的联系，形成一个整体。如把文章的各个段落综合起来，就能把握全文的中心思想。综合是思维的重要特征，只有把事物的部分、特征、属性等综合起来，才能把握事物的联系和关系，抓住事物的本质。

分析和综合是相反而又紧密联系的同一思维过程的不可分割的两个方面。分析是把部分作为整体的部分，从它们的相互关系上来进行分析，只有这样分析才有意义，才有方向。

综合是通过对各部分、各特征的分析来实现的，所以分析又是综合的基础。任何一种思维活动都既需要分析，又需要综合。

（二）比较

比较是把各种事物和现象加以对比，确定它们的相同点、不同点及其关系。比较是以分析为前提的，只有在思想上把不同对象的部分特征区别开来，才能进行比较。同时，比较还要确定它们之间的关系，所以比较又是一个综合的过程。

比较是重要的思维过程，也是重要的思维方法，它在人们的日常生活、学习和研究工作中都有重要的作用。有比较才能有鉴别，人们通过比较才能辨别事物的真假、人心的善恶，才能找到要探索的问题，做出恰当的结论。

（三）抽象与概括

抽象是在思想上抽出各种事物与现象的共同的特征和属性，舍弃其个别特征和属性的过程。例如，石英钟、闹钟、座钟、挂钟都能计时，因此，“钟能计时”就是它们的共同属性。这种认识是通过抽象得到的。日常生活中，人们使用的高度、重量、面积、年龄以及忠诚、勇敢、勤劳等概念，也都是思维抽象的结果。

在抽象的基础上，人们就可以得到对事物的概括的认识。概括有初级概括与高级概括之分。一般认为，初级概括是在感知觉、表象水平上的概括。例如，给幼儿呈现苹果、橘子、香蕉、皮球、口琴等物体，要求他们进行分类。结果发现，有的幼儿把苹果、橘子、皮球分为一类，有的把香蕉、口琴分为一类。这说明这些幼儿是在感知觉的水平上对事物进行概括的，这种概括水平相对较低。高级的概括是根据事物的内在联系和本质特征进行的概括，如一切定理、定义、概念等都是高级概括的产物。

第二节　形象思维与逻辑思维

思维可以从不同角度进行分类，从这一节开始，我们将对主持人即兴口语中不同类型的思维形式进行分析。需要说明的是，各种类型的思维活动，是不能截然分开的，它们往往互相渗透、互相作用、相辅相成，我们只是为了提高不同类型思维的能力，在研究和训练中才有不同的侧重。

一、形象思维

形象思维，是指人们利用头脑中的具体形象（表象）来解决问题。比如，去城市的某个地方参观，我们事先会在头脑中想出可能到达的道路，经过分析和比较，最后选择一条短而方便的路。这样的思维就是形象思维。形象思维在问题解决中有重要意义。艺术家、作家、导演、设计师等更多地运用形象思维。

形象思维活跃的人，不一定语言表达能力很强；语言表达有条理的人，也不见得形象思维能力很强。这就需要用一定的方法进行调整和训练，使之能达到形象思维十分活跃，而表达形象思维的语言工具也很得力①。

首先，可以对自己熟悉的、感受过的、认识上比较稳定的事物进行思考。在叙述前，我们的头脑中会浮现该事物的形象，这种形象还会不停地转化运动，我们可以从中思考判断，然后用语言将它表达出来。在开口叙述一件事物之前，要求自己在内心先看到它们，不仅要看到一个方面，还要看见不同侧面；不仅要看到静态，还要看到动态；不仅要看到总体，还要抓住其主要特征；不仅要看到表面，还要看到事物的本质和核心，并对其过去有所了解，对其未来有所预测。这样，才能获得对这一事物比较透彻的认识，形象记忆才深刻，在此基础上才会有深刻的内心体验和鲜明的态度。

笔者曾经在即兴口语训练课程中，给学生观看一段2分钟的视频《昙花一现的过程》，随后要求学生就观看感受即兴发言，其中一名学生的发言如下：

> 当我看到那一朵昙花在那么安静、那么孤独地绽放，我觉得它用尽了全部的力量、全部的生命力，就只为了这一刻的华彩绽放。宁愿瞬间的绽放，也不要长久的平凡，它就是选择了这样的一种生命的存在方式。我想，有很多人都是这样，和昙花选择了一样的存在方式。
>
> 然而，在我们羡慕敬仰它的美丽绚烂的时候，有没有想过，它之前是多么长时间的一种积蓄、一种酝酿和一种等待呢？正是有了这样的积淀，才有了力量让自己全部的光彩瞬间绽放。
>
> 我想，尤其是对于学艺术的人来说，都选择了把自己生命中最美丽、最灿烂的年华奉献给艺术，可是，我们更需要的是一种积淀和储备。只有有了深厚的积淀，才能有足够的力量释放我们的灿烂。
>
> 所以，要学会等待。有一种等待，不是徘徊犹豫，不是消极懈怠，而是韬光养晦，要等到时机成熟的时候，有足够的力量把自己全部的光彩绽放出来，我希望那一刻的绚烂，可以吸引所有人的目光，也包括自己的。②

在这段即兴发言中，学生运用形象思维，从“昙花绽放的一瞬间”的表象中提炼出“宁愿瞬间的绽放，也不要长久的平凡”这一核心观点，探讨了昙花式的生命存在方式。然后，将话题逐步引向深入，昙花瞬间美丽绽放的背后是“一种积蓄、一种酝酿和一种等待”，联系学艺

---

① 翁如：《主持人思维训练教程》，中国传媒大学出版社2007年版，第10页。

② 笔者2010～2011学年第二学期“主持人即兴口语传播”课程训练记录，赵越同学即兴发言。

术的人同样要有"一种积淀和储备",才能在时机成熟的时候"把自己生命中最美丽、最灿烂的年华奉献给艺术"。

另外,比如下面这个例子,要求学生观察乔托·迪·邦多奈绘画作品《哀悼基督》并即兴发言,正是运用形象思维进行的即兴口语表达:

> 乔托·迪·邦多奈被称为"文艺复兴的种子"。《哀悼基督》是乔托的代表作。《哀悼基督》描绘的是耶稣遇难后,他的亲人、朋友、圣徒围绕着他的遗体哀悼的场面。整幅画色彩凝重肃穆。人们的面部表情痛苦,目光悲哀,其中最让人动容的是怀抱着耶稣的圣母。她身穿灰黑色的衣服,如同她灰黑色的心情。她双眼凝视着基督,似乎想唤醒他。她托着儿子的身体,怀抱着他的头,然而,她并没有大声哭泣,也没有捶胸顿足。她是那样地沉静地守着去世的儿子,似乎能听见她在喃喃自语,安抚着儿子的亡魂。
>
> 她是一个伟大的母亲,她如同人世间所有的母亲一样,无私地爱着自己的儿子。但同时,她的精神与思想又高于所有的母亲,因为她将自己最爱的儿子,奉献给了全人类。同时,她也明白,耶稣的死唤起了更多人的良知。也许正因为如此,圣母的目光才会在哀伤中带着安详。
>
> 这位母亲是全世界母亲的缩影:温柔、端庄、慈祥、美丽。她爱儿子,爱一切受苦的人们!在她的身上我们看见了和大海一般深沉博大的母爱![①]

这段即兴口语中,发言的学生概括描述了整个哀悼的场面,尤其选取了圣母的形象加以详细叙述,从圣母"灰黑色"的衣服透视了"灰黑色"的心情,从圣母如所有母亲一样的"哀伤",拓展到圣母超乎其他母亲的"安详",从母爱的角度展现了圣母的无私与伟大。

同一个形象,同样是乔托·迪·邦多奈绘画作品《哀悼基督》,通过不同人的观察,有不同的理解和表达:

> 《哀悼基督》描绘的是基督被钉死后,众人哀悼的情景。但在画面上,最吸引我注意的是山坡上的一棵枯树。这棵树没有一片叶子,枝干枯黄。我想,也许它原本是想为这片荒凉的山脊带来一些绿色,但是山脊的贫瘠使它枯死了!这就好像基督为拯救人类而来到人世间,却因为人们对他的不理解和排斥而殒命。但是我们知道,枯木逢春也能再吐新绿。基督虽然死去了,但他传播的思想却留在人间,为人们点燃了一盏希望的灯。
>
> 我们相信,终有一天,这棵枯树会再发新芽,染绿山脊,基督的博爱和仁慈也会代代相传,感染世间的每一个人。[②]

---

① 翁如:《主持人思维训练教程》,中国传媒大学出版社 2007 年版,第 11 页。

② 同上,第 12 页。

在这段即兴口语中，发言的学生同样极为简要地概述了哀悼场面，转而选取了“枯树”这一形象和角度做重点描述，并透过表象，从“枯黄”“贫瘠”延伸到了“绿色”“新芽”“希望”这一内在本质。

二、逻辑思维

当人们面对理论性质的任务，并要运用概念、理论知识来解决问题时，这种思维成为逻辑思维。例如，学生在学习各种科学知识，科学工作者进行某种推理、判断，都要运用这种思维，它是人类思维的典型形式。

逻辑思维是语言富有逻辑性的前提，也是主持人即兴口语能否吸引观众、能否成功表达的前提。主持人的即兴口语，如果主线不清，内容分散，逻辑顺序混乱，缺乏总体结构布局，不仅让人听后茫茫然不知所云，而且会影响到整个节目进程和质量，这样的主持人即兴口语和节目是无效的，是不为受众所接受的。

面对复杂、多变的事物，如何符合逻辑地思考和表达呢？以下几点需要注意：

一是，我们认识和叙述一件事物，必须抓住其基本的规律和个性——一个事物的发生、发展、衰退、消亡有其主要逻辑顺序和趋向，一个问题产生的原因、过程、结果有其主要线索和来龙去脉，我们要从无序的事物碎片中寻找事物的内在联系，使之有序化，找到其逻辑起点、重点，掌握其逻辑架构。

二是，明确主要矛盾、因素、冲突。在把握事物从开始到结束的整个过程时，我们也要了解影响和作用于事物的主要因素，把握起关键作用的主要矛盾和冲突，并了解主要矛盾、主要因素是如何组合、分裂、再组合的。

三是，在整体与部分之间、环境与个体之间，要把握其相互影响、相互转化、相互制约的关系。

四是，要善于提炼。能从纷繁复杂的表现中提炼出主要成分、内在本质，并要认真选择语言，恰当地予以表达。能提炼出什么？至关重要，它体现一个人的洞察力、认识水平，直接影响到语篇的质量。比如前述《昙花一现的过程》，发言的学生观看视频后提炼出“宁愿瞬间的绽放，也不要长久的平凡”“昙花式的生命存在方式”。《哀悼基督》，前一个发言的学生从圣母怀抱基督的表象中提炼了“母爱的无私与伟大”，后一位学生从“枯树”的表象转而想到“绿色”“新芽”进而提炼了“希望”，他们都能从表象中跳脱出来，寻找到一定的本质和一定的高度和立意。

五是，有些事物，表面看来似乎毫无关联，但实际上却有着千丝万缕的内在联系，主持人要学会用最快的速度找到事物间具有逻辑性和合理性的连接点。

下面是一个学生练习，根据“柳条、馒头、体育馆”三个词生发一段即兴口语，语篇如下：

我认为，当今社会，要想取得人生的成功，就应当具有柳条性格、馒头性格和

"体育馆"式的可供施展身手的条件。

柳条细而长，却折而不断，原因就在于它具有韧性。一个人立足于社会，要想在事业方面有所成就，就必须具有韧的精神，以便能够遭遇挫折而不断。人的一生怎么可能永远都是风和日丽？如果稍遇打击便意志消沉，遭遇挫折便自行退却，那么，他的一生肯定只能是一事无成。

馒头，虽然在面食中，与面条、饺子、馄饨相比，制作过程大概可以算是最简单的，但是仔细考察用面粉做馒头的过程，确是同样的复杂。首先是和面，要掌握好面粉和水的搭配比例，而且，面粉在揉和的过程中，又有一番手上功夫的讲究，做成馒头上蒸笼后，又有一番掌握火候的学问……从做馒头的过程中，我们不难悟到这样一番道理，人生目标追求不在大小，只要有追求，就要准备做一番踏踏实实的努力。

置身于体育馆的大厅里，人们往往都会产生一种开阔深远的感觉，体育馆的大厅，其实就好比是成功者的表演舞台，如果说"韧性"与"踏实"是成功者的内部因素，那么能否有一个宽敞的表演舞台，就是能否成功的外部条件。没有这一条件，要想取得人生的成功，难度可就大了，比如一个跟头还没翻过去，就撞了墙，一个弹跳还没跃起，就撞了天花板，你还怎么施展身手呢？

总之，人生成功，无论大小，其实无不是主观努力和客观条件相结合的结果。要不然，为什么从古到今，会有那么多人发出过"生不逢时"、"虎落平阳"、"英雄无用武之地"的叹息呢？①

"柳条、馒头、体育馆"一个是植物，一个是食品，还有一个是建筑，本来它们是毫不相关的事物，但是，通过发言学生的逻辑思考，在三个本来毫无联系的事物间建立了逻辑联系：成功的三要素。其中"柳条性格"折射"韧性"，"馒头性格"折射"踏实"，它们是成功所需的内部因素，"体育馆"折射成功所需的空间"外部条件"，得出的结论是"人生成功，无论大小，其实无不是主观努力和客观条件相结合的结果"。在这段即兴口语中，发言的学生思路清晰，观点明确，结构完整，开头部分开宗明义，中间部分层层推进，结尾点题并引发进一步的思考。尤其值得称道的是，发言的学生从本来毫无联系的三种事物中透视了各自的内在含义，并建立起三者之间的逻辑联系。

需要说明的是，类似的"三词成篇"的训练方法，只是训练方法中的一种，有的人在这类即兴口语训练中表现得不一定很好，但是在一些更为开放型的即兴口语训练中就很好。因此，"三词成篇"只是主持人即兴口语训练的方法之一，而非唯一，不能以此对一个人的即兴口语能力作简单评判。事实上，很多训练方法都有特点，也有局限。我们可以运用这些方法，但是要保持更为开阔、自然的心态。

① 转引自吴郁主编：《主持人思维与语言能力训练路径》，中国广播电视出版社2005年版，第47、48页。

第三节　发散思维与聚合思维

一、发散思维

发散思维(divergent thinking),是人们沿着不同的方向思考,重新组织当前的信息和记忆系统中存储的信息,产生出大量、独特的新思想。例如,如何保护城市的生态环境?回答这样的问题,人们可以沿着不同的方向思考,诸如增加植被、减少环境污染、向市民宣传爱护环境的点滴举措等。这种思维方式在解决问题时,可以产生多种答案、结论或假说。

发散思维的训练是培养主持人思维开放、敏捷、灵动的重要方法之一。发散思维的扩张与突破,能触及多种学科、多种知识。

发散思维也是主持人创造性策划、统筹、驾驭节目进程的思维基础,对于主持人不断提高思维品质,挖掘创新,从而增强专业能力,提升实践水平有着重要意义。主持人应注重培养和锻炼自己的发散思维品质①。

发散思维可以帮助形成主持人即兴口语的开放性。对一个问题,可以多开端,产生很多联想,让思路展开,能比较全面地、发展地、辩证地认识事物,并寻求多种多样的方法和结论。美国《60分钟》节目主持人华莱士仅一个小时的采访,竟设计了一百多个问题作支撑。发散思维是事物普遍联系在头脑中的反映,它反对那种刻板、封闭、片面和平面的思维方式,强调思维在空间上向四面八方伸展和突破;在实践上,纵向考察事物的过去、现在和将来;主张在无拘无束的思考中求实创新。发散思维要求不拘泥一个方向、一条思路、一个框架,仿佛有众多的"触角",使思维点、线、面纵横交错,呈多维扩散,构成丰富生动的"意识之网"。既然事物是普遍联系的,我们在节目主持实践中就应该从多方面来了解事物,要尽力超出现有的思维框架的限制,向四面八方扩散出去,从而找到解决问题的更多更好的办法。

发散思维可以帮助形成主持人即兴口语的系统性。主持人在驾驭节目进程中要全面细致地考虑问题。不仅考虑问题的整体,而且还要考虑问题的细节。

下面是一位广播主持人即兴评述《面对"8"的深思》,从中我们可以感受主持人从多个方面去思考了"崇8"的社会心理。

> 近几年来,数字"8"的身价倍增,电话号码、门牌号码、牌照号码等等,一沾上"8"就备受青睐。
>
> 这是历史进步的标志之一。中国人不仅不再认为"越穷越革命",而且在物质日渐富足、生活日渐改善之中,又终于可以堂堂正正地喊出了"想发财"的心声,无

① 吴郁主编:《主持人思维与语言能力训练路径》,中国广播电视出版社2005年版,第3页。

疑表现了历史的进步。

追求者对“8”的狂热迷恋，又表明其自身精神的空虚。拍卖“幸福号码”的场面之热烈、成交金额之巨，虽然已成为历史的过去，但其思想深处的问题并没有从根本上得到解决。“竞买幸福号码”是以富翁们的攀比、炫耀为前提的，在这些“先富起来了”的“大腕”身上，“发财后怎么办”的精神文明问题暴露已久，至今仍未解决。

“8”之所以如此受欢迎，原因多种多样，商界的瞬息万变，财运的难以把握，使有些人将希望寄托于冥冥，寄托在“8”上。

“8”的受宠，从更深层次分析，说明中国人传统的心理定式并未改变，信天信地，信“8”信“发”，就是不敢“信”自己。

其实，指向“发”，而没有“发”的能力，不知道怎样去“发”，不要说“发”不会从天而降，就是降下来了自己也把不住、握不牢。

如果中国人再这么沉浸在“8”的迷梦中，敢问“发”在何方？①

在这段即兴评述当中，主持人对“崇 8”做了“现象描述”，肯定了“崇 8”“历史进步”的一面，同时又剖析了“崇 8”“精神空虚”的一面，对“崇 8”的多种原因做了纵深分析，主持人思维开阔而发散，精细而灵动，将问题由表及里、由浅入深地诠释开来，充分满足了受众期待主持人多层面探究分析事理的心理诉求。

发散思维可以帮助形成主持人即兴口语的独创性。主持人参与策划、构思节目、切入角度等应尽可能不拘泥、不守旧，方案力求有个体差异，各不相同，新颖不俗，突破套路，敢于创新。思维具有新颖度以后，在将其转换成语言时，就能彰显语言的个性化色彩。

笔者曾在所讲授的“主持人即兴口语传播”课程中，给学生播放了一段由莫文蔚演唱的歌曲《外面的世界》，随后要求学生就听后感受即兴发言，其中一名学生的即兴发言如下：

听完《外面的世界》这首歌，我想到了友情，并且记住了三句词，“外面的世界很精彩”，“外面的世界很无奈”，还有就是“我依然等待你的归期”。

前几天，日本大地震，我有一个很好的朋友恰巧在东京。她叫刘一慧，是在高考结束之后去的日本，我清楚地记得，她走之后，我的 QQ 签名正是借用了《外面的世界》里的歌词改成了：我依然等待你的归期。我那样写并不是说我要停在原地等待她回家这种具象的意思，而是说，尽管她离开了我们共同生活的地方，去了属于她的那个外面的世界，但我依然会在心里牵挂她。天涯何远，咫尺相依。

都说衣不如新人不如故，可就是那么多曾经要好的朋友，在各自奔天涯之后就相忘于江湖了。每个人都有属于自己的梦想和追求，所以会走上不同的路，会去属于自己的外面的世界，然后去经历那个世界所带来的精彩和无奈，就像刘一慧经常

① 转引自吴郁主编：《主持人思维与语言能力训练路径》，中国广播电视出版社 2005 年版，第 25、26 页。

会跟我说在那里遇到的各种困难，比如学习日语，比如考大学，比如打工。然而，我知道她很幸福，因为每当她经历了那么多不容易之后收获成功的时候，她会比任何人都骄傲。尽管我们在空间上的距离远了，但我从没有放弃对她的牵挂，一直在等待她的归期，所以我觉得她很近。

这次地震让我这次暑假的日本之行计划落空了，但她说，没关系，暑假她会回家的。所以我还是会对她说：我依然等待你的归期。

那么你呢，是不是也在等待你的那个好朋友的归期呢？①

当其他学生选择"精彩""无奈"等作为切入点即兴发言以后，该生运用发散思维，另辟蹊径，选择了"我依然等待你的归期"为切入点，并联系新近发生的日本"3·11"9级特大地震的新闻事件，讲述了与在日本求学的朋友的友情，指出"尽管我们在空间上的距离远了，但我从没有放弃对她的牵挂，一直在等待她的归期，所以我觉得她很近。"结尾通过一个问句，加强了即兴发言的互动性。这段即兴发言，切入点有新意，尤其是联系当前的新闻事件，并且很好地注意了即兴口语中与受众间的互动问题，使得听者有时效感、有共鸣。

主持人要使思维具有发散性，在日常生活中，应注意博览群书，关注社会，留意生活，以达到学识渊博，积累丰富。思维发散迅捷、脑子转得快，是以广博的知识储备为基石的。思路宽广、转换灵活是从不同角度去思考问题的两项标志。另外，要克服固定观念，克服"从来如此"的想法，尽可能多地为自己提出不同侧面的思考要求，这样才能从新的角度想自己或他人从来没有想到过的东西。

二、聚合思维

聚合思维是一种以目标思维为指向的系统性聚变创新思维，它是在目标思维引导下，在达成整体目标的基础上，实现决策目标的高效聚变创新思维②。

作为一个主持人，在面对纷繁复杂的新闻事件进行采访、写作和主持的时候，都自觉不自觉地要用到聚合思维。如今的主持人在节目中已经不仅仅是负责节目的串联和播出，越来越多的主持人参与到节目的采编、制作甚至节目的策划当中。这时候，主持人是否具有思辨能力，是否能够从大量的信息中理出主线，抓住本质，思维是否具有集中性和深刻性就显得尤为重要，而这些能力离不开聚合思维的运用。

聚合思维和上面介绍的发散思维不同，发散思维是总在思索还有什么新的方面、新的途径、新的方法，而聚合思维则是根据已有的知识经验，在采访收集大量现实信息的基础上，向着一个方向去思考，得出一个被认为最好的结论。发散思维表现为一种"精骛八极，心游万

① 笔者2010—2011学年第二学期"主持人即兴口语传播"课程训练记录，孙雯同学即兴发言。

② 吴郁主编：《主持人思维与语言能力训练路径》，中国广播电视出版社2005年版，第61页。

仞”的状态，它要求思维主体从平常中见异常，从相同中见不同，从常例中见特例；聚合思维又叫集中思维，它是一种求同的思考方法，是从一个问题的众多答案中确定一个最佳答案的思维过程。具体地说，聚合思维是在发散思维大范围拓宽思路的基础上，通过分析、比较、判断，选择最有价值的设想。

《东方时空》曾经播出一个《长江与桑兰》的评述，白岩松说：

> 今年的7月至8月，长江沿岸的抗洪抢险和远在美国受伤的体操运动员桑兰同时得到了所有善良的人们的关注。
>
> 虽然桑兰的受伤涉及的只是一个人的生命和前途，而长江的水情却涉及千千万万的生命和国家发展的前途，但这远隔大洋同时发生的不幸却缕缕透出一种相同的品质和感人的因素。
>
> 首先是没有人抱怨，长江今年的洪水为历史中最大，1954年特大洪水只持续了20多天就让人触目惊心，而今年的洪水已持续了40多天，但面对持续的天降雨水，沿江的人们并不问天、恨天、怨天，而是用自己的脊梁接受了这个现实，并与国人一起在和历史中最大的水患进行斗争，咬紧牙关，无所畏惧地进行抗争，这是最后胜利的来源。而远在美国受伤的17岁的桑兰在忽然降临的灾难中也没有流下一滴眼泪，当美国医生不得不告诉桑兰“你再也站不起来了”，桑兰的父母已经抱头痛哭的时候，桑兰依然没有哭，几秒钟过后她坚定地说：“没关系，我要做一个对社会有用的人。”我真的很想把桑兰的坚强告诉给长江边所有抗洪抢险的人们，让他们知道远在美国有个17岁的女孩和你们一样坚强，我也同样很想把长江边上和江水抗争的故事讲给桑兰听，让这17岁的小姑娘知道，有中国人的地方就有坚强，而有中国人的地方，也一定会有奇迹发生的。
>
> 当桑兰发生不幸后，善良的人们也都伸出了援手。桑兰暂时站不起来了，但她却在受伤后一直生活在爱中。钱副总理去了，大使去了，美国前总统去了，当红的大明星去了，更重要的是，千千万万颗普通人的爱心也都去了。我想桑兰不会孤单的，因为那么多的人牵挂着她。而在大洋的这一边，长江两岸的受灾群众也在承受这种爱。水情虽在长江边，却仿佛其他地区的人们也都切身感受到了一样，有钱的出钱，有力的出力，有物的捐物，抗灾再不会只是长江边上人的事，而是所有中国人的事。这个时候我们也许更能理解“国民”这两个字的含义。所有人都盼望着，人群中的爱心能使长江抗洪最终胜利，还能让桑兰在人们的注视中站起来。
>
> 现在，桑兰还躺在床上，长江的抗洪抢险也正如火如荼，但一切都会好起来的。在中国人将来的记忆中，1998年七八月份，是两段和坚强、爱、胜利有关的日子。[①]

---

① 吴郁：《主持人的语言艺术》，北京广播学院出版社1999年版，第348页。

虽然这段评述未必是即兴的,但我们仍然可以从优秀的评述中学习即兴评述的方法,尤其是进行聚合思维和发散思维的方法。白岩松首先运用了聚合思维,将“长江抗洪”和“桑兰抗伤”两个事件聚合到一起,并指出这两个事件都有着“相同的品质和感人的因素”,随后运用发散思维分别评述“相同的品质和感人的因素”的三个方面:第一是“坚强”,“我真的很想把桑兰的坚强告诉给长江边所有抗洪抢险的人们,让他们知道远在美国有个 17 岁的女孩和你们一样坚强,我也同样很想把长江边上和江水抗争的故事讲给桑兰听,让这 17 岁的小姑娘知道,有中国人的地方就有坚强”;第二是“爱”,“桑兰暂时站不起来了,但她却在受伤后一直生活在爱中”,“长江两岸的受灾群众也在承受这种爱”;第三是“胜利”,“人群中的爱心能使长江抗洪最终胜利,还能让桑兰在人们的注视中站起来”。最后再次运用聚合思维指出:“1998 年七八月份,是两段和坚强、爱、胜利有关的日子。”通过聚合思维和发散思维的相互配合、交替运用,白岩松发展出了一段思路清晰、结构完整、令人鼓舞的评述语篇。

应该说,聚合思维和发散思维各有其优点、缺点和独特的作用,在创造性思维当中,他们相辅相成,互相补充。如果只有思维的发散过程,而无聚合过程,尽管可以爆发出许多思维创造的火花,但由于不能统一起来,不能形成集中的思维力量,会使思维失去控制,陷入无序状态。而如果思维只有聚合过程,没有发散过程,就会失去思维和视野的宽广开阔,只沿着同一方向进行思考,就会对新的领域、要素、方面视而不见、听而不闻,使思维陷入呆板、保守和僵化,从而抑制思维的创造性。

由此可见,聚合思维和发散思维是相互补充、相辅相成的辩证关系。实际上,人们的思维发散到一定程度,就要聚合一下,进行比较、分析,寻求较好的解决问题的方案。然后又在新的基础上再进行发散,进而在更高的层次上再聚合。人类的思维就是这样:发散——聚合——再发散——再聚合……不断地使创造性思维向更高水平发展。在创造性思维中,如果发散不以聚合为前提,思维就不会获得结果;聚合如果不以发散为基础,就不会有创新。因此,聚合思维和发散思维一样,都是创造性思维过程中不可缺少的思维方式。

第四节　定向思维、逆向思维与应变思维

一、定向思维与逆向思维

逆向思维是指与自己固有的思维和具有共性较多的思维方式完全相反的一种思维方式。它是在定向思维的基础上,用定向思维的论据做完全相反的思考,得出完全相反的论证的一种思维方式。它可以打破自己的思维定式,摆脱原有思维方式的桎梏,从完全相反的角度认识问题,进行换向思考,将事物认识得更全面、更具有客观性、准确性。同时,还能向传统观念挑战,敢于否定,从而产生新的观念,并在新的思路、新的观念的指导下,取得意外的

效果。它还能使我们的思维更活跃，反应更灵敏，对眼前的事物迅速做出另一个思维导向的判断和决策。

笔者曾在所讲授的"主持人即兴口语传播"课程中，给学生播放了一段由莫文蔚演唱的歌曲《外面的世界》，随后要求学生就听后感受即兴发言，其中一名学生的即兴发言如下：

一首好歌能够经久不衰，久为传唱，绝不仅仅是因为它的旋律脍炙人口，更重要的则是歌词深入人心，引起共鸣。很多人感慨：外面的世界很无奈，却容易忽略其实外面的世界很精彩。

静静地聆听歌曲，一幅幅画面也浮现在脑海。我看到自己拖着行李只身来到上海求学，来到这曾经向往的外面的世界。我看到自己已经长大，穿着笔挺的职业装奔走在人群中，融入那一直以为的大人们的世界。我突然意识到，在时间和空间的大坐标上，无论朝向哪个方向，无论怎样迈开自己的步伐，我都在前往一个新的世界——外面的世界。当你有一天发现你已经可以在这个世界自如地生活，拥有自己的成就，收获他人的尊重，那时你会感到幸福而满足，庆幸自己之前做出的正确选择。风烛残年之时，也不会因年轻时的畏缩而遗憾。人们一直都知道外面的世界很无奈，但这却不能阻挡我们继续前行的脚步，因为我们有梦想，有追求，有冲劲，有勇气。

请张开双臂去拥抱外面的世界，让他的精彩换得我们人生的灿烂。[①]

当大多数现场学生都选择了"外面的世界很无奈"这一切入点时，该生运用逆向思维，选择了"外面的世界也很精彩"这一视角，并回顾自己的求学历程，得出要"有梦想，有追求，有冲劲，有勇气"，通过努力"拥有自己的成就，收获他人的尊重"，"那时你会感到幸福而满足，庆幸自己之前做出的正确选择。风烛残年之时，也不会因年轻时的畏缩而遗憾"。

下面是一组学生运用定向、逆向思维对"春、夏、秋、冬"进行的即兴口语表述：

1. 春季

定向：我喜欢春天。春天是萌发的季节，阳光和煦，万物复苏，鲜花绽放，草木变绿，到处生机勃勃。春天还是开始的季节，俗话说得好，春天伊始，万象更新。春天还是我们自己的季节，它象征着生命中的青春时代，在春天总有很多期盼和希望。我喜欢生机勃勃，我喜欢更新，我喜欢年轻的季节。

逆向：我不喜欢春天。没有冬天的积累，哪里有春天的萌发和生机？春天的复苏，功劳应归于寒冬的酝酿。开始并不重要，结果最重要，而虎头蛇尾最不好，我更看重后来居上，厚积薄发。期盼和希望太多，往往是空想，相对失望也越多。在青

---

① 笔者 2010—2011 学年第二学期《主持人即兴口语传播》课程训练记录，张岩同学即兴发言。

春的季节里，青年人成功的是少数，而更多的人是体味失败，所以我不喜欢春季。

2. 夏季

定向：我喜欢夏季。夏季是最热烈、最美丽的季节。繁茂的树木，盛开的花朵，暴露的新潮服饰，海边游泳，晒太阳……所有的热情都可以释放。还可以吃各种冷饮，任何人都逃脱不了火辣辣的感觉，到处都充满了激情。我喜欢夏季的霸气。

逆向：我不喜欢夏季。夏季是焦炙的季节，热风、热浪使人无比烦躁。不是释放，而是消耗繁茂的树木、杂乱的花朵都到了极致，极致就是凋零的开始。"象腿熊腰"只需遮挡，不能暴露。冷饮更是使钱包空空的诱惑。夏季不是霸气，而是一种浮躁和张扬。因此，我不喜欢夏季。

3. 秋季

定向：秋季是丰收的季节，正所谓春华秋实。在这个季节，可以品味人生的喜悦。秋天又是金色的季节，金色是宝贵和拥有。当阵阵秋风吹过，在一片金黄中，那红红的枫叶特别醒目，立即让人想到"霜叶红于二月花"的诗句。秋天又是放飞的季节，当你手中的风筝在天空飞翔，就像自己在广阔世界遨游。秋高气爽，秋季是一个怡人的季节，是沉浸在轻松快乐中的季节。

逆向：秋季是一个肃杀的季节，当颗粒无收时，依然是饥饿和贫困。不是秋高气爽，而是秋风、秋雨愁煞人！在一片凄凉中，那浓浓的红叶，就像不识时务的半老徐娘，仍浓妆艳抹。当衣不遮体、食不果腹时，还有什么心情放飞风筝！沉浸是什么？沉浸就是放纵，沉浸到最后就是不能自拔！

4. 冬季

定向：冬季的雪给人们带来了银色的世界。漫天飞舞的雪花，有无限的活力。眼前的世界变得纯洁干净。寒冷时人们的心态平静、冷静、理智，所以冬季是沉思的季节，既思考当年，又准备来年。冬季还是一个轮回的终点，又是新轮回的起点，而它孕育的每一次轮回，都是一次升华。

逆向：冬季的雪使人感到更加寒冷，雪花的融化是雪上加霜。眼前一片苍白，颜色单调、惨淡。动物们很多都在冬眠，人们也蜷缩在室内，忍耐寒冷。到处一片死寂、苍老，感觉已是生命的终点。没有理智和思考，只有绝望！一切都是重复，日复一日，月复一月，年复一年，周而复始，永不改变。①

在辩论比赛中，定向思维和逆向思维表现得更加明显，甚至针锋相对。下面这个例子是一对辩论语篇，左侧论题是反对使用测谎器进行测试，右侧论题是支持使用测谎器进行测试②：

---

① 翁如：《主持人思维训练教程》，中国传媒大学出版社2007年版，第104、105页。

② 鲁道夫·F.维德伯：《讲话的艺术》，中信出版社2003年版，第369～372页。

正方样本:反对使用测谎器进行测试	反方样本:支持使用测谎器进行测试
使用测谎器对求职者进行测试或者用来监测员工的偷盗行为,已经变成了一项有着广阔市场的大生意。每年有成千上万的测谎器被生产出来,并且这一数目在稳步上升。我今天在这里向你们建议的是,应该禁止雇主们使用测谎器,无论是用作测试工具,决定是否雇佣一名工人,还是用作监视器,监视工人的工作。我支持这一主张,是基于以下两个理由。第一,虽然在设备方面,科技取得了巨大的进步,但测试结果的准确性是令人怀疑的。第二,即使测试结果是准确的,使用测谎器进行测试侵犯了个人的隐私。 第一,让我们来考察一下它的准确性。测谎器是不准确的。根据贝赫议员所说,测谎器的测试结果只有70%的准确性。而且,同样重要的是,即使这70%的准确结果也可能产生误导。下面让我们来看两个例子,这些例子说明了由于误导引起的伤害。 让我们来举一个例子,这个例子和一位名叫琳达的年轻女孩有关。她是一名记账员,有一天,她报告前一天的收入中少了1.50美元。几周后,商店的保安人员对她进行了测谎测试。他首先使用设备对她进行测试,把设备上所有吓人的线路都用上了,然后又通过劝诱来获取有关信息,保安指责她欺骗了他,并声称事实上她偷了钱。这次测试后,琳达非常沮丧,她辞掉了工作,在此后的两年中,她一直依赖于安眠药,几乎到了自杀的程度。一个底特律的陪审团认为,琳达是可以相信的,命令那家商店的雇主向她赔偿10万美元。现在,事情已经过去了6年了,她在一家医生的办公室工作,但她仍然害怕处理有关记账的事情。 另外一个例子是洛杉矶的一位超级市场的职员。她被问到"你有没有向你母亲低价格提供商品?"这个问题使她非常气愤,她非常情绪化地回答了这个问题,结果她被解雇了。后来人们发现,她的母亲已经去世5年了。因此说明她的回答仅仅是情绪化了点。	对方已经表明,应该禁止雇主使用测谎器进行测试。我绝对不能同意,我认为作为雇主,必须使用这些测谎器。 在考察她所提出的两个理由之前,我想让大家看一看,为什么20%多的大企业认为有必要使用测谎器,并且每一年这一数字仍然在增长。雇主使用测谎器进行测试,可以防止偷盗行为。根据国家零售商协会的报告,雇员们每年偷盗商品累计额达400亿美元之多。而且这一数字每年都在显著增长。这些损失中的一大部分是内部雇员而不是店里的扒手造成的——50%~70%的盗窃行为是内部雇员做的。使用测谎器进行测试是有效防止这种内部盗窃的最好的办法。 我不认为对方已经向我们表明,通过测谎器进行测试并不能解决问题。她也没有说明,测谎器并不能有效防止盗窃事件的发生。请注意她所提出的两个理由都是关于滥用的。下面让我们来仔细看一下这两个理由。 首先,对方称测试结果的准确性是值得怀疑的。相反,我倒是认为这些测试的结果是非常准确的。她提到过贝赫议员曾报告有70%的测试是准确的。但根据全国药物连锁店政府事务副主席泰·凯利对这些测试结果的报告,测试的准确水平是90%而不是70%。她接着举了两个例子,说明那些人由于经过测试而受到威胁,或变得情绪化或消沉。在此基础上,她要求取消测谎测试。我同意一些人确实变得情绪化,但这并不能成为禁止使用测谎器的理由。如果她不能表明使用测谎器确实在很多人中引起了问题,那么我认为我们就有必要继续使用它。 …… 她认为应该禁止使用测谎器的第二个理由是它侵犯了个人的隐私。我相信,根据我刚才曾引用过的凯利先生所说的,在个人隐私权利和雇主保护他的财产权利之间应该保持一种平衡……对方以测试时询问性习惯以及换洗内衣次数作为例子。在这一点上,我同意她。如果有人问你这样一些问题的话,我想你会感到恶心,我认为这些滥用是应该被禁止的。但通过提问问题,以找出盗窃者、坏人、撒谎者、酗酒者和精神错乱者,是有必要的。比

测试的准确性很大程度上取决于测试者的能力。洛杉矶的一位测试者杰里·沃尔说，对3000个测试者进行的评估表明，仅有50个是胜任的。测试者有时故意说被测试者说了谎，只是为了测试他们对紧张度的反应。这种策略会破坏一个人内心的平静，从而导致测试结果的不准确。由于这种紧张的环境以及不胜任工作的测试者，从而事实上证明了测试结果是不准确的。 我的第二个禁止使用这种测试的理由是，它们侵犯了人们的隐私。测试者可以询问那些求职者诸如性习惯以及他们多久换洗内衣等问题，事实上，他们确实这样做了。用测谎器进行测试的本意是为了判断一名雇员是否进行了偷盗，这些不相关的问题侵犯了个人的隐私，而另一方面却未能确定某人是否违法…… 因为使用测谎器进行测试不准确并且侵犯了个人的隐私，我相信应该禁止使用它们。	如，在亚特兰大的一家护士所，利用测试找出潜在的虐待狂和精神错乱的护士以保持秩序，这是侵犯个人的隐私吗？我并不这么认为。 对我而言，很明显，某些测谎器测试是需要的，有太多的盗窃事件发生，必须采取一些措施来制止这种行为。我认为测谎器就是这一问题的解决办法。首先，他们是准确的。公司已经使用测谎器很长时间了，越来越多的公司也才开始使用它们。另外，仅当有人提出了一些不该提的问题时，才算是侵犯了个人的隐私。我同意这些滥用应该被制止，但并不是通过取消这种测试来制止。雇主们不可能在没有这种测试的情况下控制盗窃事件。使用测谎器的益处要远远大于它带来的危险。

我们可以列出这一对辩论的提纲：

正方提纲：反对使用测谎器进行测试	反方提纲：支持使用测谎器进行测试
论点： 应该禁止雇主们使用测谎器。 论据： 第一，测谎器是不准确的。 贝赫议员，测谎器的测试结果只有70%的准确性。 误导引起伤害的两个例子： 记账员琳达。 超级市场职员。 第二，测谎器侵犯人们的隐私。询问诸如性习惯以及他们多久换洗内衣等问题。	论点： 对方已经表明，应该禁止雇主是使用测谎器进行测试。我认为作为雇主，必须使用这些测谎器。 论据： 首先，对方称测试结果的准确性是值得怀疑的。相反，我倒是认为这些测试的结果是非常准确的。 她提到贝赫议员曾报告有70%的测试是准确的。但全国药物连锁店政府事务副主席泰·凯利对这些测试结果的报告，测试的准确水平是90%而不是70%。 她举了两个例子，说明她们由于经过测试而受到威胁，或变得情绪化或消沉。但她如果不能表明使用测谎器在很多人中引起了问题，我认为我们就有必要继续使用它。 她的第二个理由是测谎侵犯了个人的隐私。以测试时询问性习惯以及换洗内衣次数作为例子。在这一点上，我同意她，滥用应该被禁止的。但通过提问找出盗窃者、坏人、撒谎者、酗酒者和精神错乱者，是有必要的。

结论： 因为使用测谎器进行测试不准确并且侵犯了个人的隐私，应该禁止使用。	结论： 我认为，某些测谎器测试是需要的。首先，他们是准确的。另外，只有提出不该提的问题时，才算是侵犯了个人的隐私。滥用应该被制止，但并不是通过取消这种测试来制止。使用测谎器的益处要远远大于它带来的危险。

对比双方的提纲，可以看出，正方明确提出了自己的论点、论据、结论，反方则针对正方的论点、论据、结论，逐一反驳，明确提出反方自己的论点、论据和结论。辩论比赛是对定向思维和逆向思维最典型的运用之一。

下面列举的话题也可以用来作为定向思维、逆向思维、辩论及即兴口语的练习材料：

1. 酒香也怕巷子深
2. 举贤须避亲
3. 棒打出逆子
4. 名师未必出高徒
5. 牡丹若好，何必绿叶扶持
6. 万事俱备，无须东风
7. 亡羊补牢，时必已晚
8. 攻其一点，须及其余
9. 无事也登三宝殿
10. 穷寇当追
11. 盖棺何必定论
12. 五十步当笑百步
13. 物稀未必贵
14. 卧榻之上，可容他人安睡
15. 三个臭皮匠，难顶诸葛亮

需要说明的是，训练中、辩论中运用定向思维、逆向思维去思考问题并进行即兴口语表述，目的是为了分项锻炼思维能力和即兴口语表达能力，而不是强词夺理、胡搅蛮缠。

二、应变思维

应变思维，是指主持人能从客观实际出发，根据时间、地点、人物、事件的变化，通过正确判断，科学分析，及时巧妙地处置各种复杂变化的情况的思维方法。从思维能力角度看，应变思维属于思维的爆发力，是思维运动中的一种喷薄状态。用通俗的话说："灵机一动，计上心来。"思维爆发力的形成，一方面是大脑中暂时的神经联系突然接通，储存在大脑中的知识、经验和感知到的外界刺激和信息出现了对撞，于是出现了思维的飞跃。另一方面，是感知到的外界的刺激和信息拓展了思维的领域，开辟了新的天地，经过大脑及时的汇总、分析、判断，做出创造性的反应。

在节目主持人的工作实践中，我们可以把应变思维的表现大体上分为两类。一类是被动应变，就是在毫无准备或者缺乏准备的情况下，面对突然发生的意外事件和困境从容反应，恰当处理。比如，在与采访对象的对话交谈中，嘉宾反客为主向你发问，主持人能够恰当应答；或者突然发生技术上的播出故障，主持人必须能够恰当应对控制场面；比如直播节目时间不足或者拖延，主持人必须压缩或者临时组织话语。第二类是主动求变，就是在交流或个人言谈中，及时捕捉到了新的信息，在思维活动高度兴奋的状态下，随之转变，迅速地调节整合。比如采访对象的回答或者变化着的现场情景拓展了主持人思考问题的空间，或者提供了新颖的思考角度，主持人有所发挥时的及时调整或跟进。

杨澜曾经在广州担任过一场文艺晚会的主持人，上场的时候她却踩空台阶，滚落到台下。顿时观众哗然，有的观众还吹起了口哨。然而，杨澜镇定自若，重新上台后开口说道：

> 真是人有失足，马有失蹄啊，我刚才的“狮子滚绣球”滚得还不够熟练吧？看来这次演出的台阶不那么好下呢，但台上的节目会很精彩。不信，您瞧他们……

登台亮相时的“马失前蹄”可以说是主持人遭遇的最大尴尬，因为意外摔倒带给观众的滑稽感破坏了晚会的演出气氛，然而杨澜利用风趣机智的话语巧妙地摆脱了窘境。首先，杨澜没有刻意地回避尴尬，而是顺其自然地流露心声，用一句俗语“人有失足，马有失蹄”道出了当时内心真实的感受。紧接着一句“狮子滚绣球”的幽默自嘲，化解了观众中的部分不良反应。最后利用下台和台上的关联，顺势引出精彩的节目，把观众的注意力由突发事件转移到正常的节目表演中来。

中央电视台第一次组织“心连心”艺术团下乡，在江西革命老区遂川做首场慰问演出，当天场面非常热烈，不料节目进行到一半关牧村演唱《多情的土地》这首歌的时候，天空乌云密布，落下了阵阵雨点，场面开始躁动不安，歌声一停，赵忠祥快步走到台前，对乡亲们说：

> 关牧村动情的歌声，把她自己的眼睛唱湿润了，也把老区人民的眼睛唱湿润了，连老天爷的眼睛也给唱湿润了！老乡们！我们演员都商量好了，如果雨下大了，只要大家不走，我们演员就绝不会走！

赵忠祥的应变和即兴口语非常精彩，首先，把演员、观众的情绪和自然现象的变换巧妙地融为一体，把一场突如其来的阵雨看做是老天爷被动情的歌声所感染，把演出效果升华为天人共鸣，把一个偶然性的破坏元素转化为一个带有必然性色彩的有利因素，排比的句式给人以听觉上的强烈刺激，加强了传播的功效。“只要大家不走，我们演员就绝不会走！”更让现场的老百姓为之动容，他们用热情的掌声向全体演职人员致意，慰问演出在感人的气氛中继续进行。

2002年初,《东方时空》直播特别节目“三峡在聚焦”中,敬一丹是北京演播室的总主持人,三峡现场设立了3个直播点。节目的资料片快结束时,敬一丹从耳机中听到导播台上在争论该切哪个点?这时敬一丹的画面已被切出来了,她立即像是与观众交流似的说道:“我们看看三峡现场的情况,是先看张羽那里呢?还是看张泉灵那儿?”她用这种方式问导演,导演立刻明白了,耳机里出来明确的指令:张羽。于是敬一丹顺势接着说:“好,我们看一下张羽那里的进展。”

后来直播进行到奉节县城的老房子按三峡工程统一部署实行爆破,现场灰飞烟灭,老城不再,一位奉节人接受采访说,看到老家爆破……心里很难过。这时耳机里传来了制片人的声音:“敬一丹,你找补一下。”此刻敬一丹没有时间与导播商量该找补什么,她的画面马上要切出来,本着对三峡工程的意义的深刻认识和宏观把握,敬一丹沉稳而深情地生发了下面这段即兴口语:

> 刚才我们听到那位奉节的朋友说,看到爆破,心里很难过,我们都能理解他的心情,毕竟是故土难离。我想,三峡人既有对老家的怀恋,也有对新家的向往,就在离老城不远的地方,奉节新城正在建设……

当时没有条件跟制片人进一步讨论,但是敬一丹凭着她敏锐的新闻素质,凭着她清醒的政治头脑和对大局的准确把握,立刻意识到需要平衡某些伤感的色彩,避免让人产生误解,甚至引发移民中的某些敏感问题,产生负面情绪,于是在“找补”的时候,首先表示了理解,旋即加上了希望的色彩。事后,制片人表示他说的“找补”正是这个意思①。

良好的应变思维能力需要处变不惊的临场心理作为基础。主持人在节目主持过程中,应当保持积极的有控制的思维状态和创作理念。一般来说,节目进行之前,主持人都会通过自己前期的准备确定一个基本主持预案。熟练地把握预案中涉及的模式自然有助于主持人镇定从容地完成任务,但是如果主持人仅仅满足于此,就很容易落入照本宣科的俗套,长此以往主持人的思维素质必然会呈现出保守和封闭的特点。相反如果依托预案,充满了创作的欲望,结合实际情况及时进行信息的交流,保持开放性的思维状态,必然会使主持充满生机和活力。良好的应变思维能力需要知识和经验的积累。知识是思维的原材料,知识和经验是思维的最初动力、基本手段和最后结果。出类拔萃的即兴口语来自于日常的积累。同时,要想使积累的经验和知识具有流畅、变通和创造的特性,不仅要注意知识和经验数量上的积累,还要注重提升它们的质量,更要注重知识的更新,吸收新知,调整经验,才能推动思维能力的向前发展。

以上介绍了主持人即兴口语艺术中涉及的多种思维形态。需要特别提及的是,主持人

---

① 转引自吴郁主编:《主持人思维与语言能力训练路径》,中国广播电视出版社2005年版,第182页。

即兴口语艺术中至关重要的一种思维形态——创造性思维。创造性思维是重新组织已有的知识、经验，提出新的方案或程序，并创造出新的思维成果的思维活动。例如，新的大型工具软件的开发，新的科学理论的提出，都需要创造性思维。创造性思维是人类思维的高级形式。许多心理学家认为，创造性思维是多种思维的综合表现，它既是发散思维与聚合思维的结合，也是形象思维和逻辑思维的结合，又是正向思维和逆向思维的结合，同时也是应变思维与其他多种思维形式的相互结合。在节目主持过程中，主持人要特别注意多种思维形式的交替运用，以便获得创造性思维以及创造性的即兴口语艺术。

第四章　主持人即兴口语的认知机制

第一节　语言生成与语言理解

主持人即兴口语传播与语言认知、语言的生成和理解等有关。

语言的生成和理解是人类面临的最古老的、吸引众多学者的“老大难”问题之一，是古今中外语言学家、哲学家、心理学家以及当代人工智能工作者都普遍关心的热门话题之一。

一、维戈茨基、鲁利亚的“内部语言”

20 世纪 70 年代，中外语言学家在讨论语言的生成和理解时，对二者的发展形态做了划分。其中，最有代表性的看法是前苏联学者维戈茨基，他指出：语言发展有三个阶段：外部语言、自我中心语言和内部语言。内部语言即思考问题时的言语活动，其特点是：发音器官活动的隐蔽性，形态上的凝缩性和简约性，功能上的述谓性。内部语言在思想与扩展性语言之间起着不可缺少的中间环节的作用。维戈茨基的观点说明“内部语言”≠“不发声的自言自语”。不发声的自言自语是外部语言的内化，是有比较完整的内容和形式的[①]。

过去，人们常常认为，任何内部语言必然都伴随有言语器官的微弱活动或潜在动作，并以此证明它的存在和任何情况下思维和语言都不可分离。1971 年，苏联学者宋采夫对这一点提出怀疑。他提出，当有人故意说谎时，与谎言相应的思维已经占有了言语器官和外部语言，这时意识到自己是在说谎这一思维又占有什么呢？可见，有一种与之相应的“内部语言”，即特殊代码。这种代码或许是美国语言学家切夫所说的“一种特殊的语义结构”，或乔姆斯基表述为“一种特殊的深层结构”。

---

① 关于内部语言，有时候人们也把它当做脑子里思考问题而没有说出来的话，类似于不出声的自言自语即自我中心语言。事实上，内部语言和自我中心语言是有区别的，内部语言凝缩、简约，看似不同于自然语言语法，但是不出声的自言自语即自我中心语言却并非如此。

前苏联学者鲁利亚发展了他的老师维戈茨基关于“内部语言”的观点，认为“内部语言”在形式上虽然被凝缩、简约为不合自然语言语法的结构，但是它却保持着可以随时扩展为完整地、复杂地说出来的可能性。1975 年，在《神经语言学》一书中，鲁利亚进一步把“内部语言”引入语言的生成（表达）和理解过程中：

语言生成过程：初始的动机、思想借助内部语言编码成为图式（schema），这些图式再转化为扩展性言语，即：动机（认知单位）⟶图式（借助内部语言编码的动机）⟶扩展性言语（形成自然语言）⟶外化为外部语言（有声语言或文字表达）。

语言理解过程：被感知的言语表达（有声语言或文字）借助内部语言压缩为图式，这些图式通过内部语言转化为动机、思维储存在记忆中，即：外部语言⟶图式⟶动机。因此，储存在大脑中的单位是跨越式思维和特殊代码的统一体。

二、切夫的“言语化过程”

相关的还有“言语化过程”的研究。美国语言学家切夫（Chafe）通过实验，研究了“言语化过程”。切夫的实验步骤为：首先为受试者放映了一段六七分钟的无声电影；其次，要求受试者复述电影的内容，并录了音；最后，分析受试者复述电影的录音材料。受试者包括不同国家的操不同语言的人，可是发现：复述内容大同小异。原因是，所有受试者都是把电影内容分成若干件事（episode，插话式事件，长篇电影的一段）进行记忆的。

切夫认为，上述结果说明，最初留在受试者意识中的是反映这些“事”的一幅幅画面或映象，而不是语言。因此，如果说，记忆在人们的意识中是以一件或若干件事组成的，那么，这一件件事可看做是认知过程中的基本单位。这些基本单位如果要用自然语言体现，即一个词、一句话、一个句群或由它们组成的段落。但是，在大脑存储时，却是极为凝缩、简约的图式。

那么，复述记忆，即把存储的图式或记忆中的“事”转化为自然语言，是怎样实现的呢？

切夫认为，意识的投入有两个途径：或通过直接感知；或通过回忆，活化已经储存在记忆中的部分内容，这时意识要转变为语言需要经过一个“言语化过程”。这个过程可以图式如下：

言语化过程
- ①与内容有关的过程
  - 切块过程
  - 陈述过程
  - 范畴化过程
- ②一揽子过程
- ③句法过程

说明：

①与内容有关的过程，是指说话人赖以组织所回忆经验的某种方式。

切块过程，是指作为认知单位的事件一般较为庞杂，在语言表达时应将其内容切分为若干块(chunk)。

陈述过程,是指说话人对各种事物(参与者)要赋予各种角色,以便构成陈述结构。

范畴化过程,是指说话人能对事物表示为"定指"还是"不定指"、对动作在交际时所呈现的"时间状态"等等,作出选择。

②一揽子过程,是指说话人对听话人在特定语境中的思维状态和语言处理能力的估计。

③句法过程,是指说话人对听话人在言语化过程中运用的有关过程。

上面介绍了切夫的"言语化过程"研究成果。前面提到的苏联学者鲁利亚也曾探讨过这一课题,在《神经语言学》里,他力图把乔姆斯基(鲁利亚十分赞赏乔姆斯基的句子双重结构力量和转换生成的思想,并把它们看成是科学地分析思想转化为扩展性言语的新途径)的理论同维戈茨基的内部语言学说结合起来。鲁利亚认为,把二者结合起来之后,思想转化为话语的过程,其基本层次便可以分为:第一,语义表象层,包括由词义基本单位义素表示的意思表象,其特点是思想的分解格式,它借助于内部语言转化为深层句法结构。第二,深层句法结构,其特点是已带有明显的语言特点,具有逻辑—语法构造并用相互从属的词义等级关系树表现出来。第三,是表层句法结构及其衍生出来的形态语音等的分支。

鲁利亚注意到句法的心理现实性建立在句子的结构的基础上,并用失语症方面的资料证实了转换操作过程的客观存在。

鲁利亚对言语交际过程的研究不限于句子层面,而是上升到了语篇层面。他把言语理解归纳为三大基本部分:词汇单位的理解、句法结构的理解以及语篇的理解。在《神经语言学》中,他强调:弄清话语的"言外之意"是理解语篇总体意思的最重要的前提。在他看来,语篇的理解不能局限于根据形式标记连续的句子,尤其在结构复杂的语篇里,其总体意思决不能归结为各组成部分意义的连续体,而需要进行复杂的分析和综合,有时还需要评价整个语篇隐含的动机。①

前苏联学者卡谢维奇认为:人在说话以前先形成一种动机(мотиъ),即对所要说的话有一种大致的想法,这种动机属于前语言阶段。

三、冯特的"言语生成四阶段"

还有不少人对言语生成和理解的一般过程做了描述,并且形成了模型。

心理学界对此领域涉足最早的首推冯特。他将言语生成过程划分为四个阶段:第一阶段,生成一个完整的心理完形或观念(其组成成分是同时存在的);第二阶段,将这一完形组成在逻辑上或语法上有联系的部分(如主语和谓语),这些部分再进一步扩展成为具有层次组织的成分;第三阶段,对生成过程中前几个阶段的输出进行转换,转换的结果是产生各个成分在可观察的言语中的顺序(不同于各成分原来的顺序);第四阶段,产生一个语音完形。

---

① 参考吴为章:《新编普通语言学教程》,第三章"语言和思维",北京广播学院出版社 1999 年版,第 106、107 页。

这一语音完形成为一种同时性层次结构的一部分，控制着发音过程。此后出现的理论和模型尽管复杂详细了许多，但基本上都可看做冯特理论的修订和补充。

四、弗罗姆金的“话语生成器模型”

弗罗姆金(Fruomkin)有一个话语生成器模型(utterance generator model)。弗罗姆金的模型把言语产生分为六个阶段。第一，生成一个要传递的“意义”。第二，将信息映现到句子结构。第三，在句子表征的基础上生成语调轮廓(句子和短语重音)。第四，从词汇里选择词语。第五，规定语音。第六，生成言语的肌动命令。以后，莫茨(Moates)又将六个阶段概括为四个基本过程：选择意义；产生句法结构；产生音素结构；运动过程。1975 年，加里特(Gareet)又发表了一个与弗罗姆金相似但更为详细的模型，加里特对弗罗姆金的模型加以补充，把一些原来比较隐含的东西说得更明白。加里特和弗罗姆金的模型都把语言产生区别为三个层次：“一个为概念层面，一个为语言规定的句子层面，一个为控制发音的肌动层面。”这些模型都可称为串行模型，他们把言语产生看成是先后发生的一个个不同层面的阶段。

和弗罗姆金与加里特的串行模型相对立的是并行模型，认为在言语产生过程中言语处理的各个层面是同时运作的，这一类模型又称为连接主义的模型。以戴尔(Dell)的模型为例，他认为在永久记忆里有四个节点层面：语义、句法、形态和语音。他们是一个语篇分别在每个层面的表征。这和串行模型是相同的，所不同的是这些表征是并行地工作的。当一个层面上的节点被激活，它就可以激活在同一层面或别的层面上的节点。

桂诗春先生《新编心理语言学》对话语产生和语篇理解有详细研究。著作中介绍了莱维特(Levelt)关于话语产生大体要经历的四个阶段：第一把意念转换成要传递的信息，即信息的生成；第二是把信息形成为言语计划，即言语计划的制订；第三是执行言语计划，即言语计划的执行；第四是自我监察。桂诗春先生还介绍了一些理解模型，肯奇和梵·迪克(Kintsch 和 van Dijk)提出的一个影响很大的语篇处理模型。这个模型认为人们从语篇中获得一系列命题，并且把它们组成一个连贯的语义表征。他们的出发点是，即使是一段不长的语篇，我们都不能处理其所有命题。我们在阅读过程中，按 6 到 12 个命题的周期来进行处理。在每一个周期里，我们会自动地注意命题主项的重叠，如果输入的命题和当前存放在工作记忆里的命题没有重叠，就需要有更多的时间来进行推理和复位(reinstatement)。在一个周期的命题里选择哪些子集进入工作记忆是一个重要考虑。肯奇和梵·迪克假定：当一个命题被选进工作记忆里时，它的再产生概率就会增加(例如在一个自由回述的作业里)。虽然可能有几种选择策略，他们认为选择主要取决于命题的层面和近现率。这就是说，我们对输入的命题周期进行扫描，看是些什么层面；然后在迄今为止的语篇的每一个最高层面上选择最近出现的命题，并把它们放在工作记忆里，以理解其他的命题。某一个已知的命题可以从一个周期传输到另一个命题。后来(1983)他们又对这个模型做了两点修正：一点是光是主项的重叠不足以解释局部连贯；另一点是一个语篇必须表示为一个关于事件、活动、人物和它所谈及的东西的语境模型。最后肯奇(1988)进一步提出一个新的模型，他称之为构建与结合模型(Construction－Integration Model)。它部分地采取了连接主义的观点，是一个混合型结构(habrid architecture)，把产生式和连接主义放在一起。这个模型和从上到下(或受期望所驱使)的模型不同，因为我们很难把精确的细节和对期望进行编码的长时记忆结构的灵活性加以调和。一般来说，细节越清楚，就越容易生成一些对语篇的不正确的期望。①

五、梅尔秋克的"意思——文本(MTT)"理论

前莫斯科语义学派的代表人物梅尔秋克也创立了"意思——文本(MTT)"理论来揭示话语产生和理解的一般过程。如图4－1所示：

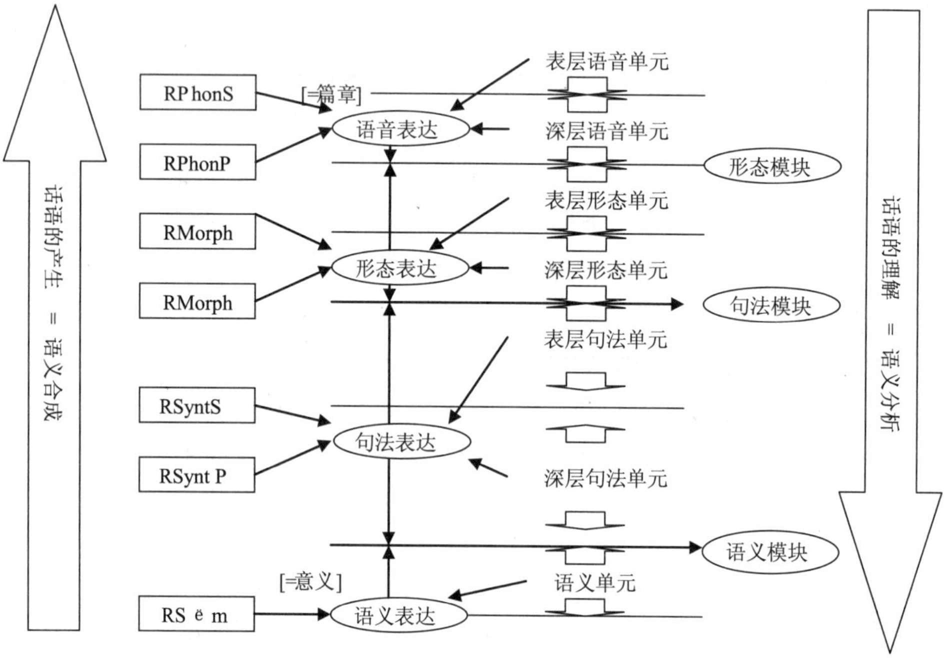

图4－1 梅尔秋克"意思——文本(MTT)"模式

这一理论主要是为自然语言理解与加工服务的，严格来说并非心理学界的研究成果，很大程度上应划归语义学或计算语言学的领域，但也力图揭示语言理解和产生的一般过程。梅尔秋克将整个过程分为三个模块：语义模块、句法模块、形态模块；每个模块又分为深层和表层，这样就得到六个单元，加上语义单元就有了七个单元；从表达上则包括语音表达、形态表达、句法表达和语义表达等四个层次，话语的产生(语义合成)过程为：

---

① 桂诗春：《新编心理语言学》，上海外语教育出版社2000年版，第431、432、483页。

语义表达 ⟹ 句法表达 ⟹ 形态表达 ⟹ 语音表达

而话语的理解(语义分析)过程则相反。[①]

六、国内学者的一些研究

伍铁平在《语言与思维关系新探》一书中谈到:人的大脑具有比现代最先进的计算机多得多的信息存储量,据估计高达1015比特(bit,信息单位的名称)。这么多信息如果全靠完整的语句表达,我们很难想象,小小的人脑怎么能够容纳得下。因此,当代科学家推测,大脑很可能是一种全息装置;除语言外,还有表达思想的某种特殊代码,使得大脑有可能容纳下这么多的信息。伍铁平认为:与特殊代码相应的思维形态是科学家们称为“跨越式”思维的思维。这种思维只要在大脑中保存若干关键性的词语或某种特殊代码,通过它的启发,就可以跨越许多阶段,一跃而变为连贯的自然语言。他认为:即兴发言时思考发言提纲、听人说话时抓住话语要点、翻译外语时迅速进行意译,人们运用的都是跨越式思维和非自然语言的“特殊代码”[②]。“跨越式”思维有这样一些特点:第一,它是与内部语言相对应的,以内部语言为载体,它们的发生可以同步,也就是说,一旦有讲话的意念,特殊代码就出现了。第二,“跨越式”思维以一些关键词语为动机(motivation),这些关键词语貌似不连贯,但是一旦扩展就可成篇。例如一些主持人大赛试题:根据“水、泥沙、鱼”或者“小偷、警察、鲜花”说一段话,这些词貌似不连贯,但是通过建立关联,使其中至少一个词具有述谓性,就可以发展出语篇。有了预期的连贯以后,根据现场情况或者语境可以变换连贯性。并且,面对同一组词,不同人有不同理解,可以建立不同关联,从而得出不同语篇。第三,现代心理学在讨论继时(连贯)辨认和瞬时辨认的区别时,都提到有“跨越式”思维;并且认为只有人脑才具有两种辨认能力,而电脑还只有继时(连贯)辨认的能力。伍铁平关于“特殊代码”、“内部语言”和“跨越式思维”的讨论涉及话语产生。

应天常认为:“在这个言语生成的网络系统中,布满于网线交叉部分的是许多‘节点’,它是头脑中最灵敏的言语信息的聚集,在言语生成时,它具有很强的提取功能和激活扩展功能。在表达过程中,一旦提取或激活某一个‘节点’,思维和意识就沿着网络通道同时向许多方向扩展,直到波及整体的个人语典。如果网络通道畅通无阻并能合理地组织与控制,个人的言语才华就会得到充分的发挥。”[③]关于“节点”提取和激活扩展的讨论涉及话语产生。

于根元论及:“我们往往说长篇大论的时候脑子里起初或者面前的纸上是几个几十个字。还有一种情况,我是有成文的稿子的,如果用说话的方式来说,总有不少书面语的味道,

---

① 参见娄开阳:《现代汉语口语即兴表达的生成机制研究——以主持人对话口语语篇为研究对象》,北京广播学院2001级语言学及应用语言学硕士论文。

② 参见吴为章:《新编普通语言学教程》,第三章“语言和思维”,北京广播学院出版社1999年版,第103页。

③ 应天常:《节目主持语用学》,北京广播学院出版社2001年版,第246页。

如果只记几个语结，说起来可能漏掉一些，但是比较生动，而且容易根据时间长短加一些话减一些话。”“有的应急情况下说话比较好，是语结确定得好。比如朵而主持人大赛，大屏幕上是抗洪中一位子弟兵背着一位老大娘。选手始终围绕着‘依靠’来说这幅照片的思想，说得很好。有的说不到点子上，是语结没有找好。实际上这也是选题问题……这个问题的探讨，进一步研究人的内部语言以及同外部语言的关系，理论性也是很强的。”[①]这里关于“语结”的讨论和应用涉及的也是话语产生。

《中国播音学》在口语训练中提道：人在说话前，先要产生说话的动机、愿望。即“为什么说”、“对谁说”、“说什么”、“怎么说”，思考这些的过程，也就是组织内部语言的过程。在这一阶段，要完成说话内容的轮廓、主题词语或一些“语点”[②]。

《中国播音学》中的准备稿件也是很有价值的讨论和应用。备稿有两方面的含义，一是广义备稿，一是狭义备稿。广义备稿是指平时不断地学习和积累。播音员、节目主持人是新闻工作者，应该具备较高的政治觉悟和理论水平，广博的文化知识、深厚的专业基本功和艺术修养等等。播音成功与否取决于这种学习和积累的深广程度。广义备稿是播音创作的基础。狭义备稿，是指播出前具体一篇稿件的准备。如何准备一篇稿件，不同的播音员、不同的稿件，会有些细微的差别。但从播音创作的根本上看，主要的方法是大同小异的。概括起来有六个步骤，简称“备稿六步”。它们是：划分层次、概括主题、联系背景、明确目的、找出重点、确定基调[③]。备稿的讨论和应用涉及语篇理解。

以上介绍了国内外关于语言与思维、语言的生成与理解、话语产生与语篇理解等研究概况，视野所及就有“内部语言”、“特殊代码”、“一种特殊的语言结构”、“一种特殊的深层结构”、“语点”、“节点”、“语结”等看法以及多种多样的划分阶段和模型，视野之外想必还有更多观点，相关探讨的敏锐和热烈可见一斑。下面，本书以“语结”为出发点，涉及话语产生与语篇理解，在借鉴各家精华的基础上，努力探新求解，希望丰富相关理论探讨。

第二节　语结——主持人即兴口语的种子

在主持人即兴口语中，语结是一个关节点，是思维的外化，是内在想法与外显语篇过渡的中间环节[④]。对于主持人即兴口语研究来说，语结既具有方法论的指导意义，又具有技术手段的操作意义。

---

① 于根元：《现代汉语研究与应用》，北京广播学院出版社 2003 年版，第 285 页。

② 张颂：《中国播音学》，北京广播学院出版社 1994 年版，第 270 页。

③ 付程：《实用播音教程第二册：语言表达》，北京广播学院出版社 1999 年版，第 2 页。

④ 关于语结的研究，详见於春：《语结——有效提高语言实践能力》，中国经济出版社 2006 年版。

一、什么是语结

在实际的语言生活中，比如一般发言，我们可能不是把所有要说的话逐字逐句全想好了，而是先有一个核心的想法，用简单的字、词、句来表示，又有其他想法，再用几个简单的字、词、句来表示，由此发展开去，直至形成整个语篇。这些简单的字、词、句就是本书讨论的语结，其中，表示核心想法的字、词、句是核心语结，表示其他想法的几个简单的字、词、句是下一层次的语结或称语结串。有时候我们将这些语结记在脑子里或者随便写在一张纸上，要表达的多了，就在前面标上序码。

主持人口语中常常可以看到语结运用的实例，以下是主持人白岩松针对隐私热这一话题的口语：

> 星期天的《实话实说》针对"隐私"这一热点来了一次针锋相对的讨论，作为一个听者，相信很多人在电视机旁也都有着自己的看法，我也一样。作为 1998 年出版界的一大热点，无论你赞同还是反对，"隐私热"都不可改变地存在着，因此在热流之中保有一点儿思考似乎是应该的。概括起来说，隐私热的出现让我有了"一个进步、一些怀疑、一点儿反思和一个应该"这四点想法（注：着重号由本书作者加入。此例下文中 A、B、C、D 亦同）。
>
> A. 隐私热在今年出现其实是社会的一个进步。很多年前，邻里乡亲呼吸声相闻，挣得差不多，从父辈开始大家就熟悉，成长史也没得隐瞒，何来隐私之说。更何况出版界政治挂帅，谁来关心什么隐私。但现在不同了，生命道路在多元的社会中各不相同，出版业也百花齐放，隐私也成了中国人挂在嘴上的话语，不是进步是什么？更重要的是，我们已经越来越知道每个个体的生命体验和心路历程都与历史有关，个体正在我们身边被前所未有地尊重着。
>
> B. 但我还是有个怀疑。标榜"绝对"、"非常"的隐私就真的全都是真实的吗？始作俑者一本书过后，众多同类书籍快速跟上，这种"急就章"中间的水分和戏剧化因素就真的那么可信和真实吗？今年 10 月南方一所大学贴出征购隐私的广告，钱的面前、迎合市场的面前，所谓真实，大家不必太过当真。
>
> C. 面对隐私热该有一点儿反思。隐私热不是出版商造出来的，作为倾诉隐私的人和我们每一个看客、每一个买者和书商一起制造了这股隐私热，因此不高兴者不必把抱怨都送给出书的人。我们作为看客，心中哪些弱点是这股热的诱因呢？另外社会该反思。我们身边有没有一个健全的社会心理抚慰系统呢？没有。心理医生稀少得可怜，人与人之间距离越来越远，朋友之间越来越有礼貌……谁来做我心事的倾听者？
>
> D. 最后一个应该，众多普通人的隐私作为商品大赚其钱，但该在某些方面没

有隐私的人却正享受着隐私被保护的快乐。比如说,权钱交易总是人不知鬼不觉,有些官员的非法收入反倒成了被隐藏起来的私财;交易不透明,有些人偷税漏税让税务部门一点儿办法也没有,等等等等,什么时候让这些隐私都经常被公开呢?①

此例中,“隐私热另说”是核心语结,主持人白岩松提到“一个进步、一些怀疑、一点儿反思和一个应该”是核心语结之下的语结串,以此为基础,语结“一个进步”发展成语篇 A,语结“一些怀疑”发展成语篇 B,语结“一点儿反思”发展成语篇 C,语结“一个应该”发展成语篇 D。

主持人访谈对话的过程中同样存在语结,例如:

这些文字资料,我(指杨澜本人,本书作者注)足足读了三个晚上,从中挑出我个人认为观众会有兴趣的地方,记了满满十几张纸。再加以整理,形成了这样的采访提纲:对通俗文字的定位——他本人武侠小说中的历史眼光——澄清有关“为秦桧平反”论的说法——祖父的“侠义”精神对他的影响——他年轻时的抱负——侠义思想在中国历史演变中产生的利与弊(注:着重号由本书作者加入。此例下文中A、B、C、D 亦同)。

围绕提纲杨澜展开采访:

A. **杨**:您领取香港艺术发展局文学成就奖的时候,曾经说了一段话。您说,香港的文学作品的确带有很强的商业性,但是不因为它有商业性就不是一种艺术。而且,您还谈到有些评论家认为越是通俗、越是受欢迎的作品,越是上不了档次,让人们越看不懂的越好这种观点。这里能不能给我们谈点您对通俗作品的看法?

查:这是世界上文学评论家的普遍风气,我是不赞同的。毛主席说过,文艺应该为工农兵服务,越是大众化的,作用越强。但是现在的评论家认为越是为工农兵服务,就越是不好的作品,这个想法我不同意。

……

B. **杨**:我觉得,您一直比较强调“通俗”和“庸俗”之间是有界限的。

查:那当然。

C. **杨**:您认为这个界限应该在哪里?

查:过分迁就市民、大众的口味就庸俗化了,我也不同意,通俗一点,让他们可以了解欣赏的意义。

……

D. **杨**:刚才我们谈到,通俗作品以后也可以成为经典作品。像《水浒传》、《三国演

① 转引自吴郁:《主持人的语言艺术》,北京广播学院出版社 1999 年版,第 246 页。

义》，甚至《红楼梦》，当初作者写的时候，其实也是很通俗的作品，是登不了大雅之堂的。

查：中国整个文学的发展都是这样子的，唐诗、宋词、元曲，起初都是民间的东西。像宋词，是大家喝酒吃饭的时候，歌女来唱的，跟现在的流行歌曲差不多，到后来文人雅士把它发展成为当时最著名的文学作品。唐诗，以前也是拿来唱的，元曲更是舞台上表现的，到后来变成很好的文学作品。小说也是，像明代的小说也是给别人拿来讲故事的，讲了故事以后，才把这些内容用白话写成小说供人消遣，慢慢发展成很好的文学作品。中国有很多文学作品都是由民间通俗作品经过提高，受到士大夫喜欢，然后就越来越搞得民间不懂了。①

此例中，杨澜提到了采访提纲：对通俗文字的定位——他本人武侠小说中的历史眼光——澄清有关“为秦桧平反”论的说法——祖父的“侠义”精神对他的影响——他年轻时的抱负——侠义思想在中国历史演变中产生的利与弊，这个采访提纲是一个语结串。杨澜在采访手记中还提道：

当我们寒暄几句，坐在沙发上时，查先生一指我（指杨澜本人，本书作者注）手中的采访提纲：“给我看看吧。”

“可是，这只是一个粗略的提纲，只有大概的意思。”

“没关系，给我看看吧。”他说。

“我写得很潦草，还……”

“没关系，给我看看吧。”

他坚持着。几乎伸手来拿了。我觉得老人挺有趣，就把纸递过去。那上面东一个箭头，西一段摘抄，乱得很，恐怕只有我自己能看得懂。查先生拿着老花镜，用手指着，一行行地读下去，还不时停一停琢磨我的意思。②

正如杨澜自己所说，提纲“只有大概的意思”，这体现出语结所具有的“种子”般的作用——包含着具有决定作用的“基因信息”，由此才能生发出相应的语篇。“粗略的”、“东一个箭头，西一段摘抄，乱得很，恐怕只有我自己能看得懂”，这体现出语结在形式上连贯性不强但是意义和功能上存在联系的特点。另外，杨澜说“恐怕只有我自己能看得懂”，其实不然，语结毕竟简洁凝练地包含了基本内容及其相互关系，旁人还是能够通过语结进行揣摩，所以，“查先生拿着老花镜，用手指着，一行行地读下去，还不时停一停琢磨我的意思。”还有，语结生发于本人大脑思考问题的过程中，即使写出来也主要是方便自己看，一般来说比较隐

① 转引自杨澜：《与“查大侠”侃大山——访查良镛》，《我问故我在》，学林出版社 1999 年版，第 123～126 页。

② 同上。

蔽，很多人都只是写在自己手边的笔记上，并不公开，而杨澜在采访手记中内省、公开自己的语结以及白岩松在口语中将语结外化出来，都是少见而珍贵的。

以上白岩松“一个进步、一些怀疑、一点儿反思和一个应该”四点想法，杨澜采访查良镛（金庸）的提纲，包括了核心语结和围绕核心语结展开的其他层次的语结和语结串。以这些语结为基础，他们的谈话语篇将分别展开。有的人即使有了全文，发言仍然用几个语结去说，避免口语中带有书面语色彩，还可以现场发挥，这种情况是从书面语语篇到语结再到口语语篇。语结的作用相当于种子，生长的过程是以语结为基础向相对完整的语篇过渡的过程。生长除了以语结为基础扩展以外，还可能会生发出新的内容，即充而用之。语结并非各个孤立，在语义网络上，它们就像一个个结，有时候联系着好几条线，重要的大语结往往联系着更多的线。语结的“结”，是为了突出其生长、扩展、层次、辐射的能力，突出语结之间的立体交叉和有机联系。

梧桐一叶，天下知秋。经由语结，可以生发相对完整的语篇；经由语结，即使没有听到正式谈话，也可以了解主要内容及其相互关系。从全息和系统控制的角度看，抓住事物的关节点，也就掌握了事物的一大部分或者全部。

二、语结的特点

通过上面实例的表现和分析，可以梳理出语结的一些主要特点：

第一，高速度。语结在孕育、发生的时候，不是线性构造，而是网络构造，因而相当高速。它的储存方式如同大脑心理词典，是一个庞大的网状结构，能够有效提取并发宏大计算。

第二，层次性。一般来说，每个语结网络都有一个核心语结，核心语结发展出其他层次的语结，语结网络由核心语结和围绕核心语结展开的其他层次的语结共同构筑而成。

第三，简洁性。语结在形态上表现为简洁凝练，似乎连贯性不强。思考展开的过程中，各种想法纷繁冒涌，语结凝练有助于整理、归束思路。更重要的是，有价值的想法可能稍纵即逝，难以逐字逐句记录，语结简洁便于迅速捕捉有价值的想法。由于形态上的凝缩和简约，使语结看上去似乎互相之间关系不明显，具有跳跃性，不那么连贯。但正是形态上的连贯性不强使得用语结表达具有很高的灵活性，可以增删，可以调整顺序，可以根据实际需要和语境在语结间建立各种可能的连贯关系，从而生发不同语篇。当然，尽管形式上表现为连贯性不强，语结们在意义、功能上却存在联系。如果将语结、口语、书面语三种形态进行比较，可以看出：语结形态⟶口语形态⟶书面语形态。首先，连贯性越来越强。其次，对语境的依赖度渐低。另外，一味线性的速度渐慢。语结为网状，口语有网状、有线性，书面语则完全是线性，从网状到线状，速度逐渐减慢。

第四，述谓性。语结虽然凝缩而简约，但是一经触发就可以形成相对完整的话语篇章。

第五，模糊性。语结常常带有模糊性。有时候想到了语结但是还找不到合适的表达，要经过考量、润色。还有这样的情况，自己记下语结，过了一段时间自己都不知道指的是什么。

因此，应该用准确、概括、提示性强的字、词、句来记录语结，记录下语结要能够准确鲜明地凸显基本内容及其相互关系。

第六，隐蔽性。语结通常是说话者自己使用，通常只在本人脑子里存着，据此说出相对完整的语篇，一般情况下并不外化。有时候人们也会把语结写下来，但主要是为了提醒自己，并不是为了给别人看。另外，语结孕育时，发音器官的动作也不明显。

第七，全息性。全息首先表现在语结和语篇之间，从语结到一个相对完整的语篇，类似于从种子到大树，“一切都是由种子发展而来的，一切事物都已存在于种子之中，因而所谓变化只是早已存在的东西的生成过程，是由潜在到显现的过程。”[①]“两者之所以能相互转化，就因为相互包含，每一方都潜在于对方之中，转化实在不过是显化。由此，辩证法不承认绝对分明的界限，而认为一切都是可以相互转化的；并且物质世界是一个有机联系的整体，一切都处于普遍联系之中。”[②]全息和有机联系也存在于语结和语结之间，因而形成语结网络。全息还包含发展的趋向。语结生长的过程除了以语结为基础扩展以外，也可能随机应变，充而用之，实现发展。全息、有机联系允许差异。运用同样的语结，不同的人可以有不同的角度和表述，能够得出各种各样不同的语篇。

第三节 语结的类型

语结有的是基本内容，有的是帮助记忆先说后说的过渡性关联词语，有的是容易忘掉的有意思的枝蔓。有的语结为了防止遗忘会写在纸上，有的语结印象很深不一定写出来。根据语结在实际形成的语篇中发挥的功能和作用，大致可以分为基本内容类、逻辑关系类、情绪气氛类。

一、基本内容类

基本内容类语结是构成相对完整的语篇的基础，一个语结包含一个相对完整的中心意思。语篇的基本内容，比如展开论述、记叙事件、说明事物、抒发感情、对话交流等等，主要靠它来生发。如果进一步考虑它的种种表达作用及其对语篇语体色彩的制约，基本内容类语结还可以区分为议论、记叙、描写、说明、抒情、对话六种下位类型。从研究角度看，前五种小类有比较明显的区别，可以分开介绍。但是从实际运用中看，各小类常常交叉配合、互相补充，有时候甚至重合，共同构成语篇的基础。

---

① 王存臻、严春友：《宇宙全息统一论》，山东人民出版社 1988 年版，第 15 页。

② 同上，第 35 页。

（一）议论类语结

议论类语结包括想发挥的见解和用以支持的例证等，作用是生发论点、论据或进行论证，一个议论类语结包含一个论点、论据或扼要的论证过程。

上文提及白岩松“隐私热另说”中，“一个进步、一些怀疑、一点儿反思和一个应该”四点想法四个语结，正是基本内容类语结中的议论类，第一层次核心语结为“隐私热另说”，第二层次包括四个语结：语结“一个进步”生发出语篇 A，从百姓生活、出版业、个体尊重等方面论述隐私热是社会的一个进步；语结“有个怀疑”生发出语篇 B，对大量“急就章”而成的所谓隐私提出真实性和可信度质疑，并列举南方某大学贴出征购隐私广告作为例证；语结“一点儿反思”生发出语篇 C，提出问题不仅仅在出版商、倾诉隐私的人，看客、买者需要反思心理的弱点，社会心理抚慰系统也需要反思、健全；语结“一个应该”生发语篇 D，呼吁权钱交易、非法收入、偷税漏税等隐私应该公开。此例中语结体现的态度明显，包含说话者的见解和观点，反映语篇的基本内容，属于议论类语结。

再来看前文提到过的学生练习，根据“柳条、馒头、体育馆”三个词生发一段即兴口语，语篇如下：

我认为，当今社会，要想取得人生的成功，就应当具有柳条性格、馒头性格和“体育馆”式的可供施展身手的条件。

柳条细而长，却折而不断，原因就在于它具有韧性。一个人立足于社会，要想在事业方面有所成就，就必须具有韧的精神，以便能够遭遇挫折而不断。人的一生怎么可能永远都是风和日丽，永远都是顺风扬帆？如果稍遇打击便意志消沉，遭遇挫折便自行能够退却，那么，他的一生肯定只能是一事无成。

馒头，虽然在面试中，与面条、饺子、馄饨相比、制作过程大概可以算是最简单的，但是仔细考察用面粉做馒头的过程，确是同样的复杂，首先是和面，要掌握好面粉和水的搭配比例，而且，面粉在揉和的过程中，又有一番手上功夫的讲究，做成馒头上蒸笼后，又有一番掌握火候的学问，最后，才有能吃到香甜松软的馒头。从做馒头的过程中，我们不难悟到这样一番道理，人生目标追求不在大小，只要有追求，就要准备做一番踏踏实实的努力。

置身于体育馆的大厅里，人们往往都会产生一种开阔深远的感觉，体育馆的大厅，其实就好比是成功者的表演舞台，如果说“韧性”与“踏实”是成功者的内部因素，那么能否有一个宽敞的表演舞台，就是能否成功的外部条件。没有这一条件，要想取得人生的成功，难度可就大了，比如一个跟头还没翻过去，就撞了墙，一个弹跳还没跃起，就撞了天花板，你还怎么施展身手呢？

总之，人生成功，无论大小，其实无不是主观努力和客观条件相结合的结果。要不然，为什么从古到今，会有那么多人发出过“生不逢时”、“虎落平阳”、“英雄无用武之地”的叹息呢?[①]

在这段即兴口语中,“柳条、馒头、体育馆”引发了一段关于成功所需具备的三个因素,其中“柳条性格”被评论为具有“韧性”,“馒头性格”被评论为“踏实”,它们是成功所需的内部因素,“体育馆”被评论为成功所需的“外部条件”,得出的结论是“人生成功,无论大小,其实无不是主观努力和客观条件相结合的结果。”在这段即兴口语中,发言人思路清晰,观点明确,从具体事物中从透视各自含义并找到三者之间的内在联系。即兴口语的开头部分开宗明义,中间部分层层推进,结尾点题并引发进一步的思考,“柳条、馒头、体育馆”是典型的议论类语结。

(二)记叙类语结

记叙类语结扼要包含人物的生活经历、事物的来龙去脉或事件的发展变化等,可以生发记叙类语篇。这类语结在小说、故事等语体中最为常见。

青年歌德得到他的一个同学为恋爱而自杀的消息后,立刻就把《少年维特之烦恼》的纲要想好了,并在两个星期之内一口气把稿子写完[②]。“一个同学为恋爱而自杀”是核心语结,纲要应该包括围绕核心语结展开的其他层次语结,这些语结显然存在人物和事件,作者以它们为记叙基础,创作小说。

托尔斯泰想写一部反映现实问题的作品,为此他收集了许多风俗人情、历史故事、官宦百姓直至自然环境等方面的资料,但是他始终没有找到合适的切入点和主题,非常苦恼。托尔斯泰夫人后来回忆:

> 昨天晚上他对我说,他脑中出现了一个已经结婚、但失了足的上流社会妇女的典型。他说,他的任务是要把这个女子写得显得可怜而不显得有罪。而一当他想到了这个典型以后,所有以前已经想到的人物和男性典型,便都围绕这个女子聚集起来了,各人获得各人的位置。[③]

此处,“一个已经结婚、但失了足的上流社会妇女”、“显得可怜而不显得有罪”这两句简洁凝练的话正是核心语结,同样包括了人物、事件,属于记叙类。“以前已经想到的人物和男性典型”是围绕核心语结展开的其他层次语结,也属于记叙类,它们“围绕这个女子聚集起来了,各人获得各人的位置。”再发展下去,许多风俗人情、历史故事、官宦百姓直至自然环境等方面的资料也围绕核心语结“一个已经结婚、但失了足的上流社会妇女”“显得可怜而不显得有罪”,共同构成《安娜·卡列尼娜》这一不朽巨著。

---

① 转引自吴郁:《主持人思维与语言能力训练路径》,中国广播电视出版社 2005 年版,第 47 页。

② 杨雁冰编著:《创新思维法》,华东理工大学 2002 年版,第 38 页。

③ 李明滨:《托尔斯泰及其创作》,辽宁大学出版社 2001 年版,第 53 页。

老舍在《我怎样写〈骆驼祥子〉》中回忆了创作的过程：

记得是在一九三六年春天吧，“山大”一位朋友跟我闲谈，随便谈到他在北平时曾用过一个车夫。这个车夫自己买了车，又卖掉，如此三起三落，到末了还是受穷。听了这几句简单的叙述，我当时就说：“这颇可以写一篇小说。”紧跟着，朋友又说：有一个车夫被军队抓了去，哪知道，转祸为福，他趁着军队移动之际，偷偷牵了三匹骆驼回来。

这两个车夫都姓什么？哪里人？我都没问过。我只记住了车夫和骆驼。这便是骆驼祥子的故事的核心。

怎样写祥子呢？我先细想车夫有多少种，好给他一个确定的地位。把他的地位定了，我便可以把其余的各种车夫顺手儿叙述出来；以他为主，以他们为宾，既有中心人物，又有他的社会环境，他就可以活起来了……

车夫们而外，我又去想，祥子应该租赁哪一种车主的车，和拉过什么样的人。这样，我便把他的车夫社会扩大了，而把比他地位高的人也能介绍进来。可是，这些比他地位高的人物，也还是因祥子而存在故事里，我决不许任何人夺去祥子的主角地位。

有了人，事情不难想到。人既以祥子为主，事情当然也以拉车为主。只要我教一切的人和车发生关系，我便能把祥子拴住，像把小羊拴在草地上的柳树下那样。

可是，人与人，事与事，虽以此为联系，我还感觉不易写出车夫的全部生活。于是，我还再想：刮风天，车夫怎样？下雨天，车夫怎样？假若我能把这些细琐的遭遇写出来，我的主角便必定能成为一个最真确的人，不但吃的苦，喝的苦，连一阵风，一场雨，也给他的神经以无情的苦刑。

由这里，我又想到，一个车夫也应当和别人一样的有那些吃喝而外的问题。他也必定有志愿，有性欲，有家庭和儿女。对这些问题，他怎样解决呢？他是否能解决呢？这样一想，我听来的简单的故事便马上变成了一个社会那么大。①

“车夫和骆驼”是名著《骆驼祥子》的核心语结，既是人物，又包含经历的故事，属于比较典型的记叙类语结。以此为基础，记叙还将展开。“其余的各种车夫”“车主”“拉车”“琐细的遭遇：刮风、下雨……”“吃喝以外的问题：志愿、性欲、家庭和儿女……”是围绕核心语结展开的其他层次的语结，均属于记叙类，它们在核心语结“车夫和骆驼”（“骆驼祥子”）的率领下，展开人物、事件及其关系等，成为名著《骆驼祥子》，一个听来的简单的故事于是变成社会那么大。

茅盾在《〈子夜〉是怎样写成的》一文中回忆：

---

① 《老舍论创作》，上海文艺出版社1980年版，第44页。

等我病好了的时候，正是中国革命转向新的阶段，中国社会性质论战得激烈的时候，我那时打算用小说的形式写出以下的三个方面：（一）民族工业在帝国主义经济侵略的压迫下，在世界经济恐慌的影响下，在农村破产的环境下，为要自保，使用更加残酷的手段加紧对工人阶级的剥削；（二）因此引起了工人阶级的经济的政治的斗争；（三）当时的南北大战，农村经济破产以及农民暴动又加深了民族工业的恐慌。

……

直到“一二八”以后，才把这本小说写完。因为中间停顿了一下，兴趣减低了，勇气也就小了，并且写下的东西越看越不好，照原来的计划太大，感觉到自己的能力不够，所以把原来的计划缩小了一半，只写都市的而不写农村了。把都市方面（一）投机市场的情况；（二）民族资本家的情况；（三）工人阶级的情况，三方面交错起来写。

……

本书的写作方法是这样的：先把人物想好，列一个人物表，把他们的性格发展以及联带关系等等都定出来，然后再拟出故事的大纲，把它分章分段，使他们联接呼应……我有时一两万字一章的小说，常写一两千字的大纲。①

茅盾初次构思《子夜》的时候，“（一）民族工业在帝国主义经济侵略的压迫下，在世界经济恐慌的影响下，在农村破产的环境下，为要自保，使用更加残酷的手段加紧对工人阶级的剥削；（二）因此引起了工人阶级的经济的政治的斗争；（三）当时的南北大战，农村经济破产以及农民暴动又加深了民族工业的恐慌。”是作者为小说拟的提纲。可以看出，这个提纲是由“民族工业对工人阶级的剥削”“工人阶级的斗争”“农民暴动”三个语结展开而来的。第二次构思《子夜》的时候，作者缩小了计划，只写都市的而不写农村的，“（一）投机市场的情况”“（二）民族资本家的情况”“（三）工人阶级的情况”是三个明显的语结，茅盾用小说的形式写出了这三个语结所代表的现实。茅盾的写作方法也体现语结及其向语篇的发展：人物表（性格发展和连带关系等）——故事大纲（分章分段，连接呼应）——小说（人物，事件），人物表和故事大纲是记叙类语结及其一定程度的展开，由它们发展出小说。

广播电视即兴口语表达训练中，有这样一个题目：围绕“夕阳”“老人”“小桥”“照片”“五十多年”“牵挂”“热泪”这一串“语点”，经过快速扩展、编码，在限定的时间内，完成一段语意完整的话。要求：情节安排合情合理，句子成分完备，词语组合得当。学生课堂练习实录：

夕阳下，老人和姑娘伫立在小桥上。

“孩子，爷爷老了，也许等不到你二爷爷回家的那天了。”老人从怀里掏出了一

① 《长篇小说创作经验谈》，湖南人民出版社1981年版，第12页。

张发黄的照片，端详了一会儿又接着说："照片上的这两个年轻人，一个是我，一个就是你的二爷爷，我唯一的弟弟。五十多年前，他被迫去了台湾，临别时，我们在这座小桥上留下了这张合影，从此他就一点音信都没有了。孩子，如果有一天你能见到你的二爷爷，一定要告诉他，我这个当大哥的天天都在盼着小弟弟回来，啊！……姑娘使劲点了点头，她看见，五十多年的牵挂已化成两行热泪，从爷爷的脸上滚落下来。"①

这里的"语点"就是语结，通过"夕阳""老人""小桥""照片""五十多年""牵挂""热泪"这一串语结，发展出一个五十多年的离别故事，是典型的记叙类语结。当然，记叙的同时又有描写，下一部分介绍的就是描写类语结。

（三）描写类语结

这类语结生发描写类语篇，主要起具体生动地描绘人物、事件、场景或细节的作用。凤凰卫视有一个栏目叫《纵横中国》，主要介绍中国各地的历史文化、风土人情。2004 年 9 月 26 日，《纵横中国》栏目播出了北京专辑，其间，主持人要求在座嘉宾用简短的语言来形容"北京的四季"，并且将答案写在各自的题板上。

嘉宾王鲁湘写在题板上的是："冬肃、秋艳、夏腻、春明"。接着他说：

北京是我到过的所有地方中四季十分鲜明的城市，气候上具有巨大的优势资源。我形容北方的四季是："春明"，大家不要老记得北京春天那几场风沙，除了那几场风沙以外，包括风沙过后，北京的春天是最明媚的。然后是"夏腻"，老北京说过去不这样，我看民国时候的文人描写的北京是一座森林城市，所有的四合院胡同都是被树荫笼罩，夏天总是在树荫下，肯定就感觉不到这么热。现在树没有了，都是高楼，整个城市的辐射热非常厉害，到了晚上半夜还散不下去，它有点越来越像比较讨厌的南方的夏天，腻，有点腻了。"秋艳"，秋天的北京是最艳丽的，无论你往郊区去，还是往大路的两边，都会看到许多变得金黄的行道树叶，非常艳丽，而且天空极其透明。"冬肃"，其实我非常喜欢北京的冬天，我来北京求学是在郊区的北京大学，到了冬天以后，我特别愿意去的地方是还没有被圈起来和修整的圆明园过去的废墟，那种冬天肃穆的感觉，所有树叶全部掉光，在明亮的晃眼的天幕下，所有的树枝树干都是黑色的，完全只剩下骨了，什么肌肤都没有了，在天空里这么布着。这种感觉你在南方永远感觉不到。

"北京的四季"是核心语结。在现场，嘉宾王鲁湘用很极为简短的语言"冬肃、秋艳、夏腻、春明"形容了"北京的四季"，"冬肃、秋艳、夏腻、春明"正是描写类语结。接下来，他又用

① 鲁景超：《广播电视即兴口语表达》，北京广播学院出版社 2000 年版，第 178 页。

自己的经历感受以及比较详细的语言进一步描写了“冬肃、秋艳、夏腻、春明”。比如“春明”，他提到虽然北京的春天有几场风沙，但是风沙过后，北京的春天是非常明媚的。这个体会很多人都有，南方四季如春，四个季节都像春天一样，对春天的真正来临就那么不敏感了。而在北京，严寒又漫长的冬天过去后，风越来越暖和，冰雪一点点融化，树叶由嫩黄到嫩绿，一拨一拨的花儿从骨朵儿到绽放，雁飞虫鸣，春光天天不同，变化非常明显，感受也非常明显，真的是春光明媚。比如“夏腻”，他对比了民国时候树荫下的北京和现在辐射热下的北京，描写突出了当下北京的热腻。比如“秋艳”，他用“金黄的行道树叶”“天空极其透明”描写了秋天的北京“非常艳丽”。比如“冬肃”，他提到了自己在北京大学求学时喜欢去圆明园的经历，并且说到冬天圆明园的废墟：“所有树叶全部掉光，在明亮的晃眼的天幕下，所有的树枝树干都是黑色的，完全只剩下骨了，什么肌肤都没有了，在天空里这么布着。”从这些描写圆明园事物、情景和感受的语言中，的确可以体会到冬天的北京非常肃穆，即“冬肃”。

同样一个核心大语结“北京的四季”，不同人有不同的感受、不同的角度

和不同的语言表达，比如另一个嘉宾祝勇，他写在题板上的是：“绿、蓝、红、白”。随后他说：

> “绿”：春天的时候，等待了一个冬天的肃穆以后，整个城市突然一下变绿。“蓝”：夏天各大海子、湖泊、河流，比如什刹海、北海这些地方（蓝），另外，夏天的天空也是比较蓝的。“红”：秋天红叶，这是北京的一个形象代表，是北京非常独特的一道景观。“白”：冬天下雪，特别是北京的古代建筑，在落雪以后是非常美的。

嘉宾祝勇从颜色的角度用“绿、蓝、红、白”描写四季，提出“春绿、夏蓝、秋红、冬白”四个语结。“春绿”，指的是在严冬过后，春天的北京整个城市绿意盎然。“夏蓝”，是说夏天北京的湖泊、河流、天空一片蔚蓝。“秋红”，提到了秋天北京的一个形象代表和一道独特的景观：红叶。“冬白”，描写了冬天北京的古代建筑的落雪景象，红墙碧瓦上的白雪皑皑。

另一位嘉宾陈小川写在题板上的是：“春稀、夏热、秋爽、冬雪”。他说：

> 春天现在是越来越稀罕了，越来越少了。我非常感谢老天爷赏了北京今年一个春天，到六月中的时候还很凉爽，还是春意。北京近十几二十年来，几乎没有春天，过了五一以后马上就酷暑，三十二三度就上来了，这和30年前我们小时候是不一样的。所以现在春天变得很稀罕了。
>
> 夏天的热，刚才鲁湘说的辐射热，非常厉害，确实过去夏天没这么热，绝对温度也没这么高，在我十一二岁的时候北京夏天难得上三十一二度，而且一个很有意思的事是：凡下雨必定凉快。王先生是不是还记得我们小时候一下雨，出外的时候外边一定要穿一件衣服。跟江浙一带差不多了，湿度大。
>
> 秋天是很爽的。我想节气中这个立秋啊，是不是跟800年建都北京有关系，这立秋纯粹是给北京定的，只要是立秋那天一定不一样，南方还是秋老虎，北京只要

一立秋，那天身上马上就不黏了，马上就爽了，所以北京的秋天爽是一大特点。

冬天我最喜欢的是这雪，多少南方的亲戚朋友来北京住两个月说：怎么还不下雪啊？(他们)就是为了等这雪来的！

“春稀、夏热、秋爽、冬雪”同样是描写类语结。“春稀”，表明北京的春天美好、凉爽但是非常短暂。“夏热”，和前面嘉宾王鲁湘呼应，对比过去，突出现在的夏天北京“辐射热，非常厉害”。“秋爽”，把立秋这个节气和北京城联系起来，表现北京一到立秋立刻凉爽，也表现出北京的四季分明。“冬雪”，借南方亲戚朋友的话，突出冬天北京落雪的可爱。

嘉宾舒乙在题板上写的是“春风、夏花、秋果、冬冰”。他说：

春天最特别的是它的风，这个风啊，在我小的时候特别厉害，现在风沙每次来报纸上都要宣传一番怎么不得了，(比过去)差远了！我们小时候那风沙之大极端可怕，到了恐怖的程度，暗无天日，而且几乎天天如此，很厉害。那时候北京草比较少，灰尘很大，只要有一点小风，满城都是风沙。沙子让你睁不开眼，张不开嘴。鲁迅先生有一年由上海回北平，马上就要讲演了，冬天，那时候没麦克风，去的人又特别多，怎么办呢？就把他请到操场上，给他找了两个装肥皂的木头箱子让他站上头，一张嘴，满嘴沙子，讲了二十分钟就退下来了，任何人听不见也看不见。北京的窗户是用纸糊的，糊得很严，但是北京的风沙能厉害到什么程度呢？由这个纸糊的一点点小缝里面露出来最细的面，刮一夜的风，第二天早上一看，窗台上有几个最细的面组成的小坟包。

北京的夏天是花。

北京的秋天是果子，水果的展览。北京的秋天是最最可爱的，为什么？它具有田园风光，各种水果都由城外运进来。

冬天北京有一样好东西：结冰。只要有水面，全是结的冰。冰有多厚呢？现在根本冻不上，原来我小的时候冰大概有这么厚(手势)，一两尺厚，现在根本冻不上！

最美丽，最好的，秋天！就是现在！

嘉宾舒乙从实物的角度来描写北京的四季，提出“春风、夏花、秋果、冬冰”四个描写类语结。在“春风”这个语结的发展下，指出过去风沙比现在还大，“极端可怕，到了恐怖的程度，暗无天日，而且几乎天天如此，很厉害。那时候北京草比较少，灰尘很大，只要有一点小风，满城都是风沙。沙子让你睁不开眼，张不开嘴”。这正是典型的描写类语篇。接着说及鲁迅先生到北京演讲，在操场上“一张嘴，满嘴沙子，讲了二十分钟就退下来了，任何人听不见也看不见。”嘉宾舒乙举鲁迅先生演讲这个例子，包括后来说到风沙透过糊严的窗户纸使得“窗台上有几个最细的面组成的小坟包”，目的都是描写春天北京的风沙之大。“夏花”，这个描写类语结发展的语篇比较简单，只有一句话。“秋果”，这个语结又是舒乙说话的重点，“水果的展览”“最最可爱的”“田园风光”“最美丽，最好的，秋天！就是现在！”这些语言都描写了秋天北京的美好、丰硕。“冬冰”，这里舒乙用数字“一两尺厚”、体态语、手势来表现冬天的北京。

节目最后，主持人胡一虎发言：

谢谢六位嘉宾和我们分享他们对北京春夏秋冬的情怀。如果你问我最喜欢北京哪里呢？坦白说，还是北京的冬天。对我一个南方长大的孩子来说，不知道所谓真正的冬天是如何过的，所以我最怀念北京的冬天。或许是巧合，每次我来北京的时候，都是大约在冬季。我喜欢北京的雪，当我第一次采访两会的时候，当时下雪了，我非常兴奋地打电话给台湾的亲友说：你知道下雪了吗？旁边的北京朋友说：这个人真是傻子，连雪都没有看过。没错，对你们来说，下雪是一个很平常的事，但是对于我们南方长大的孩子来说，下雪是新鲜事……但是我最喜欢北京的冬天其实还有另外一个感觉，它的冰雪和冷可以让人保持头脑的清醒冷静，同时还有浪漫的遐思。每一次冬天到北京，我穿着大衣走在紫禁城的门外，红墙衬着我的背影的时候，仿佛你有浪漫的遐思你就是皇亲国戚的后代，这是在台湾没有办法体验的事情。坦白说，我最喜欢北京的冬天还是因为它的冷能够让你的脑筋保持冷静，在北京的冬天我会冷静地想想这块土地为什么能成为今天的国都，为什么它能成为800年的古都。

《纵横中国》，下周见。

说这段话之前，主持人并没有像嘉宾一样在题板上写出语结，但是从他的语言中，仍然可以发现他说话的语结：“冬天，采访两会，下雪，新鲜事，浪漫的遐思，冷静”，这些语结不是描写类语结，它们明确表明了主持人的对北京冬季的喜爱，有观点有缘由，属于议论类语结。

（四）说明类语结

说明类语结扼要包含事物的形状、性质、特征、结构、成因、功用、变化、关系等，可以生发为介绍、说明类语篇。比如：

语　结	语　篇
1.“竿”——古人，2500 ⟶ 玻，1980 ⟶ 近十年，碳。	1. 说到钓竿呢，大家有没有注意到：这个“竿”字是竹字头，我们的祖先正是用竹子做的渔竿钓了几千年的鱼。根据文字记载，竹制渔竿在我国至少已经有2500年的历史了。直到上个世纪大概是1980年前后，我国出现了玻璃钢做的渔竿，重量轻，弹性好，不变形，不怕虫蛀，一下子就把竹渔竿比下去了。近十年市面上又出现了碳素纤维制成的鱼竿。

2. 碳竿怎么做？ • 含碳量——称重、轻，强度、挺度、耐磨度好。 • 但脆易碎，导电。 3. 做工 • 打磨 • 上色 4. 传统直插式竿⟶插节 5. 调性 • 负荷抖动 • 手柄、挂环 • 古香古色＋现代材质 钓具外收藏品	2. 碳素纤维是由聚丙烯氰纤维(PAN)或者将沥青抽成丝经过高温碳化后制成的，这种钓竿是目前性能最好的，它比玻璃钢钓竿更轻，和传统竹竿比，碳素竿还具有强度高、挺度好，耐磨和耐腐蚀的特点。但是也要提醒大家，碳素竿虽然好但是也很娇贵，而且它具有很强的导电性，使用的时候一定要注意安全，不要在高压电线集中的高危地带使用。 （语结 3～5 生发的语篇略。）

此例中，语结"'竿'——古人，2500 ⟶玻，1980 ⟶近十年，碳"生发语篇 1，回顾了钓竿演变的三个历史阶段，分别说明三个阶段制作钓竿的材质，介绍了竹制、玻璃钢制钓竿的特性。语结 2"碳竿怎么做？• 含碳量——称重、轻，强度、挺度、耐磨度好。• 但脆易碎，导电"生发语篇 2，重点介绍了碳素钓竿的材质、特性、优缺点、注意事项等。语结 3～5 虽然限于篇幅略去了语篇，但是仍然可以看出将要说明的内容，属于比较典型的说明类语结。

古典名著《红楼梦》也有说明类语结的表现：

> 这里凤姐儿来至三间抱厦内坐了，因想：头一件是人口混杂，遗失东西；第二件，事无专执，临期推委；第三件，需用过费，滥支冒领；第四件，任无大小，苦乐不均；第五件，家人豪纵，有脸者不服钤束，无脸者不能上进。此五件实是宁国府中风俗。①

以上是《红楼梦》中王熙凤主办宁国府丧礼，上任讲话前思量的五件事。这五件事就是五个语结，说明当时存在和急需解决的五个问题，在此基础上王熙凤展开讲话，提出解决方案。实际语篇如下：

> A."既托了我，说不得我要讨你们嫌了。我可比不得你们奶奶好性儿，由着你们去。再不要说你们'这府里原是这样'的话，如今可要依着我行，错我半点儿，管不得谁是有脸的，谁是没脸的，一例清白处治。"
>
> B."这二十个分作两班，一班十个，每日在里头单管人客来往倒茶，别的事不用他们管。这二十个也分作两班，每日单管本家亲戚茶饭，别的事也不用他们管。这四十个人也分作两班，单在灵前上香添烛，挂幔守灵，供饭供茶，随起举哀，别的事

① 曹雪芹、高鹗：《红楼梦》，华夏出版社 1995 年版，第 105 页。《红楼梦》第十三回秦可卿死，王熙凤协理宁国府，主办丧礼事务，上任讲话前王熙凤有此一番思量。

也不与他们相干。这四个人单在内茶房收管杯碟茶器，若少一件，便叫他四个描陪……这下剩的按着房屋分开，某人守某处，某处所有桌椅古董起，至于痰盒掸帚，一草一苗，或丢或坏，就和守这处的人算账描赔。来升家的每日揽总查看，或有偷懒的，赌钱吃酒的，打架拌嘴的，立刻来回我。你有徇情，经我查出，三四辈子的老脸就顾不成了。如今都有定规，以后那一行乱了，只和那一行说话……”

C. 说罢，又吩咐按数发与茶叶、油烛、鸡毛掸子、笤帚等物。一面又搬取家伙：桌围、椅搭、坐褥、毡席、痰盒、脚踏之类。一面交发，一面提笔登记，某人管某处，某人领某物，开得十分清楚。众人领了去，也都有了投奔，不似先时只拣便宜的做，剩下的苦差没人招揽。各房中也不能趁乱失迷东西。便是人来客往，也都安静了，不比先前一个正摆茶，又去端饭，正陪举哀，又顾接客。如这些无头绪、慌乱、推脱、偷闲、窃取等弊，次日都一概蠲了。[①]

此例中，语篇 A 根据语结“第五件”而来，解决的问题是“家人豪纵，有脸者不服钤束，无脸者不能上进。”语篇 B 根据语结“头一件是人口混杂，遗失东西”和语结“第二件，事无专执，临期推委”而来，说明的主要内容是分人分班分事务，收管、算账、描赔等；语篇 C 虽然不是直接讲话，但是根据语结“第三件，需用过费，滥支冒领”和语结“第四件，任无大小，苦乐不均”而来，说明的主要内容为按数分发、提笔登记，以及“众人领了去，也都有了投奔，不似先时只拣便宜的做，剩下的苦差没人招揽。”五个语结均属于说明类语结，据此生发语篇，提出解决方案，效果是：“如这些无头绪、荒乱、推脱、偷闲、窃取等弊，次日都一概蠲了。”

（五）抒情类语结

抒情类语结包含比较明显的感情色彩，是构成抒情诗和抒情散文的核心。

2003 年高考满分作文《蓝色蛹 · 金色蝴蝶》的作者张倩说：“当看到作文题目所要求的‘感情亲疏和对事物的认知’为主题写一篇文章时，我就觉得对感情的认知，就像是从蛹到蝴蝶一样，是一个蜕变的过程。”[②]这句话是该文的核心语结，具体语篇如下：

蓝色蛹 · 金色蝴蝶

蓝色——流动的忧郁我想我是迷路了

城市里的道路迷迷转转，我却总也找不到出口；高高耸立的密密的楼群将天空割离成一张张破碎的脸。除了年轻，我什么都没有。

母亲临死前冰凉的手指，父亲的叹息，后母的面孔……在我眼前飞转，织成一

① 曹雪芹、高鹗：《红楼梦》，华夏出版社 1995 年版，第 106、107 页。

② 《高考作文：他们为何剑走偏锋？》，《北京娱乐信报》2003 年 6 月 22 日第 22 版。

张网，我想逃，无奈跑不出去。

我站在堤岸上看海，那些蓝色的波涛向我涌来。我深深理解堤岸的悲哀：想远远退开，却又动弹不得。蓝色的忧郁从我的眼睛里流出，流过我的脸庞。

蛹——自缚的悲哀

我拒绝那个女人介入我的生命。我无法将她当做我的母亲。

我拒绝这个世界，我当做整个世界都是不爱我的。

我看过一幅画：一个孩子站在广阔的芦苇丛中，没有云，没有风，没有走出去的方向，只有寂寞来来回回穿行的声音。

我也知道，我疏远了爱，疏远了世界。

梦中，一只小小的蓝色蛹在轻轻哭泣。

金色——我爱上了世界

今天，她带我去看日出。

我看着金灿灿的阳光一点点将海水忧郁的蓝色吞没。她送给我一张 CD——*New Baby Boom*，我不知道如何翻译，她告诉我："新生的孩子"。

她在晨光中对我微笑，握住我的手，对我说，世界其实很美，有很多人在爱我：我的父亲，在天堂的母亲，还有她。

我转过身，悄悄擦掉眼泪。

蝴蝶——破茧后的美丽

我感到背后隐隐的痛，转过头，惊奇地看到了一张金色的翅膀。

原来，我正在一步一步接近爱。亲近美好，才会认识美好。

当我冷眼旁观时，生命是一只蓝色的蛹；当我热情相拥时，生命是一只金色的蝴蝶。破茧而出的过程，是感情变化的过程，亲近世界的过程。

用爱的眼睛看世界，我也如此美丽！

此例中，文章从核心语结"对感情的认知，就像是从蛹到蝴蝶一样，是一个蜕变的过程"出发，润色提炼后成为总标题《蓝色蛹·金色蝴蝶》。总标题下设四个小标题，这四个小标题的前一半连缀起来，恰好是该文的总标题，后一半连缀起来，是情感蜕变的过程。一明一暗两条线索，揭示"我"的情感由迷茫、忧郁转为明朗、美好，认识由偏执转向理智。总标题和四个小标题都属于抒情类语结，"我想我是迷路了""我爱上了世界"为直接抒情，"蓝色""蛹""金色""蝴蝶""流动的忧郁""自缚""破茧""美丽"等象征、隐喻是间接抒情。这些抒情类语结成为全文展开的基础，以"蓝色——流动的忧郁我想我是迷路了"为例，第一部分中"道路""楼群""总也找不到出口""母亲临死""父亲的叹息""后母的面孔""网""逃""无奈跑不出去"等均围绕标题语结中的"迷路"展开，"看海""波涛涌来""堤岸的悲哀：想远远退开，却又动弹不得"，以至于"蓝色的忧郁从我的眼睛里流出，流过我的脸庞"均围绕标题语结"蓝色——流动的忧郁"展开，抒发情感，同时进行一定的描写。

（六）对话类语结

已经讨论的议论、记叙、描写、说明、抒情类语结，常见于独白式的话语结构中。对话类语结，主要用于会话式的话语结构，比如日常对话、采访对话、戏剧对话等等。独白的话语主要是说话参与者独自一人，对话式的说话参与者则是成双成对。从说话参加者方面来看，对话与独白的界限上相对分明。从基本内容上来看，对话类语结可以是议论、记叙、描写、说明、抒情类语结的结合。

再来看杨澜采访查良镛（金庸）的例子，提纲为"对通俗文字的定位——他本人武侠小说中的历史眼光——澄清有关'为秦桧平反'论的说法——祖父的'侠义'精神对他的影响——他年轻时的抱负——侠义思想在中国历史演变中产生的利与弊"。这一提纲作为语结，是采访者杨澜提问的基础，也是被采访者查良镛回答的基础。以语结"对通俗文字的定位"为例，对应的语篇如下：

A. **杨**：您领取香港艺术发展局文学成就奖的时候，曾经说了一段话。您说：香港的文学作品的确带有很强的商业性，但是不因为它有商业性就不是一种艺术。而且，您还谈到有些评论家认为越是通俗、越是受欢迎的作品，越是上不了档次，让人们越看不懂的越好这种观点。这里能不能给我们谈点您对通俗作品的看法？

查：这是世界上文学评论家的普遍风气，我是不赞同的。毛主席说过：文艺应该为工农兵服务，越是大众化的，作用越强。但是现在的评论家认为越是为工农兵服务，就越是不好的作品，这个想法我不同意。

……

B. **杨**：我觉得，您一直比较强调"通俗"和"庸俗"之间是有界限的。

查：那当然。

C. **杨**：您认为这个界限应该在哪里？

查：过分迁就市民、大众的口味就庸俗化了，我也不同意，通俗一点，让他们可以了解欣赏的意义。

……

D. **杨**：刚才我们谈到，通俗作品以后也可以成为经典作品。像《水浒传》《三国演义》，甚至《红楼梦》，当初作者写的时候，其实也是很通俗的作品，是登不了大雅之堂的。

查：中国整个文学的发展都是这样子的，唐诗、宋词、元曲，起初都是民间的东西。像宋词，是大家喝酒吃饭的时候，歌女来唱的，跟现在的流行歌曲差不多，到后来文人雅士把它发展成为当时最著名的文学作品。唐诗，以前也是拿来唱的，元曲更是舞台上表现的，到后来变成很好的文学作品。小说也是，像明代的小说也是给别人拿来讲故事的，讲了故事以后，才把这些内容用白话写成小说供人消遣，慢慢发展成很好的文学作品。中国有很多文学作品都是由民间通俗作品经过提高，受到士大夫喜欢，然后就越来越搞得民间不懂了。①

此例中，提问A杨澜由查领奖时说的话引出“对通俗作品的看法”，查良镛表态并引用毛泽东的话，认为：文艺要为大众服务，越是大众化，作用越强。提问B和提问C，杨澜问“通俗”和“庸俗”的界限，查良镛认为“庸俗”是过分迁就市民大众口味，“通俗”是在大众的基础上让他们了解欣赏的意义。提问D杨澜举例《水浒传》《三国演义》《红楼梦》，谈通俗作品以后也可以成为经典作品，查良镛举例唐诗、宋词、元曲、明小说，说明中国文学由民间通俗作品到经典作品的发展历程。四处问答，对通俗作品的看法——“通俗”和“庸俗”的界限——举例说明中国文学由民间通俗作品到经典作品的发展历程，层层深入，观点与例证结合，两人话语均围绕事先拟订的对话语结“对通俗文字的定位”而谈。

比如语结“他本人武侠小说中的历史眼光”，对应的语篇为：

A. **杨：**在1955年创作的您的处女作《书剑恩仇录》里有一个陈家洛的形象，让我联想到《水浒》里的宋江，他们的性格好像都有很多矛盾的东西。《水浒》连续剧在大陆播出的时候，许多人对宋江成天要招安感到很咬牙切齿的。在您的小说中，其实也写到陈家洛是有这种矛盾心理的旧世英雄人物。

查：对，陈家洛的出身门第比宋江高，所以他的书生气，或者说贵族气比宋江还要厉害。宋江是一个县令，相当平民化的，而陈家洛的地位比较高一点，所以他的封建思想也更加厉害一点。我们写古代的事，不要用现代马列主义或唯物主义去看古人，应该考虑他的历史背景。

B. **杨：**依我看，您在《书剑恩仇录》以后的作品，反映的其实是社会进步的观点，比过去的武侠小说有更进一步的思想性。比如在《鹿鼎记》里写到，康熙皇帝说：“你们为什么成天要光复明朝？其实在我的统治下，老百姓不是都过得很好吗！而且，我能够励精图治，难道你们想让老百姓过不好的生活？”这是不是也反映出您的一种社会理想呢？

查：是啊！想象在当时封建王朝的时候，最好的皇帝的想法也不能脱离这样子：他不能要民主、要自由，不能这样讲。当时想法就是：好的皇帝可以让老百姓生活过得下去，这其实也代表了中国封建时代的政治理想。

此例中，提问A杨澜通过近期《水浒》连续剧中一心想招安的宋江形象，提出金庸笔下《书剑恩仇录》中的陈家洛，谈到带着深厚矛盾心理的旧世英雄人物。查良镛分析对比了宋

① 杨澜：《我问故我在》，学林出版社1999年版，第123页。

江尤其是陈家洛的书生气、贵族气及其封建思想，认为看待古代人物应该考虑其历史背景。提问 B 杨澜提到金庸在《书剑恩仇录》后的作品中的社会进步观点及其思想性，并用金庸作品《鹿鼎记》中康熙皇帝的一段反问来举例。查良镛解释说明了一些较好的封建帝王的想法及其代表的中国封建时代的政治理想。二人的谈话都围绕杨澜事先拟订的对话语结“他本人武侠小说中的历史眼光”来谈，相关语篇都由这个语结发展而来。

比如语结“澄清有关‘为秦桧平反’论的说法”，对应的语篇为：

A. **杨**：在您作品中，反映民族冲突的也蛮多的。像《天龙八部》中的萧峰，他的形象给我的印象特别深。他一开始以为自己是大宋人，后来发现自己是契丹人，而且发现双方都在向另外一方施加残暴的杀戮，他觉得非常痛苦，最后为了维持短暂和平，只有以自杀来实现目的。那么，从他的身上是否也反映出您对民族平等的一个观念？您是不是觉得 21 世纪的人类……

查：不光是人类，现在中国也推行民族平等的政策，这个政策也可以推广到全世界去，任何民族大家都是平等的，没有高低之分。当时契丹掠夺汉人的财产、子女，汉人也以牙还牙。从现在观念来看，各民族都应该和平共存、和平相处。

B. **杨**：于是，这引起最近一个文字案。就是有位作家，根据某篇报道，说您想为秦桧翻案。因为很多人都看过这篇文章，所以想听听您在这个问题上的观点。

查：那位先生写了这篇文章，其实是不了解台湾的某些情况。所谓“秦桧和谈”，就中国历史而言早已不成为问题了。自宋朝以来，说秦桧是大汉奸，没有人反对的。我是杭州人，更加知道，秦桧就跪在我们杭州人面前。他之所以提到这个问题，完全是受到台湾宣传的蒙骗。我到台湾去跟政界、文化界的人讨论问题，就跟他们说：我们中华民族应该大家和平共处。现在台湾出路怎么样，只有北京、台北双方领导谈判，最后用和平的方式完成统一，这对全中国都有好处，是大家都希望的事。台湾有一批人要求台湾“独立”，反对和平谈判、和平统一，他们认为和平谈判就是台湾向北京投降。他们放空气出来：主张和平、主张统一的就是秦桧，就是大汉奸，就应该反对他。研究历史的一个重要问题，就是考据事实的真假，你讨论秦桧，问他卖国不卖国？这个问题现在已不用讨论了。现在要讨论的是我有没有讲过这个话，或在当时什么政治环境之下讲这个话的。我的主张是两个政权应该和平谈判、和平统一，不应该互相打仗；台湾不应搞“独立”，应该和中国大陆统一，变成一个国家。而台湾就认为这种意见是“秦桧论”，卖国论，应该反对。

C. **杨**：所以才有了这么一场争执。

查：我主张和平谈判、和平统一，他们又认为是秦桧思想了！

此例中，提问A杨澜通过金庸作品《天龙八部》中为民族矛盾牺牲的萧峰，提问金庸是否具有民族平等的观念。查良镛认为民族应该平等，没有高下之分，中国的民族平等政策适用于世界，认为各民族都应该和平共存、和平相处。提问B杨澜趁势提及金庸所谓“为秦桧平反”论的说法，查良镛作出澄清，认为所谓“秦桧和谈”包括秦桧是大汉奸，这在历史上早有定论。由于查良镛主张中国大陆和台湾应该和平谈判、和平统一，不应该互相打仗；台湾不应搞“独立”，应该和中国大陆统一，变成一个国家。而“台独分子”认为主张和平、主张统一的就是秦桧，就是大汉奸，就应该反对他。提问C和回答重申了这一争执的焦点和“为秦桧平反”论的由来。杨澜提问A、B、C和查良镛的相应回答都围绕对话语结“为秦桧平反”论展开。

语结“侠义思想在中国历史演变中产生的利与弊”，相应的语篇为：

A. **杨**：现在，很多的文人和知识分子都认为，中国要真正振兴起来成为一个更加富强的国家，不是靠几个侠客，几个法官，或者是几个明君，而是要靠一种完整而严密的法律制度来保障国家的发展。

查：在现代社会，清官还是要的，侠客就不行，侠客是要犯法的。

B. **杨**：侠客自己拿把剑，就说话了。

查：个人来执行法律，尽管可能合乎人情、合乎法律的。但你不是法官，不可以做这个事情。

C. **杨**：所以人们还是要把浪漫的文学作品和现实生活区分开来。

查：为什么这样呢？武侠小说不能主张犯法，只能鼓励人们的勇敢精神，强调一种正义感。

此例中，杨澜提问A、B、C主要谈的是中国要真正振兴、更加富强，不是靠几个侠客、名君，而是应该以法制来保障。要把武侠小说等浪漫的文学作品和现实生活区分开来。查良镛在回答中重申：在现代社会，不能由侠客执法，尽管可能合乎人情，但终究不是法官，侠客所为可能是在犯法。武侠小说不能主张犯法，只能鼓励人们的勇敢精神，强调一种正义感。提问和回答都围绕对话语结“侠义思想在中国历史演变中产生的利与弊”来展开。这一语结其实在前例中也有涉及，前例中，由查良镛祖父和“丹阳教案”引出查良镛本人和“转让《明报》”之举，核心是“侠义”精神，说明查良镛也具有其祖父的侠士之风，但是，转让之后的效果并不好，在肯定的同时，“侠义”精神也委婉地受到了质疑，委婉地谈到了语结“侠义思想在中国历史演变中产生的利与弊”。

以上议论、记叙、描写、说明、抒情、对话六类语结都是基本内容类语结，它们共同构成语篇的核心和基础。

需要指出的是，前五类语结的区分是相对而言，虽然议论、记叙、描写、说明、抒情类语结在不同语体色彩的语篇中有不同侧重，但是它们也常常相互组合。比如，记叙类语结的出现范围就很广，除了小说等典型的记叙环境外，记叙类语结和议论类语结常常相互配合形成夹叙夹议，和说明类语结一起生长出说明语篇，和描写类语结结合使表达生动形象、惟妙惟肖。再比如，抒情类语结在抒情诗和抒情散文中分量较重，但是在其他文体中，抒情类语结也常常和记叙类语结、描写类语结、说明类语结配合，直接或间接地抒发情感。有时候议论、记叙、描写、说明、抒情甚至相互重合，我中有你，你中有我。比如有的语结既是说明又含有议论色彩，有的语结既有议论色彩又饱含感情，有的语结寓事于情、寓物于情，等等。

二、逻辑关系类

除了基本内容类，语结还包括逻辑关系类，它们是一些帮助记忆的先说后说关联词语、短句。这类语结不是构成语篇的基本内容，但是，基本内容类语结之间如何衔接、过渡，怎样衔接、过渡才能更加自然、顺畅，逻辑关系类语结起着重要作用。李渔在《闲情偶寄》中说："编戏有如缝衣，其初则以完全者剪碎，其后又以剪碎者凑成。剪碎易，凑成难，凑成之工，全在针线紧密。一节偶疏，全篇之破绽出矣。每编一折，必须前顾数折，后顾数折。顾前者，欲其照映，顾后者，便于埋伏。照映埋伏，不只照映一人、埋伏一事，凡是此剧中有名之人、关涉之事，与前此后此之话，节节俱要想到，宁使想到而不用，勿使想到而忽之。""凑成"即连贯、关联、衔接、过渡，"前顾""后顾""照映""埋伏"也就是我们常常说的"承上启下""承前启后"，逻辑关系类语结的作用类似于此，它们如同针线之于衣服，"凑成之工，全在针线紧密。"

前面提到语结看上去似乎连贯性不强。但事实上，在整个语结网络中，语结之间存在相互关系，有时候逻辑关系类语结还会外化一些出来。

逻辑关系类语结也有下位类型，包括并列、顺连、递进、选择、总分、解证、因果、目的、条件、转折、假设、让步共十二类语结①。

（一）并列类语结

语结和语结之间有并列结构关系，用并列类语结来提醒。并列类语结使用较多，特别是在议论类语结中和说明类语结中。

并列类语结单用的有：同时，同样，与此同时，另外，（在另）一方面，此外，除此以外，也，还有，相反，恰恰相反，等等；

成对使用的有：一方面……一方面……，首先……其次……最后……，先说……再说……，上面……下面……，第一……第二……第三……，一……二……三……，1……2……3……，等等。

① 参考吴为章、田小琳：《汉语句群》，"句群的结构分类"，商务印书馆 2000 年版。

（二）顺连类语结

语结和语结之间存在顺连关系，用顺连类语结来提醒。顺连类语结也是使用频率较高的语结之一，特别是在记叙类语结中。

单用的顺连类语结有：就，又，便，于是，接着，紧接着，紧跟着，然后，至于，下面，等等；

成对使用的顺连类语结有：上面……下面……，首先……其次……最后……，先说……后说/再说，等等。

（三）递进类语结

语结和语结之间有递进结构关系，用递进类语结来提醒。在议论类语结中，递进类关系语结的使用频率较高。

递进类关系语结有：而且，并且，并，也，还，更，甚至，甚或，甚至于，甚而至于，何况，况且，等等。

（四）选择类语结

语结和语结之间有选择结构关系，用选择类语结来提醒。选择可以是二者选一，也可以是多者选一；可以是任意选择，也可以是特定选择。在抒情类语结和说明类语结中，选择类关系语结的使用较多。

单用的选择类语结有：或者，要不，其中，特别是，尤其是，等等；

成对使用的选择类语结有：是……还是……，要么……要么……，或者……或者……，等等。

（五）总分类语结

语结和语结之间有总分结构关系，用总分类语结来提醒。“总”指综合在一起概括地总说，“分”指分别开来做具体说明。在说明类语结中，总分类关系语结的使用较多。

总分关系依据“总说”出现的位置可以分为三种小类：总—分、分—总，总—分—总。

通常用于总说的逻辑关系类语结有：总之，总而言之，总起来说，总起来看，归根结蒂，等等；

用于分说的逻辑关系类语结有：首先……其次……再其次，等等。

（六）解证类语结

语结和语结之间有解证结构关系，用解证类语结来提醒。一般是后面的语结解释、补充、说明前面的语结。解证类关系语结在说明类语结中运用比较广泛，议论类语结中也很常见。

解证类语结有：像，如，例如，比如（说），举例说，据说，这就是说，也就是说，换句话说，用大家/通俗的话来说，那就是（说），所谓，意思是（说），可以说，当然，总之，总而言之，等等。

（七）因果类语结

语结和语结之间有因果结构关系，因果类语结来提醒。从因、果出现的顺序看，可以分为两小类：一是“因—果”式，二是“果—因”式。

“因—果”式，常见的因果类关系语结有：因此，所以，其结果，看样子，由此看来，正因为如此，等等。

“果—因”式，常见的果因类关系语结有：因为，是因为，就因为，原因是，这是因为，由于，等等。

（八）目的类语结

语结和语结之间有目的结构关系，用目的类语结来提醒。

目的类语结比如：为此，为的，为什么……？为的是，为的是什么？就为的/是为了，目的是什么？……是为了。

（九）条件类语结

语结和语结之间有条件结构关系，用条件类语结来提醒。

条件类语结比如：才，就，不管，这样，只有这样，只要这样，除非这样，除非如此，等等。

（十）转折类语结

语结和语结之间有转折结构关系，用转折类语结来提醒。

转折语气比较明显的语结有：但，但是，可，可是，然而，尽管如此，虽然，只是，不料，等等。

转折语气比较不明显的语结有：不过，其实，可惜，幸而，等等。

（十一）假设类语结

语结和语结之间有假设结构关系，用假设类语结来提醒。假设类语结在议论类语结中用得比较多。

假设类语结是：否则，不然，那么，要不，假使，如果，如果这样，如果不这样，如果那样，如果不那样，等等。

（十二）让步类语结

语结和语结之间有让步结构关系，用让步类语结来提醒。

让步类语结是：即使，哪怕，纵然，就算，尽管如此，等等。

这十二种逻辑关系类语结的区分有的比较接近，比如连贯类语结和并列类语结的区分，有时候还需要借助其他因素，比如参考具体表达的语义等。另外，如前文所说，很多时候，如果说话者非常清楚基本内容类语结之间的关系，并不一定外化所有的逻辑关系类语结，但是基本内容类语结本身及其所处的位置仍然包含彼此关系。并且，即使有了逻辑关系类语结，似乎逻辑关系比较明确了，只要不是逐字逐句、前后非常具体详细，仍然有临时调整、即兴发挥的可能性。而即使有了比较明确的逻辑关系类语结，思考语结的过程也并非完全是线性的，仍然具有瞬时、纵横交错、立体网状的特点。语结存在逻辑关系类的同时，仍然具有连贯性不强的特点。

三、情绪气氛类

语结除了基本内容类、逻辑关系类之外，还存在另一种类型——情绪气氛类。这类语结虽然也有抒发情感的作用，看上去和抒情类语结很相似，但是它们最大的不同在于：抒情类语结是语篇的基本内容、主体；情绪气氛类语结不是语篇的基本内容，和主体没有太多关系，却很有意思，可以为语篇增色，重要的又容易忘，记下来成为语结。

2003 年 12 月 5 日，在中央电视台二套经济频道举办的“黄金搭档杯服装设计暨模特儿大赛”上，主持人和选手有这样一段问答：

主持人：请说出你所知道的节日名称，一分钟之内说得越多越好，思考时间为30 秒。

（30 秒后）

选　手：元旦节，春节，三八妇女节，清明节，劳动节，国庆节，中秋节，圣诞节……（语塞，时间眼看要到，选手突然说）我妈妈的生日，我爸爸的生日”（现场音乐停，一片寂静）。

主持人：妈妈的生日是几号？爸爸呢？

选　手：妈妈是 3 月 5 号，爸爸是 8 月 3 号……我还想对妈妈说一句话：妈妈，我一直在努力！

回答一开始，选手以时间为序，列举了一年中比较重要的节日。在停顿片刻以后，选手突然间又说出自己父母的生日。一般来说，普通人的生日并不是公共节日，这一回答看上去和题目所问没有关系，属于“跑题”，观众听到这里似乎愣住了，于是现场有一个短暂的沉寂。但是，很快这一回答显示出选手的真情流露。对于选手来说，父母的生日虽然不是公共节日，但却是属于自己和家人的节日，在亲情纽带下的回答和提问有了更深层次的关系。如果把“父母生日”看做一个语结的话，虽然它与“节日”的主题没有直接的关系，但是却很有寓意，不是对问题简单、直接的回答，而是通过回答使提问得到了升华，使整个表达显得动情、出彩。“父母生日”可以看做情绪气氛类语结。这一急中生智、真情流露的回答全部结束以后，现场立刻响起热烈的掌声，引发了观众对于亲情的共鸣。

2003 年春，北京作为“非典型性肺炎”的重灾区，人心惶惶，加上前期隐瞒疫情使得政府声望受到损害。王岐山临危受命，上任北京市代市长，他采取严厉措施，7 天建成小汤山传染病院用于隔离防治。上任十天后的 2003 年 4 月 30 日，CCTV—4 现场直播王岐山在北京市防疫工作新闻发布会上的讲话并答记者问。其间，王岐山为“北京封城”辟谣，谈到并回答了农村防疫、市民恐惧、学校防治、医护困难和增援、财政投入、与 WHO 世界卫生组织公开透明合作、北京抗疫依然形势严峻等问题，最后他说：

> 1997 年亚洲金融风暴期间，我在金融系统工作。有一次到了香港，当天正好香港股市崩盘，而我推荐的一只股票中国移动就是在当天上市。作为举荐人、投资银行家，我当晚必须讲话，当时包括李嘉诚先生的战略投资家们都说：“这话可怎么说啊?!”我当时就想起了一句话，古人云：“人不自信，谁人信之。”实践证明，亚洲金融危机过去了。我现在同样要求自己，包括我的干部、首都市民以及关注我们的朋友们，对这场防治“非典”的斗争要树立信念、信心，我们一定能够取得这场斗争的胜利。

“人不自信，谁人信之”在此前谈话的基本内容中并没有提及。谈完基本内容以后，从港股崩盘到北京非典，王岐山用“人不自信，谁人信之”将两个事件联系起来，发展出以上语篇。这一语结和语篇是对前面基本内容的提升，目的是要获得“人不自信，谁人信之”的效果，获得自信和他信。“人不自信，谁人信之”树立了一种负责任、有信心的情绪气氛，属于情绪气氛类语结。当天，香港媒体就用大标题指出：“王岐山：北京有信心战胜非典”，以后的数天内，王的“人不自信，谁人信之”被媒体广为引用。

2003 年 3 月 18 日温家宝总理上任答记者问，其中有一段回答尤其引人注目：

> **台湾中天电视台记者：**从年初以来，台湾方面在两岸关系上有新的做法，比如提出希望建立两岸和平稳定的互动架构，在两岸“三通”直航上也有比较积极的做法，大家都很希望两岸关系能够进入良性循环的互动。不过之前一直没有机会了解您对两岸关系的看法，借这个机会请您谈一下您对台湾的认识和了解是什么？新一届政府成立以后，在两岸关系上有哪些问题要有所推动？您个人的期待又是什么？
>
> **温家宝：**我愿意通过记者女士向台湾同胞表示亲切的问候。实现祖国的完全统一是包括台湾同胞在内的全体中国人民的共同愿望。说起台湾，我就很动情，不由得想起了一位辛亥革命的老人、国民党的元老于右任在他临终前写过的一首哀歌：“葬我于高山之上兮，望我大陆。大陆不可见兮，只有痛哭。葬我于高山之上兮，望我故乡。故乡不可见兮，永不能忘。天苍苍，野茫茫。山之上，国之殇。”这是

多么震撼中华民族的词句。中国政府将坚定不移地贯彻“和平统一、一国两制”的方针，在一个中国的原则基础上，尽早恢复两岸的对话和谈判，反对“台独”，积极推进两岸经济、文化的来往与交流，推进两岸直接“三通”的早日实现，争取早日实现和平统一。

台湾记者提到台当局在两岸关系上的一些“积极”做法，提问温总理本人对台湾的认识和了解、期待？大陆新一届政府将有的举措？台湾问题是十分重要而敏感的问题。温总理首先表示问候；其次说明祖国完全统一的共同愿望；再次从个人认识的角度谈到于右任的哀歌；最后说明大陆政府对台湾的一贯政策。应该说，“亲切问候”“统一愿望”“对台政策”作为政府的既定方针和礼节性说法，并不出人意料，但是当温总理从个人角度谈到“于右任”“哀歌”时，给人印象极为深刻，哀歌本身带有强烈的感情色彩，加上温总理本人使用“动情”“震撼”等词语，更加体现历史伤痛、亲情、责任。“于右任”“哀歌”和记者提问没有直接关系，不是必须回答的基本内容，但是用“于右任”及其“哀歌”来作答，避免了单纯的公事公办、外交辞令，使整段谈话具有文采，具有比较强烈的个人色彩和情绪气氛，“于右任”“哀歌”可以看做比较明显的情绪气氛类语结。

当然，情绪气氛类语结是在与基本内容类语结比较的基础上提出来的，针对的是情绪气氛类语结和基本内容类语结的关系，以及情绪气氛类语结在整个语篇中所起的作用。就情绪气氛类语结本身及其生发的语篇来说，它可以是议论性的，生发出来的语篇是议论语篇，也可以是记叙性的，生发出来的语篇是说明语篇，还可以是描写性、抒情性、对话性语结相应并生发相应的语篇。一些语结既是情绪气氛类语结，又具有记叙和说明的性质，因而生发出具有记叙和说明功能的语篇。

此外，一些文章中以“顺便说一句”为标记，说的内容虽然与该文基本内容没有太多关系，篇幅不长，但是很重要，这些也可能是由情绪气氛类语结生发出来的语篇。需要指出的是，情绪气氛类语结虽然不是语篇的基本内容和主体，但是如果把它们单独拎出，生发成具有一定规模的另一语篇，就可能成为该语篇的基本内容和主体。如果说基本内容类语结是主干的话，情绪气氛类语结就好比树上的枝蔓。树生出枝蔓，埋到地下，又长成一棵树。相对而言是枝蔓，相对而言又是另一棵树。因此，基本内容和非基本内容、主体和非主体是相对而言，在一个语篇中不是基本内容和主体，在另一语篇中则可能是不可或缺的基本内容和主体。

情绪气氛类语结有些时候是“文眼”的一种。大凡上乘散文之作，莫不重视“文眼”的设置。一些比较高明的科技论文、学术论文包括讲课讲座，也很重视“文眼”的设置，使专业性、学术性的文章以及讲课讲座显出文采。清人刘熙载的《艺概》中有“文眼”之说，他把“文眼”看做文章的“神光所聚”，起“揭全文之指”的作用。今人对“文眼”多有谈及。佘树森说：“文眼”“是文中那一两句‘警策’全篇的话。套用古诗比喻，就是能泄露‘满园春色’的那枝出墙‘红杏’。”冯树鉴说：“所谓文眼，就是那些能够集中地体现主旨，显示文章脉络的重要词句，好比文章的眼睛。文眼是作者着意刻画和描摹的‘中心点’，也即主题思想的‘凝结点’。一篇文章，一旦有了‘文眼’，就活了起来，传神写照，妙在其中了。”还有人说：“所谓‘文眼’，就是文章中最精彩最传神的一句或两句，而这句中的最有神采的一字或两字，其义更深，其味更浓，其，色更鲜，又是文眼的‘眸子’。‘文眼’是作品的‘凝光点’。”从上面的论述，可以看出，有的“文眼”“揭全文之指”，是作者着意刻画和描摹的‘中心点’，也即主题思想的‘凝结点’，如果考虑它们的语结构成，这种“文眼”应该属于基本内容类。而上面所说的“父母生日”“人不自信，谁人信之”“于右任”“哀歌”，它们不是基本内容和主题，没有它们，基本内容和主题不会受到影响，仍然能传递要表达的意思，但是有了它们，就有了情绪气氛，就有了亮点、“文眼”。所以，它们既是情绪气氛类语结，又是话语篇章中“文眼”的一种，情绪气氛类语结作为“文眼”，“或在篇首，或在篇中，或在篇末。在篇首则必后顾之，在篇末必前注之，在篇中则前注之，后顾之。”[①]比如“父母生日”“人不自信，谁人信之”，它们都在篇末，不是基本内容，但是和前面的基本内容也有照应。比如，“于右任”“哀歌”，它们在篇中，“则前注之，后顾之”。

---

① 修龙恩：《散文创作论》，中国国际广播出版社 1995 年版，第 86 页。

第五章 主持人即兴口语表达(上)

吕叔湘先生说:“语言修养可以分理解和表达两个方面。”理解包括听懂别人的话和读懂别人的文章,表达包括说让人一听就懂的话和说让人一看就明白的文章(当然,这只是起码的要求)[①]。在本章和下一章中,我们先介绍主持人即兴口语艺术的表达过程,第七章中,我们介绍主持人即兴口语艺术的理解过程。这三章中,我们会涉及上一章中提到的“语结——主持人即兴口语的种子”,语结在主持人即兴口语研究中具有方法论的指导作用,在主持人即兴口语训练中具有技术手段的作用。

第一节 优质表达基于充分准备

杨澜曾经谈到:“在我的采访中,大约有 1/4 的提问是临时发挥的,另 3/4 要靠严密、充分的背景准备,做功课的重要性怎么强调都不过分。”[②]如果没有严密、充分准备的 3/4,做好功课,那么,临时发挥、即兴口语表达的 1/4 可能就只是抖抖机灵、耍耍嘴皮、沙上建楼。

语言传播计划和选题都不是横空出世或者拍脑门子而来的。为了实现传播意图,还需要做充分的研究工作:查找资料和研究资料,直至制订出恰当的语言传播计划并孕育出准确到位的选题。

一、查找资料的方法

查找资料一般先从自己的知识和经验开始,然后转向其他途径查找信息,例如从书籍里、相关期刊中、其他可以手工查阅的专业资料中,以及通过一些电子数据库查找信息,也可以考虑用采访的方式寻求信息。

---

① 吴为章:《广播电视话语研究选集》,北京广播学院 1997 年版,第 165 页。

② 翁佳:《对面——著名播音员主持人访谈录》,中国经济出版社 2003 年版,第 221 页。

(一)个人知识、经验和观察

如果想要交流的话题范围是自己专业、行业内的,那么也许已经有一些资料可供使用。例如,运动员有关于他们运动项目的专门知识,企业家有关于开创自己企业的专门知识,医生有关于健康系统的专门知识,音乐家有关于音乐和乐器的专门知识,海洋生物学家有关于海洋资源的专门知识,语言学家有关于语言的专门知识,等等。一般来说,人们对于自己专业、行业内的知识比较熟悉,尤其是一些来自个人经历的例子,很有说服力和吸引力,是第一手的资料。除了自己的知识和经历,还可以采用观察法。观察法是一种研究人员通过直接观察研究对象的行为以获取材料的方法。其中包括:隐蔽观察法,也就是调查人员在真实的社会环境中,从一旁观察人们的行为;快速隐匿观察法,即调查人员不暴露自己的身份,是一种隐蔽观察的方法;参与观察法,调查人员深入到被研究的人中去,跟他们一起参与活动,在其中进行观察和搜集材料。

(二)书籍

过去,图书馆的特点是通过目录卡片查找图书馆的藏书。现在,有些图书馆可能仍在使用目录卡片,但大多数图书馆都已经把藏书记录转换成计算机在线数据库系统,或者两种查找方法都在使用。不论在目录卡片中查找还是在计算机上查找,书籍都是按标题、作者、主题、索书号等列出的,只要知道其中一项,就可以查到该书在图书馆所处的位置。

除了通过作者、标题、主题、索书号等查找以外,大多数在线数据库现在都有搜索功能,为了进行搜索,可以选择"关键词"一栏,键入与想要了解的话题范围相关的关键词,然后计算机就会列出相关的馆藏图书目录。当然,即使有了这种用户友好界面系统,仍然需要运用创造力去寻找搜索用的最佳关键词。比如想要查找"媒体暴力对受众的影响",如果使用一两个关键词寻找有关这个想要交流的话题范围的图书,查找结果显示为零个资源,那么经过几分钟创造性思考,应该能够再想起几个关键词,从而找到许多书目。表格 5—1 列出了不同关键词和通过它们找到的书目数量:

表 5—1

关键词	书目数量
大众媒体暴力的影响	1
媒体暴力	39
大众媒体中的暴力	28
暴力媒体	39
暴力电视	45
犯罪性大众媒体	21
侵略性大众媒体	2

找到和想要交流的话题范围相关的书籍有很多好处，首先，书籍本身有可能提供许多资料的参考书目，从中可能会发现一些不错的资料来源。其次，书籍可能含有对某学科的深刻见解，能提供许多有用的引用，可以引导自己对想要交流的话题范围产生新的见解。

虽然许多人认为电子途径是查找合适书籍最快捷的方法，但有时并非如此。例如，如果已经有了一本书的索书号，那么就可以根据它的总索书号到图书馆中储藏那个总索书号下图书的部门，找到其他相同科目的书籍。然后，可以迅速翻阅它们，看看是否有用。这种方法有时候比在计算机屏幕上显示的资料中一本一本地查要有效得多。当然，两种方法应该相互补充，可以帮助自己找到可资利用的最好、最相关的图书。

（三）期刊

期刊是定期出版的杂志，比如周刊、双周刊、半月刊、月刊、季刊或年刊。应该说，周刊、双周刊、月刊甚至季刊中的资料比书籍中的资料更新，所以，当想要交流的话题范围是比较新的、热的，期刊可能是最好的资料来源。当想要交流的话题范围比较狭窄，不可能有专著探讨这一想要交流的话题范围时，或者需要查找某一想要交流的话题范围某一特殊方面时，期刊也将是最好的资料来源。即使该想要交流的话题范围以前谈过，通过最近的期刊也可以了解新进展、新动态。期刊索引汇集了杂志上刊载的文章。这些索引定期会出版，比如报刊文摘、“人大复印资料”，等等。

如果是做手工搜索，为了找到适合想要交流的话题范围的文章，需要确定该话题范围最热门的时间，比如“日本核辐射”，到图书馆查找 2011 年的期刊索引，会发现许多和“日本核辐射”相关的文章。

如果是用电子方式查找索引，那么可以先键入要搜索的想要交流的话题范围关键词，计算机将接入索引数据库，提供有关的引文，然后可以选择链接个别文章阅读，或者从计算机上把它们下载打印出来，或者利用引文清单找到图书馆期刊架上的原始文章。后面还将更多讨论诸如此类的电子数据库。

（四）百科全书、综合词典

大多数图书馆都有最新版的各种各样的百科全书和综合词典。百科全书和综合词典是查找资料的好起点，会给许多学科一个极好的概览。图书馆还会有多种专业百科全书和专业词典，比如宗教、哲学、社会学、语言学、经济学、金融学、贸易学包括自然科学等等。通过百科全书和综合词典，可以对相关想要交流的话题范围有概况性了解，便于进一步查找资料、开展研究。

（五）统计资料

统计资料提供众多学科的数字信息。当需要该年度国民经济发展状况、人口构成状况、社会语言使用状况等等统计资料的时候,可以通过图书馆查找获得,比如查找 2011 年中国广播电视年鉴,就可以了解该年度中国广播电视的发展状况和统计资料。有的统计资料如果上网公布也可以在线查找,在线查找的时候需要注意出处,注意发布机构的权威性和较完整信息。

(六)政府出版物

一些政府出版物很重要,比如十七大文件资料汇编,包括了当前和一段时期内国家政治、经济、社会发展的指导性方针政策,是极具权威性的材料、依据。

(七)传记资料、名人名言集

当需要记述一个人的生平时,不论是简要概括还是合理完整的记叙,都可以求助于许多可以利用的传记资料。除了长篇未删节的个人传记书本和百科全书的条目外,还可以参考一些收集了重要、著名人物传记资料的综合类书籍和专业领域类书籍。

一段好的名人名言可以启发心智、令人振奋且增长见识,西方诸如亚里士多德、柏拉图、黑格尔、萨特直至华盛顿、林肯等等,中国诸如老子、庄子、孔子、孟子直至毛泽东、邓小平,还有许多领域的名人名言,都是可以根据具体情况来合理引用的。

(八)报纸、广播、电视

报纸上的文章是有关历史与现实问题的事实和解释得非常好的资料来源,尤其是当前发生的新闻性、爆炸性消息、事实。一般来说,图书馆可能藏有最近和一段时期内的主要报纸的索引,包括全国性报纸、地方性报纸、综合类报纸、行业类报纸、专业类报纸、晨报、日报、晚报,等等。例如要查找“9·11 事件”或者 2005 年伦敦和埃及爆炸案等等,报纸可以提供海量信息。

广播电视非常快捷,直播可以和新闻事件同步发生,是了解信息的绝佳起点。另外,广播电视提供音像材料、声像并茂,是很好的演示材料。

(九)电子数据库

除了刚才讨论的一些电子数据库外,还有其他一些特别有用的电子数据库。电子数据库贮存着信息,可以从计算机终端上找到这些信息。研究资料来源的科学家们认为:“不愿意使用计算机或不知道如何有效使用计算机去查找信息的研究人员将会处于非常不利的地位。”

目前国内研究人员经常访问的数据库有:中国期刊 CNKI 数字图书馆、人大复印报刊资料、全国优秀博士论文库等。

利用这些数据库,可以在电脑上编辑参考文献并浏览摘要,甚至可以看到全篇文章。

由于可能找到许多来不及看的文章和书籍,略读是一种迅速通读著作以确定该著作内容及其组织方式的一种阅读方法。

如果评估一本书,那么可以认真阅读目录,看看索引,并略读相关章节,以便确定它是否真正提供了要研究想要交流的话题范围领域的信息，是否包含了任何有据可依的统计数据、例子或可以引用的观点。如果评估一篇杂志文章，那么花一两分钟时间问自己在评估一本书时会问的同样问题。

如果在电脑上编辑期刊参考文献，一般来说图书馆订购的服务项目可能包括每一篇文章的简短摘要。看看这些摘要有助于确定应该全篇阅读哪些资料。不过，即使有这些摘要，仍然需要遵循略读程序。

略读有助于决定哪些资料应该全篇阅读，哪些资料应该部分阅读，以及哪些资料应该放弃。花几分钟时间进行这些评估会省去几小时不必要的阅读时间。

（十）互联网

可能还要使用互联网来查找资料。互联网是一个集中了成千上万个小网络的国际电子网络集合，它被广泛用来查找各种各样的信息。互联网是 1991 年由一群科学家创建的，在数年中就经历了爆炸式的增长。

使用互联网需要注意：首先要有一个战略，并组织好自己的搜索。可以先去图书馆的书面资料和在线资料，然后再在网上查找资料。其次，关键词输入也有技巧，要找到有助于限制搜索范围和增强搜索功能的计算机符号，比如在“媒体暴力”两边加上引号，那么就会得到“媒体”和“暴力”两个词同时出现的链接。如果没有使用引号，就会得到两个词中出现任何一个词的链接，也就是出现一大堆无益于“媒体暴力”这个想要交流的话题范围的信息。第三，网络会出现繁忙和拥挤，有时候甚至故障，因此，要提前一些使用网络来查找资料。

评估互联网上的资料有三个特别重要的问题：资料来源是哪里？数据是直接还是间接的？信息有多久了？

当找到资料时，要特别注意其来源、出处，尽量使用那些来源、出处完整、准确、权威的资料，一些匿名或者背景、来源、出处不详的信息，除非能够核实，否则最好不要使用这样的资料信息。

当数据来自原始资料来源时是直接的，当他们是另一个资料来源引用的资料时是间接的。直接数据比较可取，当信任资料来源时可以使用间接数据。如果搜索得当，在互联网上会找到大量的直接数据，但仍然必须注意它来自哪里以及有多长时间了。甚至一些最近的出版物还在使用旧数据。应该知道该数据何时是有效的，当实际运用统计数据时更应该注意这一点。

另外需要注意资料信息的客观性，一些信息常常带有偏见，要加以识别并合理使用。

（十一）采访

为了进一步获得第一手资料信息，有时候需要通过采访来进行调查。为了使采访有效，要选择合适的人去采访，并列出一些合适的问题。

举例来说，对于“媒体暴力对于听众的影响”，可以采访一位大众传媒或社会学教授。在进行采访前，要确保自己对该话题已经做了一些准备，这样，受访者会更愿意进行交谈，熟悉该想要交流的话题范围也会使自己能问出更好的问题。

有效的采访的核心是列出合适的想要交流的话题范围，可能是自由式(开放式)与限制式(闭合式)问题的混合，既有主要问题又有补充问题，措辞为中性而非诱导性的。

主要问题是那些采访者事先准备好的要点问题。补充问题用于进一步探究对主要问题的回答。虽然有些补充问题是根据预期的可能答案而事先设计好的，但经常是在采访进行过程中现场提出来的。有些问题比如"然后呢?""还有吗?"鼓励进一步评论；另一些比如"'经常'是什么意思?"做进一步探询，等等。所有问题都用于鼓励受访者多做回答。

自由式(开放式)问题让受访者提供他想提供的任何信息，比如"哪几类人最容易受电视暴力的影响?""听众表现出哪几类行为是观看暴力的结果?""你推荐哪些研究成果?"通过自由式问题，采访者了解了某人的看法、价值观和目标，但受访者要花时间回答问题。

限制式(闭合式)问题包括那些只要求一个简单的是或否做答案的问题，比如"电视暴力对年幼的孩子的影响大于年长的孩子吗?"以及那些只要求简短回答的问题，比如"什么行为看起来受电视暴力的影响最大?"通过限制式(闭合式)问题，采访者可以掌握采访的主动权，并在短时间内取得大量信息。另一方面，限制式(闭合式)问题很少能使采访者知道一个人给出明确答复的原因是什么，限制式问题也不可能得到受访者自愿提供的很多信息。

总的来说，问题应该使用中性措辞。诱导性问题的措辞中暗示了采访者更倾向于某一答案，例如，"电视暴力对孩子的行为有很大影响，是吗?"中性问题的措辞中没有受访者的倾向性，比如"你认为电视暴力对儿童行为有重要影响吗?"

问题的内容取决于想要的信息。可以列出一章围绕主要问题的清单，问题可以用语结的形式来列出，比如前文提及杨澜采访金庸列出的采访提纲："对通俗文字的定位——他本人武侠小说中的历史眼光——澄清有关'为秦桧平反'论的说法——祖父的'侠义'精神对他的影响——他年轻时的抱负——侠义思想在中国历史演变中产生的利与弊"。这些提纲，是采访者杨澜提问的基础，也是被采访者查良镛回答的基础。

也可以详细拟订采访提纲，例如：

"媒体暴力对于听众的影响"采访问题样本

背景信息

您是怎么样对媒体暴力影响方面的研究产生兴趣的?

调查研究结果

您的研究显示了电视暴力对受众有负面影响吗?

多看电视的观众比少看电视的观众更可能显示出负面影响吗?

您是否有证据表明电视暴力会造成好斗、冷淡?

您是否有证据表明电视暴力对文明礼貌造成影响?

行动

该影响大到什么程度？足以证明必须限制儿童观看暴力节目吗？

您有什么建议提供给受众吗？

（十二）问卷

用书面形式进行社会调查的一种方法，适用于大规模的摸底调查。进行调查的时候根据调查项目编写而成的一系列问题，还应包括有关填表人背景的项目，如姓名、年龄、家庭状况等，因为不同的背景其所做的选择也会有所不同。另外，问卷调查的问题设置也包括自由式（开放式）与限制式（闭合式）问题及其综合使用，既要有主要问题又要有补充问题，措辞为中性而非诱导性的。

问卷的方法也是调查的重要方式，其把所得到的关于人或事物的信息转化为数据，用这种方法可以测量人们的知识或信息、喜爱和厌恶以及对事物的态度等。问卷的调查方式是直接向人询问，而不是靠观察来获得数据，但其中有几个小问题值得注意。被调查者在完成问卷的时候必须合作；他们必须如实报告自己的想法，不是说一些他们以为调查者喜欢听的意见；他们必须知道自己有些什么感觉和想法，才能报告出来。准备问卷，研究者必须十分谨慎小心，必须经常应用如下的准则：一个问题在什么程度上会影响回答人尽量表现自己。一个问题在什么程度上会影响回答人通过预测研究者想听什么、想发现什么而进行不必要的帮忙。一个问题在什么程度上会问一些回答人并不确切知道的信息，或是不大可能了解的信息。问卷的效果就取决于上述三种考虑，但是有些信息是除了直接向被调查人了解外不可能获得的，有时候，即使是可以用别的方式获得，也不如直接了解那么有效，所以在使用的时候，优点和问题必须事先考虑清楚，然后决定取舍。在问卷调查中可能还会遇到这样的问题，比如调查使用英语的程度，会几句的和根本不会的比，会几句的也可以说会，所以就应该设计一定的题目来进行测试，可以说考试也是一种调查，它可以就被测者的素质、天赋、悟性等方面进行测试，以便拉开档次。

（十三）实验

有计划地运用一定的物质手段去干预、控制或模拟语言现象，以取得研究材料。这种方法主要用于测量人们对行为的态度和反应，是研究社会心理的重要途径。运用实验法要注意：控制变化量，排除其他因素的干扰；进行事前测验和事后测验；设置控制组。

以上个人知识、经验和观察以及书籍、期刊、百科全书和词典、统计资料、政府出版物、传记资料和名人名言集、报纸、广播、电视、电子数据库、因特网、采访、问卷、实验，这些都是为孕育语结而查找资料、调查情况的渠道和途径。

二、查找资料的内容

无论查找资料的方法、渠道和途径是什么，一般来说，应该从这些信息渠道中寻找有事实根据的观点和专家意见、例子和例证、统计数据、有趣的故事、比较和对比以及有引用价值的解释和意见等。

(一)有事实根据的观点、专家意见

有事实根据的观点、专家意见通常是经过缜密、客观、花大力气研究而来的，参考这些资料常常能够获得很大的启发。一方面，应该积极尊重有事实根据的观点、专家意见，另一方面，前人的成果不能是后人的阻力，而应该成为激发进一步研究的动力。大师郭沫若说："大抵在研究而读书上我的方法是：(一)直探本源不受前人的约束，(二)搜罗一切资料尽可能使无遗憾，(三)对于资料毫无容情地、毫不惜力地加以筛选，必须彻底，决不放松。这样去读书，我相信研究是会有成绩的。"①

(二)例子和例证

例子是说明或解释一般的、有事实根据的论述的特殊事例。例子提供事实，使一般性论述更为生动、具体。

选择和使用例子首先应该足够清晰明确。比如：

> 论述：电子领域是当今产品价格显著低于80年代价格的几个领域之一。
>
> 例子：蜂窝电话比80年代便宜很多。

上面这个例子就不是一个很好的例子，"便宜很多"不明确，没有证明"价格显著低于"这一论述。再比如：

> 论述：电子领域是当今产品价格显著低于80年代价格的几个领域之一。
>
> 例子：在80年代中期，摩托罗拉每部蜂窝电话售价5000美元，而现在，可以用低于150美元的价格购买一部摩托罗拉蜂窝电话

在这个例子中，关于20年来巨大变化的生动画面立刻浮现出来。

其次，使用的例子不应该有误导作用。如果事实上蜂窝电话是同一时期价格巨幅下降的唯一电子产品，那么这个生动的例子可能有误导作用。滥用数据是不道德的，特别是在数据使用者对情况很清楚的时候。

第三，收集的例子应当与支持的论述相关联。

---

① 《读书的艺术》，九州出版社2004年版，第125页。

因此，要确保收集的例子清晰、生动（吸引人）、没有误导作用并且与论述真正有关系。好的例子是交际内容的重要部分，能够起到很好的传达作用。

（三）统计数据

统计数据是数字事实，能够为论述提供支持，让人印象深刻。但是，统计数据运用不当时，也可能是乏味的，甚至在某些情况下是骗人的。因此，无论是自己调查、实验所得的数据，或者是引用的数据，都得注意有效使用：

第一，要核查数据的准确性。尽量从最可信的来源中获取统计数据，对于任何惊人的统计数据都要从另一来源再核查一遍。比如“2002 年全球需要就业的人口大约有 10 亿人”，这个数据是不准确的，比较符合事实的应该是“2002 年全球需要就业的人口大约有 5 亿人”。如果不核查就采用前一种说法的话，一下子就多出来骇人的 5 亿！

有一本书，作者就那里的常用语言做了下面的统计（见表 5—2）：

表 5—2

常用语	人数	比重
粤语	346082	87.10%
普通话	4955	1.20%
闽语	15975	4%
吴语	1575	3.30%
其他方言	7352	1.80%
葡语	7352	1.80%
英语	3189	0.80%
其他语种	5062	1.30%
总数	397488	100%

其中人数的总和并不是“397488”，而是“391542”，更明显的是其中各种语言所占比重加起来，已经超过了 100%，达到了 101.3%。吴语使用人数的百分比肯定不对。我们在统计的时候，有时候百分比四舍五入，最后加起来是 100%，但如果没有四舍五入，最后加起来就很可能不是 100%，有的出入还相当的大，这个问题必须特别注意。书中的这组数据，也许很多人看过就算了，对于其中列出数据的准确性并不会过多留意，理所当然地就接受了，这其实就是一种对数据的迷信。有的数据底下第一个注就是：“这些数据容或有出入，但是不影响主要观点。”如果没有这些话，哪一个数据写得整整齐齐，也会让人怀疑它的真实性。另外，要尽量使用最新的统计数据，要核查数据适用的年份或年代范围。

第二，不要过多地使用统计数据。虽然统计数据可能是迅速展现大量材料的较好方法，但是不能使用过度。几个重要数字比一大堆统计数据要有效得多。另外，还要小心“数字不撒谎，但撒谎者编造数字”，当评估要使用的数字时，需要注意这一点。

运用数据可能比想象的复杂得多。必须考虑几个变量。该统计数据何时是真实的？该统计数据到底涵盖了什么内容？是涵盖了所有问题还是仅仅包括一个样本？如果它们包括一个样本，那么，这个样本是统计学意义上的正确样本吗？该统计数据能够说明什么问题？

数据运用得当的时候，很能阐明问题，下面是富兰克林国际有限公司总经理威廉·F.富兰克林提供的关于全球人口统计数据的图画：

> 我最近看到的一些人口统计信息，可能有助于你对你的机会与责任有正确的理解，即一些有关你在这世界的位置与角色的一些恰当看法。
>
> 如果我们把这世界的57亿人口收缩为一个100人的村子，所有现存人口比例保持不变，那么下面就是所得结果的概括：
>
> 这100个人中，有57个亚洲人，21个欧洲人，14个来自南美洲和北美洲，8个来自非洲；
>
> 51个女性，49个男性；
>
> 80人居住在低于标准的住房里；
>
> 70人不会读书；
>
> 一半人受营养不良之苦；
>
> 75人从来没有打过电话；
>
> 全村一半的财富掌握在6人手中；
>
> 100人中只有一人受过大学教育；
>
> 你处在受过大学教育的仅有的1%人中，处在一个精英群体当中。

这一全球人口统计数据的使用避免了枯燥、生涩，显得相当生动且感同身受，具有很强的吸引力和说服力。

(四)有趣的故事

查找资料的过程中，需要注意寻找一些有趣又有说服力的简短故事。运用故事的关键是确保故事的要点陈述或加强了要交流的想要交流的话题范围的要点。只要故事生动、有意义、与所交流的话题范围相关，不一定非要幽默才行，但是，幽默在很多时候能够吸引注意。

(五)比较和对比

比较通过相似之处说明一个观点，比较可以是实义的或喻义的。实义比较显示真实事物的类似之处，比如：

> 从山背后的灯塔走到停车场相当于爬30层楼梯。

喻义比较表达一件事物而实际上指代另一件事物，比如：

我常常把自己想作一辆四门轿车。我不知道她要找的却是一辆运动车。

比较使观点更清楚，更生动。另外，实义比较要注意比较的基点，也就是事物之间具有可比性且所比较的层次相同。喻义比较或者说比喻，在下文中还有论述。

（六）引用

当发现一个解释、意见、论点或者一段短小的故事对论述有帮助，就可以引用它。引语太多并不合适，最好在一两个关键的地方出现恰当的引用。另外，引用的时候必须注明出处，引用而不注明来源是剽窃行为。

总之，为了实现交际意图，制订出恰当的交际计划，孕育准确到位的语结，应该查找资料做充分的准备工作。记录材料可以将每一项信息连同其出处一起写在单独的笔记卡片上，当笔记卡片越来越多的时候，要将资料分类。①

第二节　分析和研究素材

查找大量与话题有关的资料后，需要对资料进行研究。如果把没有经过研究的资料看做“生”资料的话，研究后加入自己的看法的资料可以看做“熟”资料，是形成语言计划和主持人即兴口语的重要材料。研究就是对资料的加工，在资料基础上的发挥、创造。

一、世界观、思想方法、一般研究方法

世界观是人们认识和看待世界的基本态度。事实上，想要交流的话题范围、查找资料的过程都是在世界观的潜移默化影响下进行的，什么样的世界观决定想要交流什么样的话题范围，决定查找什么样的资料。

思想方法是人们认识和看待事物的根本方法，“解放思想，实事求是”正是思想方法的体现。如何认识和看待想要交流的话题范围，如何认识和看待找到的资料，直至得出什么样的研究成果，包括说什么样的话，思想方法起着重要作用。

主持人选择什么样的题目，怎样认识世界和事物，说什么样的话，个人的世界观和思想方法会对其有很大影响，“说什么的先进性表现在主持人提出问题的敏锐性、独特性，分析问题的全面性、深刻性和解决问题的针对性、建设性，这是语言深层次的表现，是思维和认知的反映，是世界观和思想方法的投射。”②我们常常会感到某人说得很好，写得很好，觉得他看问

---

① 参考鲁道夫·F. 维德伯：《讲话的艺术》第5章“在信息时代研究你的演讲”，中信出版社2003年版。

② 蔡长虹：《主持人的个性化语言》，中国经济出版社2004年版，第56页。

题目光很敏锐，提出问题的角度很独特，分析问题很全面、透彻，而且能够有针对性地解决问题，起到建设性的作用。有时候看一些文章或者研究成果，觉得其中有比较大的问题，找原因，一般都能发现那里面有方法的问题。问题比较大的，往往反映了思想方法有问题。所有这些可以通过语言表现出来，却绝不仅仅是语言表面的问题，而是语言深层次的表现，是思维和认知的反映，是世界观和思想方法的投射。另外应该看到，世界观和思想方法的影响虽然不直接表现出来，属于潜移默化，但是却有长期、稳固、不易动摇的特性。因此，语结的孕育说到底是对世界、事物的认识问题，世界观(包括价值观以及思想方法)影响着语结的孕育。

此外，研究方法的综合运用在研究过程中起着具体、直接的作用，研究方法是决定一个人研究水平和话语水平的重要因素，高水平的研究方法推动高水平的研究成果和话语质量。

(一)比较

比较是最基本的或者说是最主要的研究方法。

比较的方法可以分为两大类：事实比较，是现象事实的比较，具有明显的描写性；理论性的比较，是关于系统理论原理可行性的比较。任何事物都是既有联系又有区别的。联系不是孤立的、割裂的，也不是等同的、完全一样的。不同的时间、不同的空间是有联系的，时间、空间本身也是联系的，空间有不同点，时间也有不同点，这是世界构成的基本形式。也就是说，世界就是时空，又叫宇宙，它既有联系，又有区别。我们比较的是它的联系、区别，比较的是它们的共性以及个性。世界上的事物都是有个性的东西，一个事物要是没有个性，也就不成其本身了。共性寓于个性之中，共性是最基本的东西，个性只是突出与不突出的问题，越往上走，个性越多，共性越少。事物本身就是这样，要认识它，就要研究这种事物的情况和其他事物的情况有什么同与不同，也就是联系跟区别的情况，即关系。只有认识到事物内部和外部的关系以后，才能去发展事物。条件和现象的关系就是规律，只有在认识规律、符合规律的情况下，能动地起作用，才能让世界更美好。由于共性寓于个性之中，从方法论的角度说，很难在一个孤立的个体之中发现共性的东西。这样，寻找普遍的东西就不可避免地在多种具体情况的现实中寻找。情况越复杂，普遍性、规律性越可靠。如果只从主观认为规矩的语言现象中找规律，很难可靠。

共性和个性都是相对的。实际上都是讲所属的类的大小。某个共性，在更多的类里又是个性。某个个性，比更小的类又是共性。类，也就是时空的范围。另外，不同就是个性吗？另类、怪诞就是个性吗？个性是事物好的方面的一种体现，也就是说，个性是事物在某些方面走在前面了，具有先进性。也就是说，时空点的层次比较高。各人都有个性，换句话说，各人都有层次比较高的部分。

另外，探讨个性不是争论有没有个性的问题，而是研究个性是否鲜明、新鲜、突出，这实际上就是创造性。个性又是一种创造性的体现，而不是单纯形式上的变化。因此可以说，个性就是先进性和创造性的统一。先进性和创造性的形成不是短时间的，只有经历较长的过程，并且比较稳定的特性才能称之为个性。当然个性又是发展的。或者说个性是平衡、动态的统一。前面说过，任何事物都是有联系又有区别的，在事物发展的链条上，有的先进一些，有的落后一些，有的差不多在中间。按照事物发展的规律，其中先进的部分代表了发展的方向，带动着事物的发展。先进比较突出，就是鲜明。

运用比较的研究方法，首先要确定比较的范围，明确进行比较的是哪一个或几个方面；在确定了比较的范围之后，要选择比较的基点，比较基点的选择与比较的目的有密切的联系。对语言进行比较分析，可以采用各种比较的方法，如数据比较、图表比较、调查比较等；最后还要对所探讨的问题做出分析解释。

还要注意避免无效比较和低效比较。所谓无效比较是指事物比较过后不能说明问题，不能得出所需要的结论，也就是把相同的说成是不同的，把不同的说成是相同的，不是它的联系说成是它的联系，是它的联系说成不是它的联系。有的时候，并不是事物之间不具备可比性，而是用来比较的那一部分不具备可比性。所谓低效比较是指事物具备可比性，有可以比较的地方，但是由于比较者的原因，并没有比较到那个地方，或者是比较者只进行了表层上的比较，浅尝辄止，也有一些作用，但不是高效的比较。比如在谈论少儿节目的特点时，有的人说到少儿节目要有可视性、生动性，难道其他的节目就不需要可视性和生动性了吗？进行比较的时候并没有发现真正不同的地方。还有一种情况，当我们把可能性、同一性、必然性混同的时候，也有可能出现低效比较。比如，有人谈到语速的问题，认为语速快了，某一句话断句不好。结论是断句出问题就一定是语速快的结果。实际上，语速快断句就不好，并不是必然性而是可能性。这种比较就可以说是低效比较。

别的研究方法都是从比较方法延伸出来的，只是各自具备了特殊性。

（二）定量分析和定性分析

定量分析的方法和定性的方法在几个主要的方面都是不同的，但是这两种方法得出的结果往往互相补充，有助于从不同的角度观察问题。定性方法一般是一种自然观察，而定量方法一般是一种操纵和控制；定性方法从观察学的观点出发，站在活动者本人的角度去了解人类行为，而定量方法是从逻辑实证主义观点出发，对社会现象和原因的了解无需考虑个人的主观状态；定性方法基本上是一种归纳，而定量方法基本上是一种演绎；定性方法是一种综合，而定量方法是一种分析。认识一个事物在时空上的位置属于定性的范畴，但在涉及这个“点”的时候又有定量的问题，所以进行定量研究最终的目的还是为了定性，定量研究只是研究方法的一种。

统计的方法，实际上也就是定量统计，在研究中是非常实用的，其主要的形式就是抽样统计。定量研究方法中的抽样包括概率抽样以及随机抽样。

适应现场观察的抽样方法大致有三种。第一，定额抽样。如果所观察的事物、人群、过程有明显的界线，可以采用这种方式，使不同类型的单位都包括到样本里。第二，滚雪球抽样。这种方式就是找几个典型，根据他们提出的线索，逐步扩大范围，由近及远，再归纳出某种形式。第三，特别个案。通过研究那些特别的个案来加深对态度和行为的类型的了解。在运用这种抽样方式的时候，要注意以下两个问题：可供观察的全部情景在多大程度上代表了所要进行描述和解释的现象的一般的类型；全部情景中所进行的实际观察能否代表所有可能的观察。在进行抽样统计的时候必须注意要符合抽样原则，并不是各取所需。

进行调查的时候，在抽样程序中获取好数据的三种决策：对样本的总体做出定义；对各个方面进行估计，涉及分层抽样，民族群体、性别、社会阶层、语言环境在很大程度上有影响；要决定样本数。另外抽样调查统计中还有随机抽样和非随机抽样两种方式。随机抽样包括简单的随机抽样、系统抽样、分层抽样、整群抽样、阶段抽样。非随机抽样包括偶遇抽样、雪球抽样、判断抽样。

谈统计必然会讲到概率，在概率的统计里不可忽略个案，个案里面要有它的特殊性，所谓特殊性就是走在前面一点或是后面一点。条件与现象的关系就是规律，规律没有正常与不正常之分。所以把握个案分析，对规律的总结有积极的意义。个别点、特殊点没有调查到，归纳出来的东西局限性就比较大，如果涉及的现象比较复杂，归纳出的规律就比较可靠。

所有的定量统计，都是具有局限性的，但它们一定要具备参考性。不怕有局限性，但一定要有参考性，因为没有参考性就没有价值了。局限性是必然存在的，只是大小的问题，所以在统计中，应该尽量做到减少局限性，增加参考性。

（三）归纳法和演绎法

在研究中往往需要交替使用归纳法和演绎法。在演绎逻辑阶段，推断出观察；在归纳逻辑阶段，又根据观察来进行推断。但是，它们之间又有所不同。演绎法的过程是：假设—观察—接受或拒绝假设；归纳法的过程是：观察—寻找形式—初步结论。两种方法都离不开观察。具体一点说，归纳法以数据为出发点，演绎法以假设为出发点；归纳法没有事先形成的概念，而演绎法要在事前进行预测；归纳法可生成假设，而演绎法是来检验假设的；归纳法的研究成果是描述或假设，而演绎法得出的则是某种理论；总的来说，归纳法属于定性研究，而演绎法属于定量研究。归纳和演绎的方法并不是完全对立的，他们具有共同点，在研究中，应该更多地看到它们之间的联系。归纳的方法涉及一个材料调查问题，一个对象问题，也就是从什么样的基础上来进行归纳，虽然穷尽是不可能的，但是应当尽量接近全面。

以上讨论了世界观、思想方法在研究资料过程中的决定意义，讨论了一般研究方法在研究资料过程中的作用。比较是最基本的研究方法，比较要注意事物的共性和个性，要注意比较的范围和基点，避免无效比较和低效比较。其他的研究方法都是在比较的基础上展开的，比如定量分析和定性分析，而且在研究中往往需要交替使用归纳法和演绎法。主持人进行即兴口语表达说到底是认识世界、认识事物的问题。世界观、思想方法潜移默化又深刻地影响着对世界和事物的认识。一般研究方法同样重要，查找到的资料要经过比较、分析、归纳、演绎，才能孕育出准确到位的即兴口语，制订出恰当的语言计划，实现交际意图。

二、顿悟、联系、重组、选择、哲理性层次

我国著名科学家、两弹元勋钱学森也曾经指出："科学技术工作决不能局限于抽象思维的归纳推理法，即所谓的'科学方法'，而必须兼用形象或直感思维，甚至要借助于灵感或顿悟思维。"[①]钱学森除了强调"所谓的'科学方法'""抽象思维的归纳推理法"以外，更指出"形象或直感思维""灵感或顿悟思维"在科学研究当中的重要性。

心理学家、审美艺术家鲁道夫·阿恩海姆着重说过："人的各种心理能力中差不多有心灵在发挥作用，因为人的诸心理能力在任何时候都是作为一个整体活动着，一切知觉中都包含着思维，一切推理中都包含着直觉，一切观测中都包含着创造。"[②]阿恩海姆把人的各种心理能力看做一个整体，任何时候都是作为一个整体活动着，并且指出直觉、创造具有广义性。

上文谈到作为一般研究方法的比较、定量分析和定性分析、归纳法和演绎法，也就是钱学森"所谓的'科学方法'"，下文将探讨关于顿悟、联系、重组、选择、哲理性层次。当然，一般研究方法和顿悟、创造、哲理应该是一个整体，无论是从意义、功能、形式上都很难截然区分，顿悟、创造、哲理也不是凭空而来，而是在扎扎实实的"科学方法"的基础上，才有可能获得顿悟、创造、哲理。尽管如此，为了研究讨论的便利，本书还是将它们分开介绍，但是，一般研究方法和顿悟、创造、哲理的联系是无论如何不可忘记或回避的。

（一）顿悟

达尔文研究生物演变的现状，前后三十多年，积累了无数材料，想不出一个简单贯穿的说明。有一天他无意中读了马尔萨斯的人口论，忽然大悟生存竞争的原则，于是得到物竞天择的道理，遂成一部破天荒的名著，给后世思想界打开一个新纪元[③]。达尔文"前后三十多年，积累了无数材料"，无疑包含了比较、定量分析和定性分析、归纳法和演绎法等许多研究方法的运用，但还是"想不出一个简单贯穿的说明"，由于"无意中读了马尔萨斯的人口论"，在此触动下，"忽然大悟生存竞争的原则，于是得到物竞天择的道理"。不难看出，这一过程包括了"目的（研究生物演变的现状）——积累（三十多年，无数材料）——触媒（马尔萨斯的人口论）——顿悟（生物演变的现状：生存竞争，物竞天择）"。达尔文顿悟到"生存竞争""物竞天择"这一核心语结后，一部破天荒的著作轰然诞生。

柴可夫斯基曾回忆："未来作品的种子常常是以十分出人意料的方式突然出现的。如果

---

① 钱学森：《科学的艺术与艺术的科学》，人民文学出版社 1994 年版，第 34 页。

② 鲁道夫·阿恩海姆：《艺术与视知觉》，中国社会科学出版社 1984 年版，第 5 页。

③ 胡适《读书》，《读书的艺术》，九州出版社 2004 年版，第 48 页。

土壤适宜，如果有创作的情绪，这种子会以无比的力量和速度生根出土，吐枝叶，最后开花朵。我除了用这种比喻以外，不能对创作过程有其他解释。全部的困难在于种子出现并处于有利的条件。其余的一切就会迎刃而解。”[①]柴可夫斯基所说未来作品的种子常常是以“十分出人意料的方式突然出现”，不难看出这是顿悟。“如果土壤适宜”“如果有创作的情绪”，应该包括积累和触媒。“全部的困难在于种子出现并处于有利的条件”，说的就是积累——触媒——顿悟。有了这些，“其余的一切就会迎刃而解”。“这种子会以无比的力量和速度生根出土，吐枝叶，最后开花朵。”也就是孕育创作出未来作品。“种子”、“枝叶”、“花朵”的关系也正如歌德所说：“植物的各个不同部分都发生于同一器官，只是经过变异和变化才进化出来的。这样看来，所有的叶子都具有同一个本质，虽然它们生长在茎上的位置不同，它们的形态和功能也不尽一样。原来花也是叶子，只不过是发生了很大变化的叶子。”[②]

主持人即兴口语的孕育、从语结到语篇的发展过程同样如此：交际意图或目的——积累(查找资料、研究资料)——触媒(有利条件)——顿悟(获得种子、语结)——生长、发展(种子生长出枝叶和花朵，语结发展出语篇)。语结和语篇的关系如同种子和枝叶、花朵：语篇和其他层次的语结亦发源于核心语结，核心语结发展出其他层次的语结直至语篇，虽然形态、功能、时空点都不一样，但是语篇含有核心语结的信息，具有核心语结的本质。

坎农说他青年时候起就常常得助于突然的、预见不到的顿悟。他常常脑子里想着问题去睡觉，次晨醒来答案已是现成的了：“长期以来，我靠无意识的作用过程帮助我，已成习惯。例如，当我准备演讲的时候，我就先想好讲哪几点，写一个粗略的提纲。在这以后的几夜中，我常常会骤然醒来，涌入脑海的是与提纲有关的鲜明的例子、恰当的词句和新鲜的思想。我把纸墨放在手边，便于捕捉这些倏忽即逝的思想，以免被淡忘。这种作用对我来说又可靠又经常，我还以为人人都是如此。但事实证明不然。”[③]坎农所说的“当我准备演讲的时候，我就先想好讲哪几点，写一个粗略的提纲”，已经包括了交际目的、积累准备、初步提纲或语结。“在这以后的几夜中，我常常会骤然醒来，涌入脑海的是与提纲有关的鲜明的例子、恰当的词句和新鲜的思想”；“骤然醒来”“涌入脑海”无疑是顿悟；“与提纲有关的鲜明的例子、恰当的词句和新鲜的思想”是顿悟的结果，也是语结。另外，“我把纸墨放在手边，便于捕捉这些倏忽即逝的思想，以免被淡忘”。坎农捕捉、记下的包含其思想的正是语结。这一经验也符合思想、语结的特点：非线性，高速度，倏忽即逝，因而“把纸墨放在手边”“便于捕捉”“以免被淡忘”。这种情况记录下来的也必然是简洁凝练的语结。此外，坎农还说及：“这种作用对我来说又可靠又经常，我还以为人人都是如此。但事实证明不然。”这一说法有局限，事实上，顿悟和语结作用这一经验并不是个人独有的，而具有一定的广义性。坎农只是很有意识地去做，善于运用顿悟和语结，对他个人来说是“又可靠又经常”。事实上，普通人偶尔也会有这

---

① 童庆炳：《艺术创作与审美心理》，百花文艺出版社 1992 年版，第 78 页。
② 苏霍金：《艺术与科学》，生活·读书·新知三联书店 1986 年版，第 268 页。
③ W. I. B. 贝弗里奇：《科学研究的艺术》，科学出版社 1981 年版，第 76 页。

样的经验:突然明白、顿悟,为了避免遗忘,迅速笔录下包含了顿悟思想的简单语结。笔者在写作本书的时候,也常常出现各种想法,有的想法出现在考虑本书的显意识里,有的出现在并不考虑本书的时候,可以说是在潜意识里。无论出现在什么时候,笔者都会尽量把这些想法哪怕是潦草地记录下来,随后再加以整理,记下的无疑就是语结,过程中无疑存在顿悟。当然,虽然顿悟具有广义性,但是顿悟也是有层次的,语结也是有层次的,不同人获得的顿悟和语结层次不同。无论如何,加强顿悟、语结的训练都是有必要和有价值的,应该学习坎农和上述科学家、艺术家、作者,自觉、有意识地运用顿悟和语结。

(二)联系

联系和归纳与顿悟有关。通过收集材料以及用归纳法来研究材料,可能会产生顿悟,发现材料中的联系。

2003 年 4 月 5 日笔者在关于“中外语言文化融合的条件和空间”的讨论中,临时记下几个语结作为现场发言的基础:

语　结	语　篇
差异、个性——外在,发现易; 融合、共性——内在,发现难。 例: 我和 Hellen, 米粉和粥。 例: 《刮痧》和《大腕》	在中西语言文化的交流中,差异之所以被特别强调,除了社会、历史、政治、心理等方面的原因以外,似乎还有一个存在方式的原因。总的来说,差异、个性、特点比较外在,容易被发现注意,而融合、共性、普遍性则相对比较内在,它们分散存在于差异、个性、特点中。有一段时间我常常和一位美国教师 Hellen 在学校食堂不期而遇,聚在一起吃饭,她总是喝紫米粥,我总是吃桂林米粉,完全不同。由此推开,就像我们常常听到的,一个中国人和一个美国人在生活习惯、风俗、语言、文化、心理、社会制度、价值观等等方面大大不同。直到有一天,Hellen 对我说,她在家乡常常喝一种很像紫米粥的粥,我愣了一下,对 Hellen 说,我在家乡常常吃一种很像桂林米粉的粉。这说明,一方面我们都深受各自饮食习惯的影响,另一方面,我们都远离家乡,通过食物都在思念故土。一些电影比如《刮痧》《大腕》,刚开始差异不断表现浮出,矛盾冲突不断激化,但是深入沟通找到共同点以后,也就达到了理解、融合。就中西语言文化来说,差异不可避免,但是高层次上存在融合的可能。

“我和 Hellen,米粉和粥”看上去互不相关,笔者偶然意识到它们之间内在的联系,于是又将“我和 Hellen,米粉和粥”与“中外语言文化的差异和融合”联系起来,由此得出有关差异和融合的论述。另外比如“水、泥沙、鱼”,表面互不相关,但是找到内部联系,就会得出“相濡以沫”、“水至清则无鱼,人至察则无德”等语结和见解。W. I. B. 贝弗里奇论及:“独创性常常在于发现两个或两个以上研究对象或设想之间的联系或相似点,而原来以为这些对象或设

想彼此没有关系。”①“两个或两个以上研究对象或设想”就是收集所得，不过“原来以为这些对象或设想彼此没有关系”，但是通过归纳、顿悟，在原以为没有关系的两个或两个以上研究对象或设想之间发现联系或相似点，从而能够获得独创性。联系和创新的关系体现于此。

的确，大自然看上去是杂乱无章的，似乎人们无法了解它的“想法”，无法探索它的规律。确实，它不情愿暴露自己的秘密。然而，尽管它很狡猾，但并没有恶意。因此充满好奇心的联系总能透过事件外部的巧妙交叉(这就是其狡猾之处)揭示出它的秩序、法则和规则。

但问题还不单单在于联系并发现其“巧妙交叉”。理论可以包含很广泛的一个现象层，同时结构可以非常庞大、复杂，包括大量的原理、规律或定理，大量的原始概念。所以人们把简洁作为一个真正有效的普遍理论的必不可少的属性。简洁，就是使用最少的记号来表达一定知识的总和。实际上事情就是这样：被说明的事件、现象，或者被转述的内容等越深刻、意义越深远，而为了说出它们的意义，表述就可能越简洁。因此人们常说，简洁是天才的姐妹。同时不少人说过，要做到言简意赅，无论在科学中，还是在艺术或其他事业中，都是不容易的。要想用不多的话说明很丰富的内容，需要花费劳动，简洁并不是“简单”。例如有人说：“我要写得很多，因为没有时间。”也就是没有时间好好想想，没有时间去掉无用的废话，使文章更加简明。实际上，真理是简洁的，又是充满内涵的，被纷繁的表象所包围的。追求简洁的实质是严格要求自己突破纷繁的表象，去发现真理。复杂得说不清楚可能是没想清楚，这个认识过程在所难免，但是终究要想清楚、说清楚，简洁明了。

意义深远和言辞简洁之间的结合，可以唤起美感。前苏联科学家、科学院院士格涅坚科写道：“如果能从少量的条件得出涉及广泛对象的普遍性理论，这种结果可以认为是美。”②

语结具有简洁凝练和全息发展的特点，换句话说就是言辞简洁而意义深远。于根元先生说：“有时候思考回答问题，有人长篇大论说了那么多，我听不出什么名堂来，我说，你概括一下说一句话，结果说不出来；有人写了一篇大论文，我说，你用五百字概括一下你的见解，结果写不出来。这叫做杂乱无章，没有什么内容。应该是叫你说一句话就是一句话，说五百字就是五百字，说一万字就是一万字，说一个月就是一个月。我们谈一百多年中国语言应用的历史，有一个总线索，就是一句话：应用语言学苦苦寻求与本体语言学高层次的结合，在寻求的道路上摇摇摆摆地前进。这仍然可以分层次慢慢说，可以说一句话，可以说 16 个学时，可以说 34 学时，再多也可以。一句话、几句话，相当于一个种子，可以长出一棵大树，也可以长出一片森林，但是最基本的种子要搞清楚。”③

刘熙载的《艺概·经义概》中有这样的论述：“凡作一篇文，其用意俱要可以一言蔽文。扩之则为千万言，约之则为一言，所谓主脑是也……主脑既得，则制动以静，制烦以简，一线到底，百变不离其中。”所谓“一言”“主脑”，比如“应用语言学苦苦寻求与本体语言学高层次

---

① W. I. B. 贝弗里奇：《科学研究的艺术》，科学出版社 1981 年版，第 58 页。

② 苏霍金：《艺术与科学》，生活·读书·新知三联书店 1986 年版，第 186 页。

③ 2003 年 10 月采访于根元教授时记录的内容，于北京广播学院。

的结合，在寻求的道路上摇摇摆摆地前进”即核心语结、种子。

因此，通过联系发现事物之间的“巧妙交叉”，用简洁的语言表现出意义深远的含义，发展出宏美的篇章，这是语结的不懈追求，还可以获得充满美感的艺术享受。

（三）重组

巴特菲尔德（H. Butterfield）教授指出：“思维活动中最困难的是重新编排整理一组熟悉的资料，从不同的角度看待它，并且摆脱当时流行的理论。”[①]“重新编排整理一组熟悉的资料，从不同的角度看待它”，这句话可以简缩为“旧要素，新组合”，资料还是那些资料，但是通过不同的组合方式，以不同的视角切入，得到的效果是完全不同的。当然，“摆脱当时流行的理论”并不容易，思想的自我限制、外界限制都是阻力。“旧要素，新组合”还是广告创意中的一条法则，广告通过求新、求变来吸引消费者注意，有品位、有市场的新奇创意更是让人期待。就曾经享有盛誉的《立邦漆——小屁股》广告创意，笔者曾经和著名广告人路盛章探讨过“旧要素，新组合”的问题：

於：以前看过《立邦漆——草原小屋版》，美丽的景致和画面很好地表现了“处处放光彩”这句广告语，给人印象很深。您的这版在不同肤色的孩子屁股上刷五颜六色的立邦漆，对“处处放光彩”做了另外一种诠释，给人的印象也很深。从创意上来说，把很多人用过的东西用出新意来，这一点似乎很关键。

路：是的，美国著名的广告大师詹姆士·韦伯杨把它叫做：旧要素，新组合。同样的一条鱼一棵白菜，各地有各地的做法，你做你的，我做我的，关键就在创意点上。同样的一张图片，婴儿用品用过，房地产广告用过，不能拿来就用，要考虑怎么用才能和别人区别开，不仅要和自己的产品联系起来，而且还要有新意，怎么用才能用得比别人巧、比别人好，那才是真棒。广告创意中有一个3B原则：“Baby（孩子），Beauty（美女），Beast（野兽、动物）。”现在广告中美女那么多，有谁用得与众不同用得巧？我看大家都用美女，你不用，这才是创意。我们做的立邦广告，灵魂就在那些可爱的小孩儿的嫩屁股上，那么美，再加点美丽的油漆色彩岂不更美。的确，其他广告也用过这张孩子的图片，但是从来没有人在小孩屁股上刷过油漆，只我做了，这就是旧要素，新组合。[②]

如同路盛章先生所说，3B原则中的“Baby”原则，也就是用可爱的小孩子来做广告创意，这种想法、用法很多人都有过、用过，再想、再用并不稀罕。但是，在可爱的孩子屁股上刷美丽多彩的油漆，这种想法、做法没有过，特别引人注目，而且还隐含该油漆相当环保，连娇嫩

---

① W. I. B. 贝弗里奇：《科学研究的艺术》，科学出版社1981年版，第110页。

② 於春主编：《处处放光彩——成功广告语访谈录》，中国经济出版社2003年版，第26、27页。

的孩子屁股都不受刺激。孩子屁股和刷油漆都是旧要素，但是从不同的角度切入：在孩子屁股上刷油漆！这就是新组合。如果追溯这个广告创意的核心语结，无疑是“处处放光彩”，表述核心语结的就是“在可爱的孩子屁股上刷美丽的油漆”。

通过“旧要素，新组合”来超越流行的理论或思考方式是一方面，通过重组资料来超越自己的想法又是另一方面。

俄罗斯诗人叶塞宁的长诗《安娜·斯涅金娜》中，起初诗人叙述自己的早期生活，当时他年轻、幼稚，正在热恋。安娜对于他坦率的表白，只是温柔地回答了一声“不”。于是就产生了以下的诗句：

在久远的可爱的岁月。
一张面孔在我心中并未消失。
在当时的岁月，
我们热爱过一切，
但很少有谁爱过我们。

结尾，诗人又回到青年时代的那些岁月，重新提起那件事，却不是前面那种写法了：

在当时的岁月，
我们热爱过一切，
但是，这就意味着，
我们也得到了爱。[①]

完全是另一种结局，而且这种结局就如同开头一样的合理。这是因为作者已经站在了新的立场上，站在一个历经沧桑、在生活经验中聪明起来并且经历过爱情的人的立场上，对过去发生的事件有了新的解释。通过重组，特别是通过重新认识，同一事实就得到了完全不同的新的解释。

(四)选择

创造的全部苦衷和困难都归结于能否对各种可能进行筛选。具体地说，天才问题就是一般说的选择问题。科学家和艺术家都是通过浩瀚的方案之海走向唯一的答案的。而在这一切的后面——是巨大的、吞噬一切的劳动。这也说明天才就是数量问题：草稿、校样、实验的数量，最后是时间的长短和创作的紧张程度。关于这个问题，卡塔尔夫是这样说的：“天才应该能够约束自己，而主要的是善于选择。选择——这是诗的灵魂。”著名的俄罗斯诗人和剧作家阿·托尔斯泰认为：一个中等诗人也能写出好的诗句，但最困难的是消灭诗中的败

① 苏霍金：《艺术与科学》，生活·读书·新知三联书店 1986 年版，第 70 页。

笔。有这样一句名言:雕塑杰作就是一块去掉了多余部分的石头。这些都是选择。选择时刻是创造的关键阶段,或者说是最关键的阶段。不仅对科学和艺术来说是这样,一般地说,对于任何决策都是如此。“必须指出,创作是由两个阶段组成,这样的方式是很好的。好就好在可以不顾及任何权威的情况下去勇敢地探索方案、幻想、创造。然后再遵循严格的标准进行筛选。在选择的同时再进行创造。”①

语结的孕育同样时时处于选择之中,查找选出的大量资料,研究过程中的进一步取舍,根据交际意图或目的选择确定话题、语言计划、语结。选择的后面“是巨大的、吞噬一切的劳动”。当然,选择的面要尽可能地宽广,但是也不能因为宽广而深陷其中。比较和选择是相伴的,比较的水平很重要,高水平的比较得到高水平的选择。刚开始也许可供比较和选择的材料还不够多,比较和选择的效率还比较低,积累的素材和经验多了会有帮助。有的人比较、选择、判断准而快,常常被人称为“反应快”,其实可能是见多识广并常常总结、思考。

(五)哲理性

钱学森在《科学的艺术与艺术的科学》一书中说:“对于文艺的创作和文艺的欣赏,分层次这一点要强调。到底大概要分几个层次?‘下里巴人’‘阳春白雪’,是否就这两个层次?我作为业余爱好者觉得不止两个层次,还有一个最高层次,即表达哲理性世界观的层次。属于这一层次的文艺作品的美感在于它与你的世界观合拍,你就感到好、感到美。这在文学艺术中有不少例子。如唐代大诗人李白在生命最后一年写的一首长诗《下途归石门旧居》中,总结了他的一生,说他如何看当时的世界,其中有‘如今了然识安在’。这就表达了他的感情,实际上也表达了他的哲理。再说宋朝女诗人李清照的《夏日绝句》:‘生当作人杰,死亦为鬼雄,至今思项羽,不肯过江东。’这四句就是李清照的人生观、宇宙观。音乐的哲理性更明显。勃拉姆斯的四首庄严歌曲就富有哲理性。贝多芬的第九交响乐宣扬的是他的理想——世界大同,这也完全是哲理性的。可见,文艺有一个最高的层次即哲理性的层次。”②钱学森指出,文艺的创作和文艺的欣赏,除了“下里巴人”和“阳春白雪”两个层次以外,还有一个最高的层次:表达哲理性世界观的层次。他列举了李白和李清照的诗词以及勃拉姆斯和贝多芬的音乐作品为例子,说明这些作品反映了作者的人生观、世界观、宇宙观,达到了表达哲理性的层次。语结孕育也要追求哲理性层次。

上述论及,语结孕育表面看是语言问题,深层次是对世界、事物的认识问题,是思维和认知的统一,是世界观、人生观、宇宙观的结合与投射。语结的孕育既要从语言上看待和把握,又要从思维、认知、知识水平包括世界观、人生观、宇宙观上来看待和把握。为了将意图转化为信息,制订恰当到位的语言计划,孕育出高水平、高层次的语结,需要在世界观、人生观、宇

---

① 苏霍金:《艺术与科学》,生活·读书·新知三联书店 1986 年版,第 18 页。

② 钱学森:《科学的艺术与艺术的科学》,人民文学出版社 1994 年版,第 152 页。

宙观的结合和指导下，做大量的资料收集工作，需要一般研究方法包括比较、定量分析、定性分析、归纳法、演绎法等，也需要顿悟、联系、选择、重组，直至达到哲理性的层次。世界观、人生观、宇宙观和一般研究方法包括比较、定量分析、定性分析、归纳法、演绎法等以及顿悟、联系、选择、重组、哲理性的层次，它们是不可分割的统一整体，在语结孕育的过程中相互作用、共同推进。

要想真正把握事物，特别是复杂事物的整体，得到对它全面、正确、本质的认识，就只有运用唯物辩证法和现代科学技术体系的知识，甚至包括许多还不成其为科学的点滴感受和经验，才能科学地研究和反映客观事物的全貌。跨度越大，创新程度越大。而障碍是人们习惯中的部门分割、分隔、打不通。总揽全局、洞察关系、突破障碍，能够做到大跨度地触类旁通，完成创新。

语结的孕育同样需要综合运用各种研究方法去认识事物、认识世界，需要"集大成，得智慧"①。

第三节　精炼选题和要点

一、选题的获得

《文心雕龙》第三十二章《熔裁》论："精论要语，极略之体；游心窜句，极繁之体；谓繁与略，随分所好。引而申之，则两句敷为一章；约以贯之，则一章删为两句。思赡者善敷，才核者善删，善删者字去意留，善敷者辞殊而意显。字删而意缺，则短乏而非核；辞敷而言重，则芜秽而非赡。"这段话的大概意思是：议论精当，语言扼要，是极简练的风格；思想奔放，字句铺张，是极繁复的风格；繁复或简练，适应不同的爱好和风格。加以引申，那么两句可以扩充成一章；加以简化，那么一章可以简化成两句。文思丰富的善于扩充，才思简练的善于简化。善于简化的人减少了文字并没有减少意思，善于扩充的人增加了文辞则用意更加明显。要是简化了而意思残缺不全，那是短缺而不是核要；要是扩充了而语言重复，那是芜杂而不是丰富。语结和语篇的关系正是这样，引而申之，那么两句话可以扩为一篇文章；约而简之，那么一篇文章可以化为两句话。有时候可以说得很少，少到一两个字一两句话，例如：

> 这部作品的题目叫《活着》，作为一个词语，"活着"在我们中国的语言里充满了力量，它的力量不是来自于喊叫，也不是来自于进攻，而是忍受，去忍受生命赋予我们的责任，去忍受现实给予我们的幸福和苦难、无聊和平庸。作为一部作品，《活着》讲述了一个人和他的命运之间的友情，这是最为感人的友情，因为他们互相感

① 钱学森：《科学的艺术与艺术的科学》，人民文学出版社 1994 年版，第 152 页。

激，同时也互相仇恨；他们谁也无法抛弃对方，同时谁也没有理由抱怨对方。他们活着时一起走在尘土飞扬的道路上，死去时又一起化作雨水和泥土。与此同时，《活着》还讲述了人如何去承受巨大的苦难，就像中国的一句成语：千钧一发。让一根头发去承受三万斤的重压，它没有断。我相信，《活着》还讲述了眼泪的广阔和丰富；讲述了绝望的不存在；讲述了人是为了活着本身而活着，而不是为了活着之外的任何事物而活着。当然，《活着》也讲述了我们中国人这几十年是如何熬过来。我知道，《活着》所讲述的远不止这些。文学就是这样，它讲述了作家意识到的事物，同时也讲述了作家所没有意识到的，读者就是这时候站出来发言的。[①]

余华的小说《活着》，标题两个字可以说明，也可以展开为 430 字的韩文版自序，再继续展开就成了 12 万字的小说。反过来情况也是如此。正所谓"引而申之，则两句敷为一章；约以贯之，则一章删为两句。"当然，简洁不是语义残缺，扩充也不是没话硬抻，语篇有分层次展开的，也有充而用之。

标题往往是具有核心作用的语结。看文章，先看标题。如果标题这个大语结都不行，那么怎么展开都一定糟糕。白岩松所著《痛并快乐着》中提到："开始动笔写这本书的时候，我想过很多名字，但突然某一天起，'痛并快乐着'这 5 个字就在我的脑海里固执地停留，挥之不去。同时非常奇怪的是，真是应了'名不正言不顺' 这句老话，自从我默认了这 5 个字书名以后，手中的笔开始顺畅，我明白：这 5 个字正是我手下文字的首领，它们快乐地相遇了。"[②]"痛并快乐着"正是该书的核心选题，它折射出作者工作生涯中的甘苦感受，在核心选题的率领下，全书展开。

笔者也有语结孕育和应用的亲身感受。2002 年 7 月，我为中央电视台二套经济频道《劳动就业》栏目下的一个子栏目"就业话题"制作节目。"就业话题"是评述性子栏目，每期 10 分钟，要求发现就业问题，分析就业现象，结合就业形势，配合国家就业政策等进行评述。

对栏目有一定了解后，我开始选题，反复考虑生活中有哪些就业现象、就业问题具有新闻价值，值得并可能做成电视节目。反复考虑中，我想起以前采访过一位经理人王东雷，他工作十年主动换了十种不同的职业。又想起以前采访过的一位音乐人杨海潮，他创作过《干杯，朋友》《月牙泉》等脍炙人口的歌曲，从 1992 年入行到 2002 年，坎坎坷坷从事音乐工作也十年了。我又想起最近帮自己铺木地板的一位工头张兆平，张师傅技术好，心地很善良，从农村出来以后，慢慢带起了一支自己的施工队伍。这三个人之所以让我想起来，主要是他们给我的印象很深，王东雷工作十年主动换了十种不同的职业，并不多见；杨海潮创作过《干杯，朋友》《月牙泉》，有广泛影响；张兆平师傅从农村来到城市，技术好，心地善良，有事业眼光。考虑完三个人各自给我印象很深的特点以后，又想：他们有什么共同点呢？突然，我的

---

① 余华：《活着》韩文版自序，南海出版公司 2003 年版。

② 白岩松：《痛并快乐着》，华艺出版社 2000 年版，第 6 页。

脑海中蹦出一个词“十年”，是的，他们都工作了十年，王东雷在商业领域工作了十年，杨海潮在艺术文化领域工作了十年，张兆平从农村来到城市，打工十年。他们不仅都有十年的从业经历，而且代表了三个不同的领域，他们可以说是三个领域十年发展的缩影。那么，国家的十年有什么发展呢？从2002年倒回十年前的1992年，我的第一个感觉就是“小平南巡”，接着就是更进一步地解放思想，国家提出建设“有中国特色的社会主义市场经济”。也就是说，“社会主义市场经济”从概念提出到2002，也已经10年了。有目共睹，“社会主义市场经济”提出后的10年中，我们国家加快经济步伐，有了很大的进步和发展。商业领域、艺术文化领域、农村和城市必然和“社会主义市场经济”有极大关系。找到了“从业十年”和“王东雷”“杨海潮”“张兆平”以及“商业领域”“艺术文化领域”“从农村来到城市打工”“社会主义市场经济”“国家发展”这些语结以后，我非常高兴，它们既有代表性，又有特点和共同点，既有个案事实的微观层面，又有领域和国家的宏观层面。特别是找到“从业十年”这个核心语结，我感到这个节目有了很强凝聚力，可以“一线贯穿”“一言以蔽之”。

于是我确定并申报了“从业十年”这个选题，在得到制片人的认可和支持后，我采访了王东雷、杨海潮、张兆平，他们谈到了自己从业十年的经历、故事、感受、经验。我又采访了中国社会科学院人口与劳动经济研究所所长蔡昉博士，他是国内著名的劳动就业、人口研究、经济方面的专家，当我将三个领域代表人物的十年从业概要告诉蔡博士以后，他对他们的经历、情况分别作了分析，尤其重要的是，蔡博士提到，“社会主义市场经济”提出后，“社会主义劳动力市场”这一概念也开始提出，社会主义劳动力市场的发展迄今也十年了。“社会主义劳动力市场十年发展”这一个语结非常关键，首先，有了“社会主义劳动力市场十年发展”，我可以在个案事实和领域、国家之间，在微观层面和宏观层面之间，建立起一个中观层面，可以避免微观、宏观之间的差距，避免陷入三个人物的个案事实，避免在时间有限的节目中使宏观拔高、落空。第二，“社会主义劳动力市场十年发展”这一层面和《劳动就业》栏目、“就业话题”子栏目密切相关，结合进来，可以实现栏目要求的：发现就业问题，分析就业现象，结合就业形势，配合国家就业政策来进行评述。这些涉及了对语境的考虑。

选题、采访、考察语境以后，根据孕育出来的语结，我得出这样三条线索、一个图式：

从业十年

第一条线索(微观层面)：“王东雷”“杨海潮”“张兆平”。

第二条线索(中观层面)：“社会主义劳动力市场”。

第三条线索(宏观层面)：“商业领域”“艺术文化领域”“从农村来到城市打工”“社会主义市场经济”“国家十年发展”。

由于是评述类节目，“叙事”“说理”必不可少，此外，我还准备在合适的地方“动情”。首先，所谓“艺术即情感”，要想做出高质量的节目，仅仅“叙事”“说理”是不够的，必须“动情”。

第二，要让观众注意尤其是印象深刻，必须动情，要有回想和余韵。第三，采访中我的确感动了，我希望将自己的感动分享给更多人。特别是张兆平师傅，他工作很辛苦，收入也有限，他的住处不过是和工人们一起的棚户，可就是张师傅，这个被施工公司多次拖欠工钱的打工者，这个两腿一粗一细患有小儿麻痹的残疾人，这个见了警察就躲、生怕暂住证被撕掉的外地人，每年为北京市民义务献血好几次。因此，“叙事”“讲理”“动情”是我在节目中所希望和追求的。这个节目的“事理情结合”可以表示为：

事：“王东雷”“杨海潮”“张兆平”。

理：“社会主义劳动力市场”“商业领域”“艺术文化领域”

“从农村来到城市打工”“社会主义市场经济”“国家十年发展”。

情：王东雷“母亲与孩子”，张兆平“义务献血”，杨海潮“喜欢北京”。

上述三条线索、“事理情结合”是通过上、下两期节目共20分钟来实现的，它们的详细语结、提纲为：

从业十年(上)——成长

(主持人开场串词)十年，对于历史来说不过是一闪而过的瞬间，但是对于一个国家或者一个个体而言，十年却足以产生巨大的变化。十年前，我国明确提出“改革劳动制度，发展劳动力市场”，在国家宏观调控的基础上，劳动力资源由原来的政府计划配置向市场配置过渡。本期《就业话题》，我们将关注三位来自不同行业的劳动者他们十年的从业经历以及劳动力市场十年的成长发育。

一、三位简介：

1. 张兆平，当前状态、年龄、职业、特征，从业十年。

王东雷，当前状态、年龄、职业、特征，从业十年。

杨海潮，当前状态、年龄、职业、特征，从业十年。

2. 由张兆平、王东雷、杨海潮以及众多的劳动者从业的十年联系社会主义劳动力市场发展的十年。

二、张兆平

1. 十年经历(从农村到城市)。

2. 蔡昉博士：接下来就面临着一个大规模的劳动力从农村农业向非农产业的转移，从农村向城市的转移，谁也回避不了，必须从政策上、制度上，还有市场发育上、政府指导方面、人们的观念等等去适应。

三、王东雷

1. 十年经历(十年经历十种职业，商业领域)。

2. 蔡昉博士：在市场经济、劳动力市场发育成熟的国家，人们都在换工作。换工作其实个人是有所得的，不断发现我的真实能力和兴趣，可以干得更好，成就个人事业；从雇主来说，在流动中，才能发现真正适合这个岗位的工人，而使生产率最高。

四、杨海潮

1. 十年经历(坎坷音乐路，艺术文化领域)。

2. 蔡昉博士：十年就业现象，其实是劳动力市场发育到一个阶段生动的体现。

市场经济意味着劳动力市场发育，劳动力市场发育意味着劳动力的流动，劳动力的流动意味着人们的能力得到充分的体现。

从业十年(下)——飞翔

(主持人开场串词)观众朋友，上一期的《就业话题》我们一同关注了三位来自不同行业的劳动者十年的从业经历以及劳动力市场十年的成长发育。十年过去，我国的劳动力资源基本实现了宏观调控下的市场配置，与此同时，融入劳动力市场的人们也在迎接挑战和把握机遇中更加坚强、成熟。今天的《就业话题》，请继续关注《从业十年》下集：飞翔。

一、竞争

1. 杨海潮：竞争不就是你写出更好的作品。

2. 张兆平：不管什么行业还是竞争好，你不竞争他就没有上进心呀。

3. 王东雷：要生存就要适应竞争，不光要适应，最好还要把握这种竞争，否则会被淘汰。

4. 蔡昉博士：竞争。根据劳动力市场瞬息变化的需求，不断调整人力资本结构，提高人力资本。培训和再教育非常重要。

二、学习

1. 张兆平：招投标，培训，学习。

蔡昉博士：一个基本趋势，农村的青年向城市转移向非农产业转移。提高教育水平。

2. 杨海潮：朋友从国外带回音乐资料，采风，学习。

王东雷：十年干了十种职业，在完全不同的行业里，学习更加重要。

蔡昉博士：从制度给机会，到人际关系给机会，最后完全是靠个人的人力资本得到机会，是市场发育的一个过程，市场发育的不同阶段。到能力真正得到充分体现的时候，劳动力市场就比较完善了。

三、情感

1. 王东雷

比喻：母亲——食物——孩子，国家——政策——个人。

2. 张兆平

义务献血。虽然不是北京人，但已将血液融入这个城市发展的脉动里。

3. 杨海潮

《月牙泉》获得第九届中国歌曲排行榜最佳作词奖。越来越喜欢北京。

四、结语

（字幕）我们的十年

劳动力市场的十年

社会主义市场经济的十年

祖国的十年

（由于篇幅所限，节目语篇略。）

二、要点的提炼

凤凰卫视《有报天天读》每天选取两岸四地以及世界各大报纸的重大新闻，主持人用个性化的语言将这些新闻转述出来并加以点评。《有报天天读》栏目中有一个板块《天天题词》，主持人转述评论完一天的新闻以后，会用简单的几个字词来做总结题词。2003 年 4 月 23 日播出的《有报天天读》，主持人转述评论的新闻有这样一些：

香港《文汇报》"中华民族处于危难时刻"

《大公报》"凸显防疫的重要，国人寄予厚望，铁娘子吴仪执掌卫生部"

英国的《泰晤士报》"SARS 患者身上没有病原体，英国医生感到头痛"

香港的《经济日报》"疫潮蔓延中西部，贫困地区忧失控"，

香港的《明报》"超过十个国家禁止中国公民入境"

《文汇报》"世界卫生组织正在重估对华旅游警告"

《华盛顿邮报》"中国的切尔诺贝力"

《星岛日报》"北京可能在五月份爆发第二波的 SARS 疫潮"

香港的《文汇报》"京城停课表明 SARS 疫情并未受到有效控制"

《明报》"京大学拒逃疫者返校"

《文汇报》"人事大调整震慑官僚"

《明报》"政治局开两会，严防疫情乱大局"

《联合报》"世界卫生组织称大陆港澳台官员明天一起开会研商两岸四地共同对策"

《每日电讯报》"SARS 疫情引起加拿大多伦多种族歧视"

《中国时报》"台湾台北市和平医院出现了医护人员集体感染"

《大公报》"深圳到目前为止，医护人员零感染"

《南洋商报》"马来西亚槟城首位 SARS 患者不治,留医 23 天病情恶化"
《东方日报》"医护人员感染再暴升,有 331 个人中招"
《信报》"记者问下台,董建华转身离去"
《明报》"李嘉诚增持东方海外的股权"
《大公报》报道,"中央明令禁发非典不义财"
《联合早报》"SARS 凸显共同利害"

转述和点评完上述新闻的主要内容以后,主持人杨锦麟说了一段话:

《天天题词》我想把焦点放在中国政府大手笔、果断地采取一些坚决的措施来处理疫情的蔓延以及因此带来的一些负面影响;吴仪出任卫生部长,这是一个新的举措;然后各省市各地区的高度重视也引起我们刮目相看。那么这里引用温家宝总理当年在领导抗洪救灾时说的四个字,什么字呢?"严防死守"。所以我们今天题词就一个字:"严",严防死守的严,严加管理的严,对那些不负责任的官员严格采取措施的严。严格管理,从严治国。这是我们今天的读报内容。《有报天天读》,明天同一时间再见。

从众多内容最后提炼出一个"严"字,"严"是对前面新闻内容的一个提炼、总结和评论,并且经由这个"严"字,主持人发展出上面这段即兴语篇。

这期节目播出后一星期,2003 年 4 月 30 日《有报天天读》读的新闻为:

《东方日报》"温家宝挺港抗炎"
《香港商报》"中央务实面对疫情大考"
《文汇报》"温家宝:中国敢于面对现实"
"中国重视非典问题,派庞大代表团参会"
《南洋商报》"扩大国际抗炎合作"
《联合早报》"亚细安中国同意,抗炎不关闭边界"
《明报》"压力很大,夜半流泪"(温家宝)
《联合报》"温家宝:我压力很大,你们理解吗?"
《信报》"团长多礼,接见团员;非典肆虐,商机浮现"
《联合早报》"北京遭'隔离'(内政外交危机)"
《联合早报》"不能小看'低级政治'"
《大公报》"各界纷助北京抗炎魔"
《经济日报》"防治 SARS 的成本分析"
《东方日报》"救受困港人,政府决策略见果断"
日本《朝日新闻》"SARS 对日本企业产生冲击"

韩国《中央日报》“韩国出现首宗 SARS 个案”
台湾《中国日报》“北京出现划地自保”
“同一疫情下，港人理性台人激动”
台湾《联合报》“集体歇斯底里是一种病”

主持人转述和点评完上述新闻的主要内容以后，节目播出了温家宝总理在东盟峰会上说的一段话：

我这次来，就是敢于面对现实，面对世界。请相信中国政府、中国人民，本着坦诚、负责、信任、合作的精神，和东盟各国交流防治 SARS 的经验。

接下来，主持人杨锦麟《天天题词》写了一个“敢”字，同时说：

“敢”，勇敢的“敢”，温家宝总理不断重复的“敢于面对”“勇于面对”，中国人要敢于面对批评，勇于面对批评，敢于面对现在困难的事实，敢于战胜病魔和困难的挑战，苦战能过关。这就是今天点题一个字“敢”，敢于面对困难，敢于迎接挑战。

从前面的读报内容到温总理的讲话，主持人最后归结为一个字：“敢”，这是对前面新闻内容的一个总结、提炼、评论，是主持人情感的抒发，并且，经由这个“敢”字，发展出上面那段即兴语篇，对一天的新闻作总结、评论。

杨澜采访查良镛(金庸)时，有这样一个过程：

这些文字资料，我(指杨澜本人，本书作者注)足足读了三个晚上，从中挑出我个人认为观众会有兴趣的地方，记了满满十几张纸。再加以整理，形成了这样的采访提纲：对通俗文字的定位……他本人武侠小说中的历史眼光……澄清有关“为秦桧平反”论的说法……祖父的“侠义”精神对他的影响……他年轻时的抱负……侠义思想在中国历史演变中产生的利与弊。①

杨澜通过大量阅读与采访对象金庸相关的资料，“我足足读了三个晚上”“挑出我个人认为观众会有兴趣的地方，记了满满十几张纸”，才提炼出下面这些要点作为提纲：“对通俗文字的定位——他本人武侠小说中的历史眼光——澄清有关‘为秦桧平反’论的说法——祖父的‘侠义’精神对他的影响——他年轻时的抱负——侠义思想在中国历史演变中产生的利与弊”。这一要点而成的提纲是采访者杨澜提问的基础，也是被采访者查良镛回答的基础。

① 注：着重号由本书作者加入。此例下文中 A、B、C、D 亦同。

第六章　主持人即兴口语表达(下)

上一章中,我们介绍了查找资料的方法、内容,分析和研究素材的思想方法,选题和要点的提炼等,在本章,我们继续介绍主持人即兴口语表达过程中的其他方法。这一章中,我们继续运用语结来对主持人即兴口语进行生发、扩展。

第一节　从语结到即兴语篇的飞跃

一、从语结到提纲

语结和语篇的关系可以表述为:语结高度凝缩了语篇的基本内容、逻辑关系、情绪气氛,语篇是语结的发展。语结有不同层次,核心语结可能发展出一篇完整的文章,其他层次的语结可能发展出一个句子、一段话,核心语结展开其他层次的语结,核心语结和其他层次的语结共同构成语结网络。语篇也是有层次的,100 字一个自然段可以叫语篇,1 万字一篇完整的文章也可以叫语篇,诸多小语篇构成大语篇。

下面以埃明关于信用卡的演讲为例①,讨论从语结到语篇的发展。

埃明演讲的目标(交际意图或目的)是"我想要听众朋友们能够找到最适合他们的信用卡",这个目标是该演讲的核心语结或第一层次的语结。这时候,埃明对演讲的内容已经有了些知识、经验和想法,但是只有他完成大部分研究之后,他才可能具备足够的信息真正帮助听众做出明智决策——找到合适的信用卡。在通过多种渠道收集资料并略读以后,经初步研究,他用语结提出下列信用卡的选择标准:

利息率
便利

① 转引自鲁道夫·F.维德伯:《讲话的艺术》,中信出版社 2003 年版。

折扣
年费
回扣
机构声誉
长期旅客免费飞行里程

埃明继续研究资料，他注意到有两条资料讲到利息率和年费，三条资料都讲到类似回扣的鼓励措施，还有两条支持性不强的标准。因此，埃明删掉这两条支持性不强的衡量标准："便利"和"机构声誉"，然后再把三个鼓励措施"折扣""回扣""长期旅客免费飞行里程"归纳到一个单独标准下，用语结"优惠措施"表示。

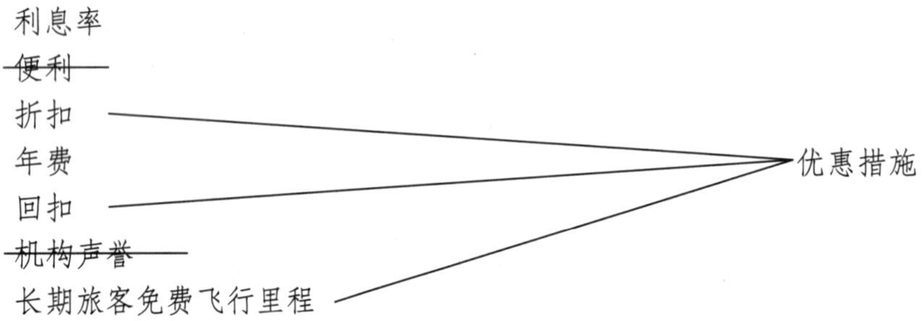

由此，埃明归纳出选择信用卡的三条衡量标准："利息率""年费""优惠措施"。这三条标准为第二层次的语结，"折扣""回扣""长期旅客免费飞行里程"是第三层次语结，从属于第二层次语结"优惠措施"。

根据"我想要听众朋友们能够找到最适合他们的信用卡"这个目标（第一层次的语结）以及三条衡量标准（第二层次的语结）："利息率""年费""优惠措施"，埃明现在能够发展出这样一个句子：

> 有三条衡量标准可以保证听众朋友们找到最适合自己的信用卡，那就是实际利率水平、年费和广告宣传的优惠措施。

正像语结不是凭空而来的一样，从语结发展到语篇也不是凭空而来、一蹴而就的。能够由语结发展出上面这个句子，关键在于：为了实现"我想要听众朋友们能够找到最适合他们的信用卡"这样一个交际意图，查找并研究了相关资料，最后得出三条衡量标准："利息率""年费""优惠措施"。有了这三条标准、三个语结，句子构成和语法相对来说是比较容易做到的。

下面继续以埃明和信用卡演讲为例，讨论语结向语篇的发展。

经过进一步查找、研究和整理资料，埃明孕育了整个演讲的语结：

初始语结	较详细的语结(第一次发展)
烦扰？	有多少人被售卖者烦扰过？
三条标准	三条标准：利率、费用、优惠措施
利率	第一条标准：检查利率
百分比	利率是多少
平均 18	• 平均 18%
高达 21	• 高达 21%
6—8	• 起点 6%—8%
浮动/固定	利率浮动或固定
变化	• 浮动变化
保持不变	• 固定不变
过渡	过渡句考虑了利率，下一条标准
年费	第二条标准：检查年费
收费变化	公司收取的年费变化很大
从无	• 有些无年费
平均 25 美元	• 多数平均 25 美元
过渡	过渡句利率、费用、权衡优惠
优惠措施——额外	第三条标准：权衡优惠措施——额外奖励
回扣	• 回扣
长期飞机乘客	• 长期飞机乘客免费里程
折扣	• 折扣
不如重要	优惠不如其他因素重要
因此，三条标准	因此，三条标准：利率、费用、优惠措施

表格左侧是埃明孕育的初始语结，它们具有简洁凝练、连贯性不强的特点，尽管如此，这些简洁凝练、连贯性不强的初始语结已经包含了演讲的基本内容和相互关系，体现出全息发展。在初始语结的基础上，经过第一次发展，得出了表格右侧比较详细的语结。接下来是这个演讲的提纲：

演讲提纲(第二次发展)
引言 1. 你们有多少人被学生会之外的信用卡出售者烦扰过？ 2. 他们使信用卡听起来好像是你所有梦想的答案，不是吗？ 3. 今天我想要与你们分享三条衡量标准，你在决定申请某个信用卡前需要仔细考虑他们。 主题句：使听众能够找到最适合他们信用卡的三条衡量标准是实际利率水平、年费和广告宣传的优惠措施。

正文

1. 找到合适信用卡的第一条衡量标准是衡量利息率。

A. 利息率是在超过到期日后公司向你卡上持有的余额收取的百分比费用。

(1)大多数信用卡持有的平均利率是 18%,大大高于普通利率。

(2)有些卡持有的平均利率高达 21%。

(3)许多公司在特别时期报出非常低的利率(6%—8%)。

B. 利息率可以是浮动的或固定的。

(1)浮动利率意味着利率按月变动。

(2)固定利率意味着利率保持不变。

(既然已经讨论过了利率,就让我们看看下一条衡量标准。)

2. 找到合适信用卡的第二条衡量标准是衡量年费。

A. 年费是公司因为给你的信贷延期而收你的费用。

B. 收费变化幅度很大。

(1)有些信用卡广告说不收年费。

(2)大多数公司的收费平均在 25 美元左右。

(在考虑了利息和费用之后,你可以权衡一下公司许诺给你的好处。)

3. 找到合适信用卡的第三条衡量标准是权衡优惠措施。

A. 从使用某个卡中所取得的优惠措施和额外奖励。

(1)有些公司许诺回扣。

(2)有些公司许诺长期旅客免费飞行里程。

(3)有些公司许诺"大范围商品"的折扣。

B. 优惠措施不如其他衡量标准重要。

结论

1. 因此,取得适合你的信用卡可能是你梦想的答案。

2. 但是千万要在实施中注意衡量利息率、年费和优惠措施。

可以看出,初始语结的第一次发展得出较详细的语结之后,经过第二次发展,得出了上面的演讲提纲,这个提纲的表述比较详细、语法比较完整、层次结构分明。

下面是由演讲提纲中的引言和第一条标准继续发展而来的语篇:

部分演讲语篇(第三次发展)

各位同学:

你们被信用卡出售者烦扰过吗?据我了解,应该有不少人被烦扰过。出售者们推销的信用卡听起来好像是你所有梦想的答案,不是吗?可是,真的是所有梦想的答案吗?事实到底是怎样的呢?今天,我要和大家分享三条衡量标准,你在决定申请某个信用卡之前需要仔细考虑。

我认为,能够使大家找到最适合自己的信用卡的标准有三条,它们是实际利率水平、年费和广告宣传的优惠措施。

首先,第一条标准就是衡量利息率。利息率是当你没有完全偿还余额并因此仍欠公司钱时公司向你收取的百分比费用。大多数信用卡持有的平均利率为18%。听到了吗?极高的18%!一般情况下,你可以以低于10%的利率获得几乎任何一种贷款。当然,如果你付清余额,那么就没有费用,但是相当一部分的信用卡持卡人付不清贷款,从而堆积了大量额外费用。和大多数信用卡18%的平均利率相比,有些卡持有的平均利率竟然达到21%,这个数字和它背后的含义是不是更可怕?当然,也有许多公司在特别时期报出非常低的利率,从6%到8%都有。所以,选择信用卡的时候一定要考察它的实际利息水平,看看它的利息率到底是多少,这条衡量标准非常重要!另外还要注意,利息率既可以浮动又可以固定。浮动利率意味着利率按月变动。固定利率意味着利率保持不变。

初始语结经过第一次发展得出较详细的语结,第二次发展出演讲提纲,上面这个语篇是第三次发展而来的。和初始语结具有的简洁凝练、连贯性不强等特点相比,这个演讲语篇表述详细、语法完整、连贯性很强,但是仍然包含了初始语结的基本内容和相互关系,发源自初始语结。

在初始语结的基础上,不同人有不同的表述,可以运用不同的个人经历、例子和例证、有趣的故事、充分的统计数据、有说服力的引用和其他形式的支持材料来充实发展,从而得出多种多样、各具特色的语篇。最初语结只需要包括进足够的基本内容和相互关系,保证能够形成观点即可。

二、从提纲到即兴语篇

在杨澜主持的《天下女人》“男人买单?”节目中,也可以看到她从提纲直至即兴语篇的应用:

男人买单①

开场:这几天很辛苦,录完相去吃饭,好吗?
　　你买单——男人。
　　细琢磨起来还真是一个有意思的话题。

Part Ⅰ
　刘仪伟:　从买单看男女关系。
　叶蓓:　　男 { 追:不看账单,还付小费。
　陈昕:　　　　追到手:留意账目。
　　　　　　　 感情稳定:埋怨收费高。
　　　　　女——嘱咐不要付小费→已经爱上。

① 本材料采集于2004年12月7日《天下女人》录制现场,征得杨澜女士同意,由杨澜女士提供。

<table>
<tr><td>
1. 你自己做，不出去吃吧？/ 怎么吃不胖？
2. 追太太时是不是每次都很主动地付钱？/ 如果是一般女士？
与一大群普通朋友出去呢？/ 如果女孩主动买单，你有何感想？
3. 杨立新：付钱也不舒服。/ 怕被人说小气？
4. 叶蓓：女人感受：如果一个男人迟迟不付钱，你会怎么看他？/小气/西化/不喜欢自己
5. 与经济实力有关吗？怎么看 AA 制/与风度有关？
6. 最烦男人怎么付钱？
A. 仔细算账 B. 争论贵了 C. 没吃完提前买单 D. 大张旗鼓
7. 陈旭谈日本 AA 制。
女孩蹭吃：①办公室振臂一呼，有人请客。
你不能去，你是男的。
②轮流付账，女的才付了 300，男的付了 3000。
地域差别，男生怎么躲(现场临时加)。
</td></tr>
<tr><td>
Part Ⅱ
AA 制进入家庭会怎么样？
其实与社会角色定位、女性择偶标准有关。
男女谁买单不单是饭桌上的问题，也会涉及家庭经济。从婚礼就开始了，传统女方的嫁妆就是媳妇未来在婆家地位的象征。现在结婚男方女方在置办上也有分工。
1. 为什么男人常买“固定资产”，女人买“可移动资产”，这与家里的话语权有没有关系？
心理层面{男人 / 女人}——不好时谁走的问题。
2. 家庭 AA 制伤不伤感情——老夫妻连公共汽车票都分来回谁付。
3. 如果反过来女人买了房子，这丈夫会有什么感受？
(那离婚时总会知道了吗)
4. 中国文化的特点是在情理之间保持模糊，在乎情，经济发展快，心理变化慢。
5. 女性地位变化，不仅能力问题，也要求地位。
(但是微妙心理上也还是希望男性买单)
6. 杨立新：说明女人虚伪，不独立，但其实没这么严重，小小的心理需求，make sure 丈夫爱自己、重视自己，还是渴望爱的肯定。
(AA 是不是还是没有安全感)
☆ 你分得这么清，不是股份公司了吗？
☆ 家庭背景负担，
避免家庭矛盾。
☆ AA 制不同情况。
男女经济状况三四千块。
☆ 中国文化：互相欠情，“你欠我一顿饭”。
☆ 随份子在日本。
☆ 中国人看重经济物质表达感情。
家庭 AA 制哈尔滨 3 成/增添情趣。
个人空间也很重要，抽支烟，买支口红，都要汇报。
过去容易制造谎言。
《东北一家人》“编，编，继续编”。
</td></tr>
<tr><td>
结论：到底 AA，还是统在一起过日子？
</td></tr>
</table>

杨澜在《天下女人》“男人买单”节目录制过程中手里握着7张卡片，卡片上记录的就是上面这个例子的语结。这些语结具有简洁凝练、形态上不大连贯、功能上的述谓性、全息性等特点，其中包括了核心语结“男人买单”，包括了其他层次的语结比如开场、结论和一、二两个部分中的主要观点、支持性材料以及一些谐趣表述，是一个比较详细、完整、系统的语结网络。从语结分类的角度来看，其中包括了议论、说明、记叙等类型语结的综合应用。这些语结一经触发就可以发展出完整的语篇，发展出一场40分钟的节目。以开场语结和语篇为例：

语　　结	语　　篇
开场： 这几天很辛苦，录完相去吃饭，好吗？ 你买单——男人。 细琢磨起来还真是一个有意思的话题。	杨　澜、杨立新：大家好。 杨　澜：欢迎您收看曲美《天下女人》。 杨立新：收看天下曲美女人。 杨　澜：什么呀？ 杨立新(曲线手势)：曲美女人嘛。 杨　澜：最近呀我有个特别深的感触，就是现在做女人真的很不容易，工作的压力都很大，因为在单位里、企业里，不会因为你是女人就降低你的工作的要求。 杨立新：何必呢？ 杨　澜：什么叫何必啊，你一点都不怜香惜玉。 杨立新：女人能顶半边天嘛。 杨　澜：女人在家里呢，还要做很多家务，还要照顾孩子等等，我最近就觉得特别辛苦。 杨立新：行，做完节目我陪你吃一顿。 杨　澜：真的吗？太好了！你买单吗？ 杨立新：我陪你吃饭，凭什么我买单呀？ 杨　澜：那你是男人啊，男人不得买单吗？ 杨立新：凭什么男人就得买单啊？ 杨　澜：凭什么男人就不买单？ (片花，转场)

上面语结和语篇的对照可以看出，语结“这几天很辛苦，录完相去吃饭，好吗？”，发展出了语篇：“最近呀我有个特别深的感触，就是现在做女人真的很不容易，工作的压力都很大，因为在单位里、企业里，不会因为你是女人就降低你的工作的要求。”“女人在家里呢，还要做很多家务，还要照顾孩子等等，我最近就觉得特别辛苦。”嘉宾主持人杨立新接过话头说：“行，做完节目我陪你吃一顿。”语结“你买单——男人”，发展出语篇：“真的吗？太好了！你买单吗？”嘉宾主持人杨立新配合、争执，引发本期节目话题“男人买单”。两个语结既点出本期话题，又带有谐趣意味。可以看出，这是经过孕育、设计的语结，简洁凝练地包含了语篇开场的基本内容和发展趋向。为了在节目中提示自己，主持人杨澜专门把它们列在卡片上，将

语结外化出来。

第一部分讨论了恋人、朋友、同事中“男人买单”和“AA制”情况以后，第二部分讨论夫妻间“男人买单”和“AA制”的问题和利弊，下面是第二部分的一些语结和语篇：

语　　结	语　　篇
Part Ⅱ AA制进入家庭会怎么样？ 其实与社会角色定位， 女性择偶标准有关。	杨　澜：大家好，您现在收看的是：曲美《天下女人》，我们今天要讲一讲谁来买单的问题。刚才我们谈了在饭桌上普通朋友之间大概还是实行AA制会比较来得简单和单纯一点，但是当AA制进入很多家庭的时候，对人们的感情会起一些什么样微妙的化学变化呢？这可能是我们这一个阶段讨论的一个话题。
男女谁买单不单是饭桌上的问题，也会涉及家庭经济。从婚礼就开始了，传统女方的嫁妆就是媳妇未来在婆家地位的象征。现在结婚男方女方在置办上也有分工。	前一阵我遇到一对老夫妻特别有意思，两个人相濡以沫过了一辈子，老头老太太实行AA制。到什么份上呢？比如说大家一块儿去公园散步吧，去的时候如果是太太买的公共汽车票，回来的时候就是老爷子买。但是这好像也没影响他们夫妻的感情，（刘仪伟：实际上呢？）实际上我也不知道，也没问人家。 陈　旭：这是极端，算起来的斤斤计较，这哪是两口子啊。
1. 为什么男人常买“固定资产”，女人买“可移动资产”，这与家里的话语权有没有关系？ 心理层面 { 男人 / 女人 ——不好时谁走的问题。	杨立新：可是在一起吃饭生活呀，总不能说这次洗被罩的钱归你，下次归我，没办法彻底分开。 杨　澜：我不知道他们在现实生活中怎么分。 刘仪伟：比如两口子一起去吃饭，男人说我收入高点，我打车去。那个女的说我舍不得花钱，我坐公共汽车。然后还分头去啊？ 杨立新：然后汽车线路还不一样，再堵点车，这饭也没法吃了。
2. 家庭AA制伤不伤感情——老夫妻连公共汽车票都分来回谁付。	杨　澜：这是一个比较极端的例子。但是现在在很多大城市里，据说那个年轻的夫妻，实行家庭AA制的都占到两成到三成了。 杨立新：我有个朋友家里实行AA制，不这么死，比如说置家的时候，男的买房子，女的把车买了，男的买了床，女的把被子买了，男的买了枕头，女的就把枕巾预备下了。 杨　澜：有点历史基础。过去传统社会里谈婚论嫁，一般男方得盖房子，女方得带嫁妆，比如被褥等等。 杨立新：但是后来我琢磨透了以后，我发现有一个规律：男人是置家。 杨　澜：男人是置办固定资产，不动窝的，女方是置办可移动的。 杨立新：后来也发现她们还留着一个后手，就是如果有一天婚姻出现一些问题的话，女方可以把车开走（笑），真是这样的。 杨　澜：你说这潜意识里是不是有这个……大多数女方买东西都是可搬动的，男人买的都是搬不动的。 叶　蓓：女的没有安全感。 杨　澜：但是要是在一个家里两人分得那么清，会不会伤感情呀？

	杨立新:确实婚姻的 AA 制是比较少见的。 刘仪伟:从法律上来讲就没有一个 AA 制。 陈　旭:法律关系上有一句话,婚姻关系存续期间所得是夫妇共有的财产。刚才说现在的家庭中实行 AA 制比较少,我觉得有些家庭它有实行 AA 制的基础,但是有些家庭可能没必要实行 AA 制。比如说相对家庭比较富裕的人,他根本没必要实行 AA 制,想花就花吧,也花不完。还有一种家庭很穷,(杨立新:那就更得同舟共济了)实行 AA 制就不大可能,因为他真的收入非常有限。

此例表格左侧,“男女谁买单不单是饭桌上的问题,也会涉及家庭经济”这个语结既是一个基本内容类语结,又是一个具有衔接过渡性质的关系类语结。它向上承接第一部分的基本内容:朋友间饭桌上的男女买单和 AA 制问题,向下启发第二部分的基本内容:家庭中的男女买单和 AA 制问题,由此发展出杨澜的开场语篇:“大家好,您现在收看的是:曲美《天下女人》,我们今天要讲一讲谁来买单的问题。刚才我们谈了在饭桌上普通朋友之间大概还是实行 AA 制会比较来得简单和单纯一点,但是当 AA 制进入很多家庭的时候,对人们的感情会起一些什么样微妙的化学变化呢？这可能是我们这一个阶段的讨论的一个话题。”在语结的具体表述上,杨澜采用设问的方式,开宗明义、直入主题、吸引注意,配合了口语传播和电视传播在一定程度上的线性特征。

“从婚礼就开始了,传统女方的嫁妆就是媳妇未来在婆家地位的象征。现在结婚男方女方在置办上也有分工。”这是一个对话类语结,杨澜和杨立新互相配合,各自说了一段话。杨立新发展出的语篇为:“我有个朋友家里实行 AA 制,不这么死,比如说置家的时候,男的买房子,女的把车买了,男的买了床,女的把被子买了,男的买了枕头,女的就把枕巾预备下了。”杨澜发展出的语篇为:“有点历史基础。过去传统社会里谈婚论嫁,一般男方得盖房子,女方得带嫁妆,比如被褥等等。”两个语篇都围绕一个共同的对话类语结展开,谈的都是传统社会里男女在结婚置办上的分工。

“为什么男人常买‘固定资产’,女人买‘可移动资产’,这与家里的话语权有没有关系”和“心理层面:男人,女人,不好时谁走的问题”,这两个语结同样是对话类语结。主持人杨立新发展出的语篇为:“但是后来我琢磨透了以后,我发现有一个规律:男人是置家。”主持人杨澜发展出的语篇为:“男人是置办固定资产,不动窝的,女方是置办可移动的。”杨立新继续说:“后来也发现她们还留着一个后手,就是如果有一天婚姻出现一些问题的话,女方可以把车开走(笑),真是这样的。”杨澜说:“你说这潜意识里是不是有这个……大多数女方买东西都是可搬动的,男人买的都是搬不动的。”嘉宾叶蓓接话:“女的没有安全感。”杨澜问:“但是要是在一个家里两人分得那么清,会不会伤感情呀?”嘉宾刘仪伟接话:“从法律上来讲就没有一个 AA 制。”嘉宾陈旭律师加入讨论,从法律的角度阐述:“法律关系上有一句话,婚姻关系存续期间所得是夫妇共有的财产。刚才说现在的家庭中实行 AA 制比较少,我觉得有些家庭它有实行 AA 制的基础,但是有些家庭可能没必要实行 AA 制。比如说相对家庭比较富裕的人,他根本没必要实行 AA 制,想花就花吧,也花不完。还有一种家庭很穷,实行 AA 制就不大可能,因为他真的收入非常有限。”比较两个对话类语结和两位主持人、三位嘉宾发展出的语篇,可以确定,现场的会话语篇都是围绕两个对话类语结展开、丰富,两个对话类语结简洁凝练地包含着现场会话语篇的基本内容。

“家庭 AA 制伤不伤感情——老夫妻连公共汽车票都分来回谁付”也是对话类语结,杨澜用语结“老夫妻连公共汽车票都分来回谁付”举例,发展出语篇:“前一阵我遇到一对老夫妻特别有意思,两个人相濡以沫过了一辈子,老头老太太实行 AA 制。到什么份上呢?比如说大家一块儿去公园散步吧,去的时候如果是太太买的公共汽车票,回来的时候就是老爷子买。但是这好像也没影响他们夫妻的感情(刘仪伟:实际上呢),实际上我也不知道,也没问人家。”这个例子引发讨论,嘉宾陈旭说:“这是极端,算起来的斤斤计较,这哪是两口子啊。”杨立新说:“可是在一起吃饭生活呀,总不能说这次洗被罩的钱归你,下次归我,没办法彻底分开。”杨澜答:“我不知道他们在现实生活中怎么分。”嘉宾刘仪伟接:“比如两口子一起去吃饭,男人说我收入高点,我打车去。那个女的说我舍不得花钱,我坐公共汽车。然后还分头去啊?”杨立新发挥:“然后汽车线路还不一样,再堵点车,这饭也没法吃了。”杨澜截住老夫妻的 AA 制话题并转向年轻夫妻的 AA 制话题:“这是一个比较极端的例子。但是现在在很多大城市里,据说那个年轻的夫妻,实行家庭 AA 制的都占到两成到三成了。”

由此例的语结和语篇的对比可以看出,语结简洁凝练地包含了语篇的基本内容、相互关系,语篇是语结的丰富、展开。需要注意的是,此例事先拟订的语结其排列顺序和实际发展出来的语篇的顺序并不一致,呈现交叉状态,这体现了语结形态上的连贯性不强、立体网状的特点,体现了用语结表达的灵活性:发展语篇时可以临时调整、即兴发挥、充而用之。

最后,主持人有一个结论,下面是结论的语结和语篇对照:

语　　结	语　　篇
结论: 　　到底 AA,还是统在一起过日子?	杨　澜:说一千道一万这个家庭是不是实行 AA 制,跟整个社会大环境和你们夫妻到底怎么样觉得舒服,生活、感情到底到了什么程度,一种双方的约定是紧密相关的。有各种多元化的选择,完全要看你自己的情况而定。但是我觉得我们这个社会在不断进步,女性的经济地位、社会地位、家庭地位也在不断提高,如果要是为了一个传统的面子,特别是为了别人的观点把任何东西强加在自己身上就完全没有必要了。所以我看还是谁乐意买就买吧。今天这个话题就讨论到这儿。不过我还没有想好,我和杨立新咱们待会儿这顿饭到底谁请谁啊? 叶　蓓:杨立新请。 刘仪伟:我觉得那个大律师请就行了,谁挣钱多谁请。 陈　旭:那我可不敢说我挣钱多,我请是可以,但我不能说我挣钱多。 杨　澜:好,让他们先去吵吧。感谢您收看这一次的曲美《天下女人》,我们下次见,谢谢!

此例中,结论语结“到底 AA,还是统在一起过日子”发展出结论语篇“说一千道一万这个家庭是不是实行 AA 制,跟整个社会大环境和你们夫妻到底怎么样觉得舒服,生活、感情到底到了什么程度,一种双方的约定是紧密相关的。有各种多元化的选择,完全要看你自己的情况而定。但是我觉得我们这个社会在不断进步,女性的经济地位、社会地位、家庭地位也在不断提高,如果要是为了一个传统的面子,特别是为了别人的观点把任何东西强加在自己身上就完全没有必要了。所以我看还是谁乐意买就买吧。”这段语篇总结了三个方面:第一,AA 制与否和社会环境、夫妻情况、双方约定有关。第二,有多元化的选择,可以根据各自情况而定。第三,社会进步,女性地位提高,不必为面子和别人的观点而强加于己,乐意就买。结论语结其实只是稍微提示了一下,但是由于有了前面许多讨论,主持人杨澜心里已经做了总结,有了这三个方面语结的考虑,只是没有将它们外化出来,这也说明语结具有隐蔽性、一般不外化的特点。

另外,我们还可以看出杨澜这期节目的图式:开场(提出话题:男人买单?)——第一部分(提出现象:恋人、朋友、同事间买单与 AA 制,两位主持人和三位嘉宾分别分析)——第二部分(提出现象:夫妻间买单与 AA 制,两位主持人和三位嘉宾分别分析)——结论(总结前面讨论)。基本上是提出问题——分析问题——表明态度和观点的方向,叙述和分析、评论相结合,观点和材料相结合。结尾重提两位主持人开场时争执的“谁买单”问题,首尾呼应,语结的表述上有一定的谐趣和陌生化效果。

第二节 与主持人即兴口语表达有关的几个积极因素

语结不是凭空而来,语结产生于孕育。语结孕育实际上是选题构思问题。由于凝练简约、全息的特点,语结及其孕育高度浓缩了收集材料、研究材料、得出观点、谋篇布局等过程。语结的发展也不是凭空而来的,发展的过程中包含了语结孕育的主要因素。语结的调整充分体现了其形态上的非线性和用语结表达的灵活性,调整尤其要重视充而用之。

以下讨论与即兴口语构思有关的几个积极因素。

一、底蕴与充而用之相结合

信息、知识、经验的积累形成底蕴,主要有两个途径:一是亲身经历,获得直接的感受和体验。鲁迅先生把这种积累称之为吃“鲜荔枝”,自己采摘的鲜活的生活之果,个中滋味,自己最能体味,也具有相当的独特性。俄国作家列夫·托尔斯泰青年时期在沙皇军队服役,为了深刻了解沙皇官兵,曾经详尽地观察、分析了许多官兵的思想、生活及其性格特征,并按其性格特征分类进行深入的综合研究,写了大量的观察笔记,获得了对沙皇时代俄国军队的深刻认识,为后来在世界名著《战争与和平》中塑造典型环境中的典型形象打下了坚实的基础。

二是从书本等途径获得的间接的经验和感受。人生有限，不可能亲身体验众多的领域，但是可以通过别人总结的经验、知识来增大自己的信息、经验和知识积累。比如，阅读他人的作品，查阅相关的资料，常常可以激发自己的创作冲动。苏洵《上欧阳内翰第一书》中自述："由是尽烧曩时所为文数百篇，取《论语》、《孟子》、《韩子》及其他圣人、贤人之文，而兀然端坐，终日以读之者，七八年矣。方其始也，入其中而惶然，博观于其外而骇然以惊。及其久也，读之益精，而其胸中豁然以明，若人之言固当然者，然犹未敢自出其言也。时既久，胸中之言日益多，不能自制，试出而书之，已而再三读之，浑浑乎觉其来易矣，然犹未敢以为是也。"[①]苏洵用亲身体会说明读书启发创作的几个阶段，刚开始"惶然""骇然"；慢慢读出精华"豁然以明"，但还是不敢自己出言；再后来，"胸中之言"多到竟然"不能自制"。巴金先生也有过类似体会："我常常说，多读别人的文章，自己的脑子就痒了，自己的手也痒了。读作品常常给我启发。"[②]中国古有"积学"之说，汉代司马迁较早注意到读万卷书对于主体创作能力养成的重要性。六朝刘勰提出"积学以储宝"的观点，强调"积学"对于艺术构思的影响。唐代韩愈等重视艺术家道德修养、学问积累，并论述了具体的学习方法。宋代黄庭坚等强调"胸有万卷书"。严羽认为积学是艺术家感兴触发的重要条件。元代方回主张"胸中贮万卷书"。明代董其昌等论画同样重视"读万卷书，行万里路"。

也有人认为，知识多了反而成为认识的锁链或包袱，比如萧伯纳的名言"读书使人迂腐"。过多的阅读滞碍思想，主要是对思想方法错误的人而言。解决这个问题的最好办法是"存疑善思"，即批评性的阅读，避免因循守旧，保持独立思考能力，力求充而用之。正如W. I. B. 贝弗里奇所说："研究人员的职责之一是跟上科学文献。但是，若要不失独创精神和观点的新鲜，阅读时必须抱批评、思考的态度。把知识仅仅当做资本投资来积累是不够的。"[③]如果用阅读来启发思想，在阅读时保持积极思考，不一定会影响自己观点的新鲜和独创精神。而研究一个问题，如果对该问题已经解决到什么程度一无所知，则是更为严重的障碍。正如培根所说："读书时不可存心咭难作者，不可尽信书上所言……而应推敲细思。"[④]思考既需要归纳与演绎相结合，又需要分析与综合相结合；既需要联系百家、从善如流，又需要自我思考、心头一动；既需要天马行空、千头万绪，又需要天马行空一绳系之以及千头万绪一心运化，核心语结凝练简约和全息的特点往往有"一绳系之""一心运化"的作用。

季羡林先生在接受采访时说："清华大学办了一个班，选的是高材生，提出要培养中西贯通、古今贯通的人才。我说，有着两个贯通还不行，还应该加一个文理贯通，三贯通，这才是21世纪的青年。"他认为，要学习中国的文艺理论，还要学习西方的文艺理论，要两条腿走路。他还特别提出要学好中国古代文论和从柏拉图、亚里士多德开始的西方文论，最好能读

① 胡经之：《中国古典美学丛编》，中华书局1980年版，第536页。
② 程世寿：《思维与写作》，新华出版社1990年版，第232页。
③ W. I. B. 贝弗里奇：《科学研究的艺术》，科学出版社1981年版，第13页。
④ 同上，第14页。

读《典论论文》、《文赋》、《文心雕龙》、《诗品》、《人间词话》，读读《西方美学史》，读读《歌德谈话录》、莱辛的《拉奥孔》和《汉堡剧评》、海涅论浪漫主义、雨果论文学等等。要写好文章，还要学习古文。他认为，要具有一定的汉语基础，最起码要能背上两百首诗词、几十篇古文，他说："你脑袋里没有几百首诗词，几十篇古文，要写文章，想有什么文采，那非常困难。"他还提出，要多看一点古典文学作品，特别是小说。要多学一点外语，不要只学一种，"应像韩信点兵，多多益善"。要拓宽知识面，历史、地理、文化、社会、经济，都要了解。要懂得科技，最好学一学数学，要能使用计算机。①

以广播电视节目主持人的底蕴积累为例，也有比较高的要求。

广播电视要面对不同层次的听众、观众对象，节目类型多样，节目内容宽泛，广播电视节目主持人的语言表达，特别是即兴口语表达，如果没有丰富的知识储备，难免捉襟见肘，漏洞百出。

主持人需要具备较为扎实和宽广的理论和知识根底。特别是从语言的角度来看，主持人应有较好的语言学和文学的基础。但是，主持人仅仅满足于操作层面必不可少的语言本身是远远不够的。高等教育不仅使人获得由社会科学、人文科学、自然科学的基本知识建构起来的知识结构，更授予人不断汲取新知识的精神和学习的方法。在当今"信息爆炸""信息高速公路"的时代，主持人要有"动态学习、终身学习"的自觉意识和行动，以便有针对性地及时更新自己的知识结构，充实自己的信息储备，同时要丰富自己的人生阅历，加深对广播电视的理解，这所有的一切，人类历史积淀的、新涌现出来的、书本的、实践的，都是主持人具备广博的知识和开阔的视野所必需的。这样，主持人才能在自己学有专长的基础上适应媒体和受众的需要，适应飞速发展的事业的需要，在一定的领域中左右逢源、游刃有余，为受众提供高质量的节目，满足受众日益增长的文化需求。

如果说，知识结构的"广"是主持人语言"言之有物""言之有理"的重要基础，那么，"专"是主持人语言"言必有中""言近旨远"和"言之有趣"的重要保证。在不同类型的主持人节目里，特别是面对数字化技术在广播电视中的运用，面对节目窄播化、细分化的趋势，就必须同时强调主持人知识结构中的"专"。这里所谓的"专"，并非不切实际地要求主持人成为某某学科的专家学者，而是应理解所主持的栏目学科领域的基本知识，知道到哪里去寻求学科前沿发展的信息，也就是说掌握获得权威信息的线索，并能与该领域的专家进行决不外行的对话，同时又能对受众做深入浅出、通俗易懂的传播。只有意识到"广"与"专"的关系及重要性，主持人才不会主要靠自己得天独厚的先天条件走一条"万金油"式的"主持"之路，也才不会最终因实力不足而被淘汰出局。现在，在某一方面"学有专长"的主持人已经脱颖而出，并将大量涌现，这是节目深入发展的需要，是节目多样化发展的必然，也是未来对节目主持人

---

① 鲁景超:《广播电视即兴口语表达》，北京广播学院出版社 2000 年版，第 26 页。

素质的要求①。

倪萍在主持《文化视点》的初期，被很多专家评定为“没有文化”，这让刚从《综艺大观》的光环中走出并“渴望超越自己”的倪萍，感到非常委屈，“我觉得主要是因为我没有把长处发挥出来，与专家学者们谈中国文化中的抽象问题，不是我的强项。”②一个人不能做好所有的事情，主动寻求变化，不是做一些力所不能及的事情，也不是盲目地改变，要找准自己的核心竞争力，提高综合竞争力。同时，还要有准备，有对事物和自身发展趋势的认识，并在此基础上对自己的发展有长远打算，有战略头脑，在时机到来的时候才能脱颖而出。杨澜曾说：“我在刚刚从事这个行业时就有一些自己的计划，包括在做《正大综艺》的时候，我也希望以职业女性的这种形象出现，也希望自己做一些更有实在意义的事情，而不是只在晚会上做一个司仪。”另外，还要勇于迎接挑战，敢于有所突破创新，寻找变化，享受变化，在新的实践中学到新的东西。

《实话实说》原节目主持人崔永元有这样的戏言：“读万卷书不如行万里路，行万里路不如与万人谈。”与人交谈常常会出现这样的情况，一边听一边想，起初不知道怎么说，逐渐有了想法。这一方面是听来的，另一方面是调动原有的，别人的观点启发了自己，自己的观点对别人也有了帮助，互相丰富了底蕴，底蕴和充而用之实现了结合。

当然，在这个信息多元化甚而“爆炸”的时代里，底蕴积累还有很多方式，不同个体积累底蕴的方法也不相同。但是，底蕴积累是为了充而用之，充而用之则又能不断更新底蕴。底蕴与充而用之相互结合，才能拥有良好的语言表达能力，获得比较好的语言表达品质，才能孕育出高水平的语结，发展出丰富精彩的语篇。

二、注重新见解

语结孕育说到底是选题构思问题。选题要创新，语结亦要创新，要注重新见解。

人类社会的进步史，是一部不断创造的历史。在长期的社会实践中，人类不断提高创造力，创造力推动人类社会不断向前发展。创造即创新，是创见性地解决问题。狭义的创造是指提供新颖的、独创的、具有社会意义的产物的活动，比如科学发明、技术革新、文艺创作等等；广义的创造是指对本人来说提供自己从未有过的产物的活动，即对某一问题的解决是否具有创见性，不在于别人是否提出过，而在于本人是否提出过以及提出后是否因此而进步。因此，创造性的鸿篇巨制丰富人类文明宝库，而促使个人进步的哪怕些微新见也十分宝贵，个人进步是人类文明进步的基础。很多时候不一定都很成熟，都得有结论，怎么思考的，说出来也有价值。听别人的说话，要善于发现他的新东西。如果有几句不清楚，发现他在这个思路上没有整理好，抓住并解决就进了一大步。

---

① 吴郁：《主持人的语言艺术》，北京广播学院出版社 1999 年版，第 27、28 页。

② 倪萍：《倪萍：自述与自视》，见李立主编：《尴尬与超越》，北京广播学院出版社 2000 年版，第 104 页。

比如朵而主持人大赛中,大屏幕上是抗洪中一位子弟兵背着一位老大娘,选手的评述始终围绕着"依靠"这个语结来说,从老大娘的角度可以说"依靠",从解放军战士角度可以说"责任",若说到军民关系对于国家的重要还可以说"脊梁"。比如根据"水、泥沙、鱼"来说一段话,可以从"相濡以沫"的角度来说故事加议论,也可以从"水至清则无鱼,人至察则无德"的角度来评述。要注意孕育层次较高、内涵丰富、角度新颖的语结,不断获得新见解。

新见解与高度、深度、广度有关,高度、深度、广度相辅相成。解决方案具备一定高度并向纵深层次和宽广角度发展,有可能获得新见解。

节目主持人白岩松曾经作过一个评述:《从两元钱官司谈法律意识的觉醒》,起因是中国人民银行焦作分行金融研究室干部孙红星,状告焦作市公交公司的售票员拒收他持有的用透明胶带粘贴的两元人民币这一官司。主持人白岩松评说道:

公交系统怕麻烦却引出了一场官司,不过这过程里头倒是给我们留下了许多值得叫好的地方。第一个,我们要为孙红星叫好。因为两元钱他受了委屈,他没有在心里说声算了,而是在面对法律的时候不因事小而不为,勇敢地运用法律武器来维护自己,更重要的是维护了很多公民的合法权益。而且在片子中我们看到,孙红星的法律意识非常丰富,可以说他是打了一场有准备之战,这一点更值得我们为他叫好……第二呢,我们要为有法可依叫好。孙红星打这场官司依据的法律就是《中国人民银行法》,这项法律是在 1995 年 3 月 18 日颁布实施的。大家可以想象,如果倒退两年的话,可能就没有相关的法律作为依据,这场官司就打不起来了……第三,我们要为当地法院受理了这起案件叫好,并没有因为它是一个两元钱的小官司而拒绝审理,反而是公开审理,给更多的人上了一堂非常好的法律课。第四,要为在法庭上双方非常认真的律师们叫好。两元钱官司,双方的律师却非常认真地你来我往,针锋相对,开庭一共持续了 5 个多小时……1996 年律师法已经获得了通过,律师制度的完善和律师不再被人误解,从某种意义上来说,也意味着我国法制建设的一个提高。第五,我们要为开庭的时候有那么多老百姓去关注这个两元钱的官司叫好。其实每一次关心就意味着上了一堂很好的法制课,每一次关心就意味着公民心中的法律意识的一次觉醒。第六呢,我们要为规定在法律面前低头叫好。在生活中以及在片子里,我们都听到人说,这是我们的规定。但是,任何违法的规定都应当在法律面前低头,任何小的、违反法律的这种规定消失得越快,越意味着法律的权威性在每一个人心中贯彻得越深。

当然了,这六好之外也有一些遗憾。其实面对银行拒收这个贴了胶带的钱币,当地的公交系统可以利用法律的武器维护自身的权益。任何一个国家的法律建设都分成两个方面,一方面是法律本身的建设,一方面是全体公民法律意识的觉醒。前一方面在我们国家似乎进步很快,那么第二方面,我们每一个人是否能从孙红星打这两元钱的官司悟出点什么来呢?[1]

这段评述比较充分地体现了一定高度、宽度和深度的结合。从一件“两元钱”的状告事件看出端倪,主持人没有沉于其中,马上把它和“法律意识的觉醒”联系起来,获得一定高度。接下来,白岩松列出六个语结:“孙红星、有法可依、法院受理、群众旁听、律师、规定低头”,从这六个方面“叫好”,应该说这六个方面或者说六个角度具有相当的宽度。“叫好”以后,他指出仍然存在的“遗憾”:虽然法制本身的建设在我国似乎进步很快,但是全体公民法律意识的觉醒却还不足。“遗憾”是在六个“叫好”后的第一次深入。随后又提问:“我们每一个人是否能从孙红星打这两元钱的官司悟出点什么来呢?”这一问无疑是进一步深入、第二次深入。这段评述中,从两元钱官司谈法律意识的觉醒,具有高度;从六个语结六个方面“孙红星、有法可依、法院受理、群众旁听、律师、规定低头”,体现宽度;“叫好”后指出“遗憾”和“悟出点什么”,这是继续挖掘、层层深入。站在一定的高度上,结合宽度和深度,这段评论由此获得并提出新见解,充满力量,酣畅淋漓的同时又发人深省。

获得新见解当然还有其他方法,前面谈到顿悟、联系、重组、选择、哲理层次,它们都是新见解产生的有效途径。

语结孕育还要坚决避免固定思维,避免用“语结套套”形成套话。套话是指内容空洞、不切合具体语境的不恰当的四处乱套的话。王蒙用笔名伊方在《人民文学》1983 年第 8 期发表了杂文《痛苦三章》,第一章《听同义反复万无一失的演说》,其中一段是:“同志们,我们一定要努力工作,就是说第一要努力,第二要工作,第三要努力工作。只努力而不工作不行,只工作不努力也不行,既不努力又不工作更不行”,演说还从“只努力而不工作”“只工作而不努力”“努力是一生的”“工作还有吃饭”等“语结套套”出发,反复做了铺陈。毛泽东六十多年前在《反对党八股》中的论述对于套话问题至今仍有现实意义。党八股表现为“空话连篇,言之无物;装腔作势,借以吓人;无的放矢,不看对象;语言无味,像个瘪三;甲乙丙丁,开中药铺”,带来的恶劣影响和后果是:“不负责任,到处害人;流毒全党,妨碍革命;传播出去,祸国殃民。”《反对党八股》一文还提出:“第一,要向人民群众学习语言……第二,要从外国语言中吸收我们所需要的成分。我们不是硬搬或滥用外国语言,是要吸收外国语言中的好东西,于我们适用的东西……要多多吸收外国的新鲜东西,不但要吸收他们的进步道理,而且要吸收他们的新鲜用语。”如今这些思想对于语结孕育仍然有启发作用。

英达很多情况下直接、简明地快速应对嘉宾的叙述与询问,在干净利落的直言快语中实现了互动,显现了语言的智慧与敏捷[2]。比如在《幸福莫过于有家——金珠与巩汉林》中:

---

① 吴郁:《主持人的语言艺术》,北京广播学院出版社 1999 年版,第 199 页。

② 马力:《英达电视谈话节目主持艺术的多维探析》,北京广播学院硕士学位论文,2004 年。

巩汉林:谢谢。我相信中国这句老话,“家和万事兴”,如果家庭不安定,即使事业有成,也不完美。

英　达:首先,后方不稳,前方很难打胜仗。其次,打了胜仗又是为了谁打呢?如果有一个非常稳定的家,你会觉得,那是一个值得报答和请功领赏的地方。(掌声)

在应对话语中把“非常稳定的家”比作“一个值得报答和请功领赏的地方”,没有“军功章有你的一半也有我的一半”这样的套话,没有空泛的大道理,快接快对同样体现了深意。由此可以看出:谈话节目主持人要在短时间内迅速理解嘉宾的意思,做出迅捷的回应,首先,应当具备良好的文化素质和修养,能够不断汲取新的知识养分,不断更新自己的知识结构,只有知识储备充分了,主持人的头脑才可能快速运转;如果头脑空空,一问三不知,是不可能产生让人心悦诚服的精彩话语的。

与“语结套套”或抄袭模仿相对的是,语结孕育要“自得”,“自得”的思想意味着审美体验达到超越,不依古人藩篱,不拾人牙慧,不人云亦云;意味着个性张扬,冲破僵硬外壳和既定模式;意味着审美主体以属于自己的个体性情感与审美对象相触接,产生出难以重复的独特审美境界。“自得”属于认识论范畴,也属于价值论范畴,是创新的契机。

语结孕育注重新见解,需要强调氛围问题。如苏霍金所说:随着时间的流逝,人们逐渐发现某些占统治地位的科学概念已经无力完成自己的职责,有些现象已经无法用它们来解释,因为它们的理论根据中出现了矛盾。一些变革酿成了,其结果是陈旧的认识被新的认识所取代。从一个侧面来看,如果不是立足于过去的成就之上,科学本身连一步都不能提高。另一方面,只有抹掉旧的,坚定地冲破原来的防线,认识才能前进。科学就是这样把对立的过程结合起来,不断前进。看上去科学总是在“修修补补”,将那些付出巨大努力才写出的篇章抹掉,写上新的。事实上,任何一个科学原理也不能完全地解决认识对象的问题,最有用处的就是基础的、为后来者铺平道路的那些成就。在科学中,牺牲自己而给他人以生命者是最优秀的。不能作为继续前进的支点的成果,就不具备必要的科学潜力①。物理学大师杨振宁谈氢弹之父泰勒博士的讲课特点时也曾说:“泰勒的物理学的一个特点是他有很多直觉的见解,这些见解不一定都是对的,恐怕有90%是错误的,不过没有关系,只要有10%是对的就行了。”②由此可见,认识的发展包括科学的发展有其必然规律,氛围的开明、宽松、包容、鼓励至为关键。

三、表述适度陌生化

语结的表述同样要求创新,创新表现在陌生化程度上,也就是新颖程度,是语言功力、思

---

① 苏霍金:《艺术与科学》,生活·读书·新知三联书店1986年版,第52、53页。

② 杨雁冰:《创新思维法》,华东理工大学出版社2002年版,第26页。

维、情趣的高层次统一，是准确、生动和品位的高层次统一。语结表述的创新和陌生化也有狭义广义之分。狭义来说，我们的民族语言里没有的表述，有人创造出来，并且在交际环境里经过了磨合，这是很好的，虽然可以看出也还是在试探，可能不是最高的，但也是创新。广义来说，一个小孩以前从来没有说过，现在说出来了，对他来说是创新。学生没人告诉他，他会了，也是创新，是本人的创新。著名教育家陶行知在1943年发表的《创新宣言》等论著中，对“环境太平凡不能创新，生活太单调不能创新，年纪太小不能创新，我太无能不能创新”等阻碍创新的观点进行了批驳，提出“处处是创新之地，天天是创新之时，人人是创新之人”①。这一思想对语结表述中树立创新意识很有借鉴。

语结的表述要适当陌生化，也就是说，在语结表述的时候，要考虑一定的修辞，并且修辞上要考虑适度陌生化。第一次把姑娘比作花朵，是创新。第二次或以后再把姑娘比喻成花朵，虽然同样运用了比喻的修辞手法，但已经是老调重弹，比喻不新鲜，修辞不新鲜。

陌生化特别需要思维活跃，重点是对生活的认识准确、多样、深切。比如有一个对“黑眼睛”的比喻，老舍《牛天赐传》里老师教天赐写作，天赐写了篇《蜜蜂》，老师要天赐再去看看蜜蜂。天赐写到蜜蜂的黑眼珠，老师夸奖，但是说：“可是你没有写出主点来，‘蜜蜂’哪儿最好？当然是那对眼，黑的，怎么黑法？”“黑得像——墨！”老师摇头。“黑得像——夜里！”老师拍了桌子：“河岸上，绿阴下，眼黑得像夜里！天赐你行了，你比我高！你猜我想像什么？像两颗黑珠子。珠子是死的呀，夜会动会流，流到不知道多远，是不是？”②再比如形容一个人看别人的目光，以前有一种表述是“舔呀舔的”，现在又有了变化。熊正良《无题》中写道：“可可掀翻了一个菜碟，跑到沙发上坐下来，目光像一把飘飞的刀片，在林红和余立两张脸上割来割去。”③王跃文《梅次记事》中写道：“梅园总经理于建阳，眼珠子就像电脑鼠标，总在几位领导的脸上睃来睃去。”④如果把“黑眼睛”“目光”看做语结，直接表述也可以，但是把“黑眼睛”比喻为“墨”“黑珠子”“夜”，把“目光”描写为“舔呀舔的”“割来割去”“睃来睃去”，同一个语结就有多种不同的表述，观察生活越深入、多样、细致，思维越活跃，对语结的表述越准确、生动，充满情趣。

语结表述的陌生化要特别注意比喻。比喻是在不同的事物间寻找共同的联系，目的是让人醒悟。电影演员、导演姜文的语言中比喻较多，在一次电视采访中，主持人问：“我是听说，你对演员有一个叫‘腌制’的说法……”姜文：“其实不是我的创作，只不过我跟一些人说，人家听不懂，我就用了一个最直白的比喻，‘腌制’就是所谓体验生活……拍《鬼子来了》和《阳光灿烂》的时候，我都让他们去体验生活，比如说去军训好长时间，连内衣内裤都穿上当时日本军队的东西，让陈强、陈述到农村去，住在农村喂猪、去收粮食，我觉得这是我挺得意

---

① 杨雁冰：《创新思维法》，华东理工大学出版社2002年版，第58页。

② 老舍：《牛天赐传》，宁夏人民出版社1980年版，第156、157页。

③ 熊正良：《无题》，《十月》1998年第3期。

④ 王跃文：《梅次记事》，《当代》2001年第5期。

的一件事。有的时候说起来,人家听不懂,啊,我说坏了,我就不知道怎么说了,然后我只能说,你想吃咸菜嘛,那你的萝卜你得腌过,你不腌过,你就没法吃。它是一个生萝卜,或者一个青萝卜,你怎么吃啊?"这里,"体验生活"是谈话的核心语结,直接表述没有实现沟通和理解,换一种表述,把"演员本人"比喻为"生萝卜""青萝卜",把"要演的角色"比喻为"腌萝卜",中间的过程"体验生活"比喻为"腌制"。关于电影的认识部分,他说:"真正的好电影是大家都期待的,无论在创作当中,还是在最早的阶段,期待着那种意料之外的东西,不可预料的东西。就好比烧陶瓷一样,在泥的坯子上画了一种颜色,但是通过高温加工出来,这个颜色和你当时画的不是一个颜色。这个乐趣和有意思在于,你可能判断它应该是一个什么颜色,但是总会有一些出入,或者有一些根本想不到的形态发生。当然,并不是你完全不能控制,而是在于你非常了解颜色和温度的关系,在这个前提下,你想让它出一个意想不到的颜色,这个过程本身是令人兴奋的,是非常有意思的……或者我们随便再举一个最简单的例子,你和你的爱人生一个孩子,如果有人设计他长成这样,长成那样,腿有多长,几号生,生男生女,我觉得没意思,这不是生命……我觉得有意思的电影是这样,拍一个你闭着眼睛能看到的一个东西,它已经存在了,你把它找出来,甚至不是我手把手地制造它,有可能也是它在牵引着我走的那种感觉。"①这里,"好电影"是核心语结,直接表述比较抽象,难以理解,于是把做"好电影"比喻成"烧陶瓷",反对设计好了"生孩子",说明好电影是在良好把握后顺应的意外之喜。电影导演冯小刚有一段回忆:"有一位导演曾对我说这样一番话,让我出了一身冷汗。他说:电影应该是酒,哪怕只有一口,但它得是酒。你拍的东西是葡萄,很新鲜的葡萄,甚至还挂着霜,但你没有把它酿成酒,开始是葡萄,到了还是葡萄。另外一些导演明白这个道理,他们知道电影得是一口酒。更可怕的是,这酒既不是葡萄酿造的,也不是粮食酿造的,是化学兑出来的。他还说:小刚,你应该把葡萄酿成酒,不能仅仅满足于做一杯又一杯的鲜榨葡萄汁。对我的电影,我听到过很多批评,大多都是围绕着商业两个字进行的。但上面这位导演却略过了这些表面的现象,说出了问题的实质。这位导演名叫:姜文。"②这里,"电影"是核心语结,将其表述为:既不能是简单的"鲜榨葡萄汁",更不能是虚假的"化学勾兑酒",而应该是酿好的"葡萄酒"。上述有关电影的比方都很通俗日常,但是一语中的,既容易沟通理解,语言上又体现出朴素的新意。好的比喻是认识深刻、简洁明了,是举重若轻、幡然醒悟,是人所共知但没人这样联系起来过,因而熟识却有相当水平的陌生化、新颖度。语结表述的陌生化要重视比喻,用好比喻。

有时候创造性仿用一些经典作品的表述方法,可以恰如其分地获得一种似曾相识却又新颖的陌生化效果。比如,著名经济学家罗伯特·巴罗写过一篇对比香港和新加坡经济发展的短论,如果把标题语结直接定为《论香港和新加坡经济发展的异同》未必不可,但是该文

---

① 记录自凤凰卫视 2003 年 11 月 9 日播出《名人面对面—— 姜文:作秀挺难》。

② 冯小刚:《我把青春献给你》,长江文艺出版社 2003 年版,第 158 页。

标题叫做《双城记》,借用自狄更斯名著的名字。读过全文,随作者一同观察了香港和新加坡两个城市的经济特点,理解了该文比较的两个城市经济的异同以后,《双城记》标题语结的这一表述让人叹服,既体现文章主旨,又富有文采和情趣。①

句式或词组的简单调整有时候也有陌生化效果。《实话实说》一期节目《孩子与游戏》中,嘉宾提到某学校有"快乐的周一",当天没有作业,而且有各种各样的小组,孩子们很喜欢,崔永元接道:"那么,将来有没有可能把'快乐的星期一'改成'快乐的一星期'?"这一词组位置的简单调整,语言上有陌生化效果,体现出主持人的机智,而且更进一步揭示:解放孩子的天性不应只是表面文章。《挑战主持人》中陈蓉曾经问一位选手:"你希望在安逸中成功,还是在探索中失败?"她回答:"在安逸中成功"。如果选手既不选"在安逸中成功",也不选"在探索中失败",而是做一个简单的词组调整,回答"在探索中成功",一定会非常精彩!

中央电视台《幸运52》节目主持人李咏的体会就是"有话不好好说,有话拐着弯说":

> 这种(现场)气氛不是凭空来的,或者是主持人一声吆喝"大家高兴点啊"就能来的。它需要设计,原则就是有话不好好说,有话拐着弯说。我觉得这样才能出乐子。其中最要紧的是节奏的转换和见缝插针只言片语的设计,那些好像是即兴出来的口语,就如同相声中的抖包袱一样,只有精心设计,才能出效果。
>
> 这种设计是很费心也很琐碎的工作,有时是一项一项地做,更多的时候是随时随地都在琢磨,碰到一个人一件事一般人怎么说,而我要怎么拐着弯说才灵,这需要逆向思维、需要一种新思路。有一段时间我和我们策划也没什么具体的事干,每天就约一个地儿,面对面坐着,出"妖蛾子"。我们琢磨,比如介绍选手职业的时候,如果选手是个工人,我们怎么说,如果选手是个钳工我们怎么说,如果选手是个下岗工人怎么说,我们细到把很多情节和现场反应都设想出来……今天大家听到我说出这个味儿的语言,很大程度上就是那时候开始的,那时就明确了,像正常人那样说话,没什么意思,一定要脑筋急转弯,那段时间是对思维的一种自我训练。②

在这类益智问答节目中,主持人说的话,除了念题目以外,其他的就是与观众和选手进行感情沟通和交流,如果进行简单的沟通,需要了解的内容大体上差不多。因此,同样的语结内容,需要用不同的表述来获得不同的语言色彩。"有话不好好说""拐着弯说""逆向思维""新思路"可以取得一定的陌生化效果。

四、首尾一体,语脉贯通,文气畅达

《文心雕龙》第三十四章《章句》说:"然章句在篇,如茧之抽绪,原始要终,体比鳞次。启

---

① 蔡昉:《鹰和人都吃鸡》,天津人民出版社2002年版,第37页。

② 翁佳:《对面——著名播音员主持人访谈录》,中国经济出版社2003年版,第192页。

行之辞，逆萌中篇之意，绝笔之言，追媵前句之旨；故能外文绮交，内义脉注，跗萼相衔，首尾一体。”

语结实质上是选题问题，语结的孕育实质是谋篇布局的过程。在这个过程中，要注意“原始要终，体比鳞次。启行之辞，逆萌中篇之意，绝笔之言，追媵前句之旨”，也就是说：从开头到结尾，结构要像鱼鳞那样紧致有序。文章开头，已经萌发篇中的意思；结尾的话，要追溯呼应前文；这样才能够“外文绮交，内义脉注，跗萼相衔，首尾一体”，即：外部文字像织锦的花纹那样交错有致，内在含义像经脉那样流畅贯通，如同花房和花萼一般衔接自然，首尾浑然一体。简单说，语结的孕育、发展、调整要注意：首尾一体，语脉贯通，文气贯通。

语结是相互联系的。无论开头、中部还是结尾，他们相互包含各自信息，包含发展的脉向和走势。换句话说，语言内部彼此并不孤立，而是全息和相互关联。广义来说，语言处于语言巨系统中，在系统中纵横交错。狭义来说，它是语言网络中的一个个结点，有不同层次、不同角度，同样纵横交错。例如应用语言学的基本理论，交际是总纲，下位的有动态、层次、中介、潜显、人文，下位的实际上是从不同角度谈交际，从哪一点都可以谈到别的。语结连着别的语结。有时候语结里包含着别的语结，有的语结展开的过程中长出更大的语结。因为充而用之、发展创新了。

以上底蕴结合充而用之、注重新见解、表述适度陌生化、首尾一体和语脉贯通，是主持人即兴口语孕育、发展、调整需要注意的四个积极因素。四者皆围绕一个字：“新”，即底蕴不断更新、见解不断出新、表述不断尝新，首尾一体和语脉贯通要求整体创新。总之，主持人即兴口语的孕育、发展、调整强调“新”。

第七章 主持人即兴口语理解

上两章我们介绍主持人即兴口语的表达过程，在这一章中，我们介绍主持人即兴口语的理解过程。即兴口语理解和即兴口语表达同样重要，主持人不光要会说，更要会听。很多时候，一些主持人重说轻听，事实上，在这个急于表达的时代，耐心地、有诚意地、主动地、批判性地倾听、观察、思考极为重要。

第一节 主动处理语篇局部结构

主动处理语篇材料是一个常用而且颇为有用的策略。主动处理包括一系列认知活动，比如把新材料和放在永久性记忆里的信息联系起来，就新材料提出问题，写摘要和提纲。如果我们被动地阅读或听辨材料，往往保存不了多少信息。

一、提出问题，做笔记，写摘要和提纲

下面这个例子是一个听辨训练。假设你第一天去办公室上班，让一个朋友担当你的同事角色，并让他以正常语速给你读一遍下列信息。当朋友读信息时，你得做一下笔记。然后做后面的测验，但不要参照你的笔记。接着再用笔记重新做一次测验。最后将你的笔记与图表中所示的提纲做对照。①

> 因为你是新来的，所以我想让你知道一些具体情况。老板可能已经告诉你打字与分发邮件是你最重要的职责。它们可能是，不过，让我来告诉你，接电话将占用你最多的时间。现在谈谈打字。古德温会给最多的活儿，但他给你的大多数活儿可能和部门工作一点关系都没有，我会小心不把自己的全部时间花在为他干私活上。梅森给的活儿不多，但你最好认真做，她是个极其吹毛求疵的人。我总是提

① 转引自鲁道夫·F.维德伯《讲话的艺术》，中信出版社2003年版，第49页。

前至少两天要求拿到考试题。伯恩斯坦总是在最后一刻往办公室上撂东西。

邮件的情况显得有些复杂，但是你会习惯的。邮件一天来两次，早上十点和下午两点。你应该把放在办公桌上的邮件拿到查尔斯厅去等人收取。如果你真的有些紧急邮件，那么就直接送到哈珀厅的校园邮局去。走到那儿要远些，但对于真正紧急的事情这么做值得。当你在麦克丹尼厅拿到邮件后，要把它们分类。你必须确保只有这里的邮件才送到这儿来。如果有任何不属于这里的邮件，那么就把它们捆扎起来并做上记号退还校园邮局。

现在谈谈你的休息时间。你早上有 10 分钟休息时间，中午 45 分钟，下午 15 分钟。如果你机灵的话，可以在 10:30 下课之前离开。那通常是段非常累人的时间。有三个老师被安排在那个时间上班，如果他们没按时来上班，那么学生常常会去找你求助。如果你在 11:45 吃午饭，那么你能在主要教职工走之前回来。

哦，还有一件事。你得在每天早晨 8:15 打电话给杰诺叫他起床。如果你忘了他会非常不高兴。就这些，好好干吧(约 580 字)。

问题：

1. 你把不属于这儿的邮件送到哪里去？
2. 邮件来几次？
3. 你什么时候应该吃完午饭回来？
4. 伯恩斯坦在工作上的主要问题是什么？
5. 谁给的活最多？
6. 古德温要求干的活的主要问题是什么？
7. 根据老板所说，你的主要工作是什么？
8. 你把往外寄的邮件送到哪里？
9. 邮局在哪里？
10. 你早上的休息时间有多少分钟？
11. 吃午饭的最好时间是什么时候？
12. 你得给谁打起床电话？

答案：

1. 哈珀厅；/ 2. 一天两次；/ 3. 12∶30；/ 4. 堆到最后一分钟；5. 古德温；/ 6. 与工作无关的活；/ 7. 打字、分发邮件；/ 8. 查尔斯厅；9. 哈珀厅；/ 10. 10；/ 11. 11∶45；/ 12. 杰诺。

听力测验笔记样本

职责 　　打字与分发邮件最重要 　　接电话花最多时间 打字 　　古德温会给最多活儿 　　问题：花时间在他的私活儿上 　　梅森给的活儿不多 　　认真做，她是个吹毛求疵的人 　　提前两天要求拿到考试题 　　否则会被伯恩斯坦在最后一刻缠住 邮件 　　10与2 　　把桌上的邮件送到查尔斯厅 　　把紧急邮件送到哈珀厅的校园邮局 　　把你去麦克丹尼尔厅取到的邮件分类，把不属于这儿的邮件捆扎起来并做记号退还校园邮局 休息时间 　　早上10分钟——10∶30之前休息 　　中午40分钟——11∶45休息 另外 　　8∶15打电话给杰诺(约200字)

对照以后应该可以看出，参考笔记得出的答案比不参考笔记得出的答案，答对的数目要多。这就是说，主动处理语篇材料，包括就新材料提出问题，用语结做笔记，写摘要和提纲，这种方法比起不做笔记、被动地听辨材料，效率要高得多。

佩莱萨和布朗(Palinesar & Brown)曾经做过一个主动处理语篇的研究。[①] 他们研究了一些阅读能力低，而又不是智力低的高中生。研究者教这些学生就语篇要点提出问题，这样学生就学会了找出语篇的重要内容。研究表明，训练前，学生理解测试的答对率为30%，训练后，提高到80%。目前，第二语言教学中常常使用这种方法来提高学生的听读水平。

二、批判地听讲、阅读

有一种批判地听讲、阅读的方法，将一张纸对折，左边回述演讲者的提纲，右边写自己的观点或不同意见。下面是根据演讲者的一个论据所记的笔记。

---

① 桂诗春：《新编心理语言学》，上海外语教育出版社2000年版，第455页。

演讲提纲(部分)	评　论
具体目标:证明学生们应该在他们年轻的时候就买保险。	
1. 可以确保有计划地、强制性地储蓄。	对,但这一定会获益吗?
A. 每个到期日都会得到一个通知,比如来自银行,不提供服务。	对,但如果你有一次没有交钱呢?
B. 只要投入金钱,它就被储蓄了,在保险上没有存与取。	对,但如果你急需用钱呢?①

需要注意的是,演讲的主要目标和主要论点要尽可能准确地写出来,而且要尽量使用演讲者所使用的词语,并且尽量写清楚分论点的内容,准确的笔记避免歪曲演讲者的意思。

卡罗尔(Carroll)回忆他当大学生时,曾设计一套读书时使用的复杂标记系统,例如用垂直线来代表要点,用另一个符号来代表他和作者意见相左的观点。后来回顾这些教科书时,他发现他写下来的东西和原作者所写的几乎同样多。他觉得这是一种有效的策略,从而促进了信息的保存。很多心理学研究都表明,如果我们在更深的语义层次上处理信息,就能记住所读的更多的东西②。

三、辨认要点

仔细注意语篇的局部结构对理解语篇很有帮助,但有时候也难于弄清楚说话人或作者所要强调的要点。肯奇和贝茨(Kintsch & Bates)在他们对讲课材料回述的研究中发现,学生不但记住很多要点的细节,而且也记得很多外部的评述,比如笑话和旁白。有些研究则指出,难于决定要点的原因可以追溯到一些混乱性细节的干扰。梅耶、布朗特和布鲁斯(Meyer,Brandt & Bluth)发现,如果明白地点出一个语篇的要点,回述就能得到改善。(1)是有明显信号的,而(2)则是隐含的:

(1)A problem of vital concern is the prevention of oil spills from the supertankers.[一个极端重要的问题是避免油从超级邮船中溢出。]

(2)Prevention is needed of oil spills from supertankers.[必须避免油从超级邮船中溢出]

这些研究者发现,信号"一个极端重要的问题是"对那些理解力差的读者有帮助,可以改善他们的即时储存。但是信号并不影响理解力好的读者。

瑞德尔和安德森(Reder & Anderson)采取了另一种方法:他们不强调要点,而是略去了语篇中的许多细节。这也是一些文摘性刊物的思路,把戏剧和小说加以压缩。他们发现,压

① 鲁道夫·F.维德伯:《讲话的艺术》,中信出版社2003年版,第364页。
② 桂诗春:《新编心理语言学》,上海外语教育出版社2000年版,第455页。

缩形式的材料比原来标准的形式要储存得好一些[①]。

以上讨论了对语篇进行局部结构的处理。介绍了主动处理语篇的方式,包括提出问题,做笔记,写摘要和提纲,以及批判地听读。下面讨论通过语结处理全面的语篇结构——语篇的整体组织。

第二节　主动处理语篇整体结构

我们继续引入语结来处理全面的语篇结构,即语篇的整体组织。另外,还需要了解两个概念:体裁和图式。

一、确定体裁

体裁(genre)是一种具有其自身特征的结构的语篇,例如演讲、文章、故事、戏剧独白,等等。

报纸中的新闻报道是一种体裁,可以想象为一个倒金字塔。文章开始时首先用标题说出要点,然后逐步展开次要细节。这种结构和新闻故事怎样编辑有关:如果报纸没有足够篇幅来刊登整个故事,编辑通常就删去故事后面的章节。其结果是新闻记者编写的报道通常都把重要的消息放在前面。

心理学学生熟悉的是另一种体裁,这些心理学论文的格式通常从摘要开始,然后是引言、设计方法、结果和讨论。学生开始接触这类论文都觉得难以读下去,但是看多了也就熟悉这类体裁,知道到文章什么地方去寻找各种信息,理解也就得到改善。

在语篇研究中考察得较多的一种体裁是叙述性故事。故事一般都从介绍人物和背景开始,然后赋予主要人物某种目标,让他(或她、它)碰到某些挫折,最后把难题解决。故事也有不同体裁,例如侦探小说、武侠小说、童话故事和爱情故事都可以有不同体裁。侦探或悬念小说引起人们对某件罪恶的兴趣,然后提供几个嫌疑人的一些作案动机。高明的作家还留下一些(但不是全部)线索给读者去揣测其结局。在一个构建得很好的故事里,读者在开始时能够想象各种不同结局,但是随着故事的展开,有些结局的可能性越来越小。到了后面,读者就能预测起码是部分的结局。有人说,在故事开始时什么事都是可能的。到了故事中间,有些事是可能的。到了故事后头,就只有一个结局是可能的。

体裁之所以重要是因为他们预先告诉人们信息在语篇中将会是怎样安排的,能够首先区分开不同类型的整体组织、全面结构。

---

① 桂诗春:《新编心理语言学》,上海外语教育出版社 2000 年版,第 456 页。

二、激活图式

图式(schema)是语义记忆里的一个结构,它对一群信息的一般和期望的排列作出规定。在心理学中,图式的概念并不很新,巴利特(Barlett)在他早期著作中提到故事回述时就谈到图式①。巴利特企图说明记忆并非死记硬背或再产生的过程,而是一个保留事件要旨,再根据总印象重建细节的过程。巴利特做了一些导致记忆错误的实验(通常是一些在长时间内被反复回述的离奇故事),从而观察图式在重建中的导向作用。他发现当受试看到的是一些和图式不一致的不寻常的故事时,他们的回述往往受图式的影响而被歪曲。巴利特因此认为,当我们碰到一些和我们通常理解不一致的事件时,我们就难以把它放到现存的图式里,其结果是把它忘记或把它“正常化”,将细节加以改变,以和现存的图式相一致。

巴利特的思想当时并不太为人所欣赏。但是随着心理学家开发新技术来了解人们怎样理解和记忆故事,他的研究却越来越为人所称道。巴利特起初的图式概念是比较笼统的,现代心理学家主要是在两方面对他的研究进行延伸:一是对图式知识作更精确的描述;二是研究人们在语篇理解和记忆中怎样使用这些知识。下面先讨论第二个问题。

(一)图式的激活

首先观察缺乏合适的图式会产生什么情况。巴利特的早期研究指出,一些英国大学生对理解爱斯基摩人的民间故事感到有困难,他们在回述中倾向修改很多细节,从而产生“一个更加连贯的、简明的、不加修饰的故事”。当人们缺乏一个与正在展开的故事相适应的图式时,理解和记忆都会很困难,因为他们无法了解所描述的事件的含义。例如,获得奥斯卡最佳外语片奖的《卧虎藏龙》,导演李安专门聘请好莱坞编剧帮助改编这部中国古典武侠小说,否则难以适应西方观众的理解图式。

但是也有另一种情况:我们虽然有了合适的图式,但是由于这个或那个原因激活不起来。多灵(Dooling)等人的研究指出,当人们看到一个无从决定什么图式的语篇时,理解和记忆都会十分困难。下面是一个例子:

> 有了典当的珍宝在经济上的支持,我们的主人翁冷对所有企图阻止他的计划的蔑视的嘲笑。“你们的眼睛看错了,”他说,“能正确代表我们这个尚未开发的星球的是鸡蛋,而不是桌子。”现在有三个健壮的姐妹去寻找证据,勇往直前,有时经过浩瀚的宁静,但更多的时候要翻越险峻的高峰与河谷。很多怀疑者在传播关于边沿的可怕的谣言,度日如年。最后不知从什么地方冒出了值得欢迎的插上翅膀

---

① 桂诗春:《新编心理语言学》,上海外语教育出版社 2000 年版,第 445 页。

的生物，标志着重大的成功[①]。

那些读到这篇没有标题的文章的人记不得文章说了一些什么。那些事先知道题目是“哥伦布发现美洲”的受试却能记得更多的东西，“三个姐妹”指哥伦布的三艘船，“高峰与河谷”指波涛。这说明光有合适的图式是不够的，还必须在适当的时候激活图式。

（二）特定图式细节的重建

巴利特的另一个概念是激活的图式可以作为提取计划，而且由于图式的中心作用，可以帮助人们归纳某些重要细节，而略去另一些细节。一些处理语篇实验安排了有题目和没有题目两种格式，其结果也支持了这种想法。例如康茨明斯基（Kozminsky）发现受试在理解语篇时很容易受这个或那个题目（都是合适的）所影响，在回述时强调不同的细节。所以在编码时所激活的图式似乎在提取信息时起了组织的作用。

派切特和安德森（Pichert & Anderson）让受试看一篇关于窃盗的语篇，然后要求他们从主人和盗贼的不同角度去回述。回述以后，又要求他们换一个角度去回述那些他们先前没有注意到的细节。派切特和安德森发现受试转换了角度以后能够回述一些先前没有回述到的命题，而且那些新回述的细节对第二个图式比对第一个图式更为重要。

这些研究说明了图式在语篇处理中的指引作用。在理解中图式明显地对回述起了有力的组织作用。凡是对图式起了中心作用的信息都能被记得很清楚，但是别的细节（虽然转换角度以后也能恢复）则很容易被代替。总而言之，图式影响语篇处理的证据使人印象深刻。

（三）以语结推导图式——《从市长到囚犯》

下面说明语结与图式的关系，先看一个例子：

中央电视台《新闻调查》曾播出《从市长到囚犯》节目，在社会上引起了一定反响，围绕揭示“权钱交易的本质”“受贿者的内心冲突”和“人性蜕变”几个中心问题，采访设置了三条线索：

1. 犯罪者的人生线：（刻画人物）

河北农村的穷孩子——靠奖学金毕业的大学生——获国家级奖励的技术革新能手——县长——市长——囚犯。

2. 犯罪者的腐败线：（叙事）

试图抵抗——顺水人情——默认——心安理得——按“礼”办事——索贿——败露。

3. 受贿者的心理防线：（问题探究）

① 桂诗春：《新编心理语言学》，上海外语教育出版社2000年版，第446页。

社会风气(怕得罪人)——人之常情——按程序办事——刑不上大夫——悔过。①

这三条线索是通过四个段落逐步展开的:走向深渊的第一步——从忐忑不安到心安理得——从受贿到索贿——人生观照。

运用语结来分析,可以看出,“从市长到囚徒”是核心语结或第一层次的语结。“权钱交易的本质”“受贿者的内心冲突”和“人性蜕变”几个中心问题是记者调查、采访、制作这个节目的几个主要语结,作用是总揽概要。第一条线索:“河北农村的穷孩子——靠奖学金毕业的大学生——获国家级奖励的技术革新能手——县长——市长——囚犯”,是说明类语结和描写类语结的结合,寥寥几语就介绍说明了腐败犯罪者的人生历程,作用是刻画人物。第二条线索:“试图抵抗——顺水人情——默认——心安理得——按‘礼’办事——索贿——败露”,它们是记叙类语结,同样寥寥几语叙述腐败犯罪的过程和事实,作用是叙事。“社会风气(怕得罪人)——人之常情——按程序办事——刑不上大夫——悔过”,属于说明类语结,简洁凝练地分析说明腐败犯罪人心理、社会心态,作用是问题探究。这三条线索分别是人生线、腐败线、心理防线,通过四个段落逐步展开,“走向深渊的第一步——从忐忑不安到心安理得——从受贿到索贿——人生观照”,是四个段落的语结,属于基本内容类。可以看出,一个核心语结、几个中心问题、四个段落特别是三条线索构成了节目的整体组织、全面结构,也就是图式。根据图式及其保留的事件要旨,通过总印象重建细节,我们可以获得该节目的全面结构,很容易就可以理解这个节目的大概内容。另外,由于这类犯罪有一定的普遍性和代表性,这个节目的图式也具有一定普遍性和代表性。在这个节目的前后,一些腐败调查类节目就是运用这一图式来构建和理解的。

语结和图式的关系可以大致表述为:图式是语义记忆里的一个结构,它对一群信息的一般和期望的排列作出规定。“一群信息”可以用语结来表达,因为语结代表的是语篇的基本内容及其相互关系以及情绪气氛。因此,从语篇回归到语结,通过语结就能推导出语篇的图式。也就是说,如果我们熟悉一个作者的语篇内容和结构,我们就能慢慢地诱导出作者的图式,从而高效准确地理解语篇。

语结还可以代表情节并将其以块件保存和处理在工作记忆里。上面这个节目的几个中心问题、四个段落特别是三条线索,都是用大语结来表示的块件,在它们下面还有小语结来表示的块件,一个简洁凝练的语结代表着一次经历、一个情节、一种心理。

另外,以播音活动为例,如果播音员没有太多时间准备稿件,可以迅速看一看稿件的开头和结尾,这样可以做到心里有数,利于表达。这是因为,情节之间的边界是处理负荷最重的地方,需要更多认知活动,情节开始和结尾的阅读时间都要长一些。在情节开始时,读者必须启动一个新情节:找出语篇的新题目,并对其余情节作出预测。在情节末尾,读者做出

① 《正在发生的历史》,转引自鲁景超:《广播电视即兴口语表达》,北京广播学院出版社 2000 年版,第 153 页。

总结并且复习其中一些命题。因此,如果播音员播报前了解了开始和结尾,一方面可以提前解决这一处理负荷最重的地方,为实际播报稿件时的处理工作减轻负荷。另一方面,了解开头可以对稿件主体作出预测,了解结尾可以提前知道稿件主体后的总结性命题。看过了开头和结尾,实际播报中既可以预测又可以印证。

由此可见,图式在语篇理解中的作用是非常重要的。一个人头脑中存储的图式越多,在理解的过程中就越能迅速准确地找出相应的图式,实现理解。同样,图式对于话语产生也是非常重要的,一个人头脑中存储的图式越多,在话语产生的过程中也就越能迅速、准确地找到适合的图式,实现表达。而如果缺乏一个与故事或论述、说明相适应的图式,理解就会产生困难。

怎样获得更多的图式呢?一方面是了解相关的图式知识,有意识地推导、总结、储存;另一方面,广泛地接触各种各样的语篇是很好的方法。古人说,"熟读唐诗三百首,不会做诗也会吟",这就是说,接触多了,受到熏陶,有一定语感,头脑中逐渐形成一定的图式,因而也能模仿出一些诗句。第六章已述的季羡林先生的观点,说到底就是接触和熏陶:通过学习和广泛阅读,逐渐获得一定的语感并建立一些图式,通过读好文章,从而写出好文章。主持人即兴口语训练中,也有类似的训练方法,比如要求学生背诵一定数量的古文和诗歌,大量阅读和回述包括新闻在内的各种体裁作品。这些都是通过接触和熏陶从而获得语感和图式的有效途径。

三、积极倾听法

倾听的一个重要方面是要理解并记住说话者所说的话。理解是通过正确确定信息的意思来为信息解码的能力。记住是运用那些有助于你辨明和回忆你已存储的信息的技巧。理解和记住都是通过积极倾听的行为帮助完成的。消极倾听的行为仅仅是让词语进去再出来,而积极听讲的行为是特殊行为,包括确定组织结构、询问问题、默默用自己的话解释、留心非语言线索并记笔记,这些行为有助于把听讲变成一种对话。

理解取决于理解语言和非语言信息的能力。不管对方的讲话多么博大精深,你自己的知识储备越大,你就越可能有能力理解说话者所说的内容;你对说话者的声调、面部表情和肢体语言越了解,就越可能理解说话者的意图。

但是仅仅理解是不够的。好好听讲还要求我们从事有助于把信息存储到记忆中的活动,这样我们以后可以谈论说话者的信息并能够分析说话的有效性。为了帮助我们理解得更好且记住得更多,让我们考虑五种积极倾听的做法。

第一,确定说话者说话的组织结构。也就是说,从说话语篇回归到语结、提纲,然后通过语结、提纲导出说话的组织结构、图式。"说话者都可能有一个信息的总体组织模式",这个"总体组织模式"就是说话图式,即:目标、发展目标的主要思想观点(或要点)、解释或支持要点的细节。根据这个说话图式,容易理解很多说话语篇。从听讲人的角度来说,"我坐在这儿听讲是想要知道什么/干什么""信息是怎么分类的"以及"为什么我应该这样想/做",这几个问题有助于提醒注意，导出说话图式。

第二，问自己问题。也就是刚才提到的有助于提醒注意，导出说话图式，并且还有助于在更深层次上加工语义，理解语篇。此外，问自己问题还可能引发进一步思考。

第三，默默解释主要信息。这也是更深层次上加工语义、引发进一步思考的方法。解释不是简单的重复，相反，它是把你所理解的某条信息的意思用你自己的语言叙述一遍。例如崔永元在关于抑郁症的那期节目当中提到的如何定义抑郁症，他无法用专业知识来解释概念，观众可能也无法理解太专业的词汇，最后他将抑郁症解释为“心灵上的感冒”，既说明了抑郁症的普遍性，又化解了观众的担心，一举多得。

第四，留心其他语言线索，比如说体态语线索，体态语常常会流露出说话人的真实用意。

第五，做好笔记。好笔记的构成是：总体观点、信息要点以及主要发展材料。这些构成都可以通过简洁凝练的语结表现出来，据此再导出结构框架、图式。“理想的好笔记看起来会和说话者的提纲类似。”可以将自己做的笔记提纲和说话者的提纲相比较，用以检测是否真正推导出了说话者的图式。

第三节　全面理解语篇内容

除了语篇的局部结构理解和整体结构理解以外，要完全了解语篇的意义还需要考虑语境因素。

一、语境支持

语境是运用语言进行交际时所处的环境，可以分为三类：宏观语境，中观语境，微观语境[①]。

语境所包含的因素如下图所示：

- 语境
  - 微观语境
    - 上下文
    - 上下语
  - 中观语境
    - 客观因素（时间，地点，场合，对象……）
    - 主观因素（身份，职业，思想，修养……）
    - 临时性主观因素（处境，心情，体态语……）
  - 宏观语境
    - 社会语境，文化语境，民族语境，
    - 地域语境，时代语境……
    - 百科全书式的知识，特定文化的社会规范，
    - 特定文化的话语规则……

① 於春：《论语结——有效提高语言实践能力》，中国经济出版社 2006 年版，第 230 页。

二、检测与理解相结合

另外，如果我们已经从语篇回溯到语结，通过语结导出图式以后，怎么知道导出来的图式就是作者的图式呢，这需要检测。

检验我们是否能成功地诱导出图式的方法之一是将自己对该语篇的摘要和作者的摘要相比较，我们的摘要和作者的摘要越接近，说明我们的语篇理解程度越高。当我们的理解能力越来越高时，我们就可以采取一些更为全局性的处理策略。

三、案例:《百年中国现代化“六次政治选择”》

下面这个例子将从语结回溯、提纲概括、图式推导、语境支持、检测与理解相结合、批判性思考、一言以蔽之的极简概要、做出自己的解释等多方面来全面考察语篇理解。

(一)语结回溯

凤凰卫视《世纪大讲堂》节目有一期讲座为:《百年中国现代化“六次政治选择”》，原演讲文本约 2.5 万字，由于本书篇幅有限，又考虑到尽量保持演讲原貌，下面将这篇演讲摘要为 6000 字：

百年中国现代化“六次政治选择”(上)

萧功秦

2004 年 05 月 11 日，凤凰网

每一个时代的人们，总是要重新审视和解读以往的历史。因为每个时代的人们都有自己的问题，他们总是希望从自己关切的角度、从历史当中来获得对自己的启示。我们正处在一个现代化的时代，我们当然会非常有兴趣想了解我们的前人，他们是怎么经历现代化的挑战的？他们在经历现代化的挑战过程当中有什么教训？对我们有什么启示？

我们可以从政治选择这个角度来看待我们一百多年所经历的这段历史。这里所说的政治选择，就是指特定的政治体制与现代化的战略相结合，而形成的一种政治模式。这种前后相继的政治模式形成的历史，实际上就是我们一百四十年来的中国的现代化的历史。

大体上说，中国的现代化经历了六次政治选择，如果从洋务运动开始。第一次，是清王朝的开明专制化运动，从 19 世纪的 60 年代到 1911 年。第二次，是 1911 年到 1913 年的孙中山的议会民主政治模式。第三次呢，是 1913 年到 1927 年，以袁世凯到北洋军政时期的军事强人所建立起来的权威主义的现代化模式。第四次

呢，是从1928年到1949年，我们把它称为国民党的国家主义的权威主义模式。第五次呢，是从1949年到1976年，毛泽东的社会主义计划经济模式。第六次，就是1978年到现在的，邓小平的新政模式。

贯穿在这一百四十年中的六种模式，我们可以用六个人的名字来代表，就是慈禧模式、孙中山模式、袁世凯模式、蒋介石模式、毛泽东模式、邓小平模式。这六个人也是这一百多年来对中国影响最大的六个人，因为他们所作出的政治选择，他们所代表的政治选择，实际上影响了中国人的命运。

第一种政治模式，我们把它称为晚清的开明专制化模式。它实际上经历了三个阶段，那就是洋务运动、戊戌变法、清末新政。所谓的开明专制化，用一个简单的说法就是旧瓶装新酒。皇帝的权威是旧瓶，运用皇帝的权威和现行的官僚体制，来推行现代化的政策创新或者制度创新。

从理论上说，如果给洋务运动以相当长的时间，洋务运动可以自然而然地发展为一种开明专制主义。然而中国的传统体制过于僵化，官僚士大夫和权贵阶层当中的保守势力过于强大，而日本通过明治维新赶了上来，并且在甲午战争当中一举打败了中国，使中国陷入了深重的民族危机，导致了洋务模式的失败。

开明政治化不得不进入第二阶段，那就是戊戌变法阶段。戊戌变法是甲午战争以后，康有为和梁启超等一批有强烈的改革精神，具有明确的现代化意识的体制外的知识精英，进入了中国的政治中心。他们与年轻的光绪皇帝相结合，形成了推进中国现代化的精英势力。但是这种势力有致命的两个弱点。第一，变法人士身上具有强烈的，由于民族危机而形成的心理上的焦虑感，在这种焦虑感心态的支配下，他们采取了激进的、大刀阔斧的、毕其功于一役的、不切实际的改革策略。第二，这些改革精英绝大多数都从来没有当过一天的官。一个没有当过官的人，在政治中心推行这场官僚体制的改革，他是肯定要遭到失败的。

开明专制主义的第三个阶段，就是清末的新政。"庚子事变"以后，清王朝陷入了前所未有的权威危机，慈禧太后一变而为最真诚的改革者。从1901年开始到1911年辛亥革命前，整整十一年，进行大规模的改革运动。清末新政是开明专制化的一次最重要的也是最后的一次努力，它的内容包括，废除科举，举办新式的学堂，禁止鸦片，兴修铁路，改革司法制度，鼓励实业，扩展新式军队，还有是筹备立宪等等。所有这些改革，实际上都深深地影响到中国的经济社会文化思想的各个方面。但清末新政最终是失败的。开明专制化在中国的失败，它的原因归根到底是传统的官僚体制，它的僵化程度比较高，它的自我更新能力比较低，就是这样一个传统体制。

下面，我们要谈的是第二次政治选择，第二次政治选择就是辛亥革命以后的多党议会的民主政治。当时人们不约而同地认为，西方的民主政治是最先进的政治，可以放之四海而皆准。孙中山曾经非常明确表达过这种思想，他认为我们中国发展现代化就是制造火车头。那么要用最新式的火车头好呢，还是用老式的火车头呢？他认为开明专制是老式的火车头，而民主政治就是个新式火车头，在这种情况下，民主政治被大家认为是一种最好的选择。

还有一个具体的原因，当时的中国是二十二个省，各自为政，要让他们合在一起形成一个统一的国家，只能采取一省一票的方式形成一个共和国、一个联邦国家。所以中国就走上了多党竞争的这种议会民主制度。当时的中国一下子涌出了三百多个政党，无穷无尽的党争，最后导致了矛盾冲突不可调和，发生了宋教仁血案，同盟会开始进行二次革命，袁世凯进一步增压，最后是解散国会，出现了总统独裁，多元民主政治就失败了。

多元民主政治实际上是在一个高度专制传统的农业社会上面，安放着一个高度西化的政治系统，社会系统和政治系统两者之间无法有机地结合。严复先生他做过一个非常生动的、形象的比喻。他说中国人是一头牛，它要学马跑得快，于是就把马蹄搬到牛腿上来。就相当于把西方的民主政治那个马蹄，装到中国的牛身上来。然后人们发现，马蹄装在牛身上还是跑不快，因为那个马蹄需要马的骨骼支撑。于是又把马的骨骼移植过来，可是人们又发现，马的骨骼需要马的肌肉支撑。马的肌肉需要马的血液系统支撑。实际上就变成这么一个问题：除非一头牛同时变成一匹马，否则牛不可能把马蹄装到自己身上来，跑得像马那么快。一个比喻我们可以把它称为严复的悖论，也就是说，单项移植一项东西，这个被移入的因素不能成活。必须要把西方其他制度因子全部移植进来，这个单项移植的东西才能成活，才能起作用。但是全部移植实际上又是不可能的，就是说无论是单项移植还是全部移植都出现了问题。这就是严复悖论。

下面谈第三次政治选择，就是袁世凯的军事强人的权威政治。二次革命以后袁世凯解散了国会，成为中国近代史上第一个具有现代化导向的军事强人。他统治的初期，政治稳定，鼓励发展实业，引进现代教育，制定了商法。1914 年到 1916 年，当时的经济以 11%的速度发展，这个时期被人们称为中国资产阶级的黄金时代。我们可以把这种模式称之为新权威主义模式。新权威主义，指的就是，后发展国家在民族革命以后所建立起来的，作为议会民主制的反向运动而出现的，具有现代化导向的强人政治。袁世凯是亚洲历史上第一个人，以后韩国的朴正熙、全斗焕，印度尼西亚的苏哈托，拉丁美洲的皮诺切特，都是属于这种类型的新权威主义者。

看来新权威主义似乎是中国现代化的一个可供考虑的选择，但是袁世凯这个政治强人，他有极其严重的两个缺点。第一个缺点就是，他具有很强的封建意识，他的权利个人化的倾向、权利运作的任意性、权利内部关系的朋党性，导致了这个结构的极其脆弱。第二,权利不受制约是新权威主义有效运作的一个前提,但是又使得统治者有可能利用他的权威来为私人牟利,从而导致这个新权威主义的变质。这也是中国现代化面对的一个严重的困难。

刚才我们谈到了中国现代化初期的三种模式,第一种是开明专制模式,第二种是议会民主政治模式,第三种是强人政治模式。三种模式都有成功的地方,也有缺陷。开明专制模式有一个强有力的政权,但是这个政权的合法性在急剧衰落。议会民主政治有现代化导向性,但是缺乏对社会的整合能力、动员能力和强有力的政治核心。袁世凯模式有一个维持政治稳定的权威系统,却缺乏现代化意识。由于这些原因,使得适合于中国现代化的政治载体,并没有在20世纪初期实现。谢谢大家!

百年中国现代化"六次政治选择"(下)

萧功秦

2004年05月18日,凤凰网

上一次的演讲中,我提到了中国清王朝的开明专制化运动的失败,这个失败的结果呢,就导致了中国通过议会民主政治来作为推动现代化的政治载体。议会民主政治很难进行整合,它对整个社会进行整合的过程非常困难,于是形成了无穷无尽的党争,而这个党争和无序化,又导致了袁世凯作为军事强人强行地解散了国会,建立起议会民主政治制度以后的那个第三次政治选择,那就是强人政治。那么强人政治由于它的权利个人化,而导致了权威危机,于是又一次遭到了失败。

在1916年以后,中国开始逐渐进入了北洋军政时期,北洋军政时期可以说是中国全面危机的一个开始,孙中山开始摸索中国的新的现代化道路。二次革命以后,孙中山开始把国民党逐渐转变为一个具有自上而下的高度的组织性的权威主义政党。与此同时,蒋介石开始以黄埔军校的校长的身份出现,他把他的五千黄埔军校的毕业生,五千子弟兵,作为他的军事基础。于是孙中山死了以后,蒋介石成为中国的新一代的军事强人。他开始进行了北伐,1928年统一中国以后,蒋介石又形成了新权威主义,我们把它称为国家主义的权威主义。

蒋介石用"三民主义"的意识形态,来做整个国民党组织的凝聚基础。又用一个领袖,对领袖效忠,来形成他个人的权威。再用一个政党来作为推动现代化与维持统治、政治稳定的组织工具。这种一个政党、一个主义、一个领袖的方式,要比袁世凯仅仅根据私人关系纽带、私人的效忠关系而形成的那种权威主义来说,他的组织力量要强大得多,凝聚力也要更为强大。

蒋介石模式也比袁世凯模式具有更强大的社会政治动员能力。国民党统一中国以后,在30年代初期到1937年这段时期,有人把它称为是国民党的黄金时代。

有经济学者做过统计，在这七年里面中国的国民经济的发展速度，达到了13%以上。然而国民党的现代化模式，到了1949年时，就迅速地腐败，1949年终于崩溃，是什么原因呢？

原因就是蒋介石的权威主义，内部结构当中仍然有很强的私人效忠的庇护网关系。抗日战争胜利以后，国民党官僚一变而为接收大员，于是就出现失控性的腐败，从而失去了在中国人心目当中的权威的合法性。因此这第四次政治选择，也由于它内在的弊端和它内在的问题，终于走出了历史。

接下来就是我们要谈到的第五次政治选择，就是毛泽东的计划经济模式。这里要介绍一个政治学的概念，就是全能主义。所谓的全能主义指的就是，高度组织化程度的政党，全面的渗透控制社会的基层和社会领域的各个方面，通过这种方式来进行最广泛、最深入的社会动员，来实现政党所规定的一个目标，现代化的目标。中国共产党领导的革命之所以能够实现全国的统一，应该说主要是靠着强有力的革命意识形态、列宁主义政党的组织力量以及强有力的军事力量，这三者所形成的一种革命的全能主义。这种革命的全能主义，它的确能够强有力地实现对社会的整合与控制，能够克服袁世凯的强人主义的新权威主义，以及国民党的国家主义的权威主义，它们那种内部结构的脆弱性。毛泽东模式的全能主义所具有的强大的组织资源，是中国历史上前无古人后无来者的。他对社会的整合能力和控制能力、动员能力远远超过了以往任何模式。正是靠着这种组织力量，对社会的全面渗透，才使我们的民族克服了20世纪的全面危机。然而毛泽东本人，他把商品经济、把市场经济、把个人竞争看做是人类苦难的一种根源。实际上，毛泽东推行的是一种反市场经济的现代化模式，它的最大的问题是：抑制了微观个体的竞争的活力，使整个社会陷入无竞争状态，这种无竞争状态的后果又使经济的停滞、计划的无序以及无效性，以及这种计划体制下的官僚主义的膨胀。为了保护计划经济的公有制，毛泽东就要进行一场文化大革命。其结果就是使极“左”思潮走到了极端，也使得毛泽东本人作为一个现代化的选择受到了挫折。

极“左”思潮的灾难性的后果，引起了执政党的觉醒，中国开始走上改革开放的道路。毛泽东的模式逐渐地就演变为邓小平模式。邓小平模式有哪些基本特征呢？首先就是，对毛泽东的计划经济模式予以否定，认识到经济和社会的发展需要市场经济的引入，而市场经济的引入，又导致了人们追求物质利益的竞争活力得到重新培育，从而开始走上用市场经济来发展生产力的道路，开始出现经济上和社会领域的多元化。其次，为了在理论上论证改革开放的合理性，就必须在意识形态领域进行创新。实践检验真理的标准这个大讨论，从现代化的角度来说，就是世俗理性，就是用功效来作为判断事物标准的这种理性，作为引导社会进步的思想基础。还有，社会主义初级阶段论的产生为市场经济引入社会主义，提供了理论上的论证。这些意识形态的转变,使中国摆脱了教条主义的束缚,一方面,保护了执政党的合法地位,另一方面,又为社会主义条件下的制度创新提供了条件。此外,邓小平还完成了改革开放以来一个非常重要的政治任务,那就是排除了“左”的和“右”的两方面干扰,用强大的组织力量和政治资源,排除了激进的自由派和保守的教条主义者,形成了以改革开放为基础的中间派力量的强大。中国改革中的稳健的中间派的强大,和苏联的戈尔巴乔夫改革正好相反。戈尔巴乔夫改革,实际上是戈尔巴乔夫的中间派和激进派形成联盟,来对抗党内的保守派。结果使得中间派被边缘化了,从而形成了一个严重的苏东的事件。邓小平模式逐渐通过意识形态的转型、通过经济的发展、通过政治上摆脱两极化的冲突,从而终于实现了一个比较稳定的体制,这个体制是一种后全能主义型的新政模式。

最后,从六种政治选择的比较来看,对我们今天有什么意义呢?下面我想谈一点自己的看法。一般而言,一个有效地推行现代化的政治载体必须具有三个条件。

第一个条件,它在推行现代化的起步阶段应该具有一种权威主导的力量。第二个条件。那就是,它应该有市场经济的现代化导向。第三个条件,这个体制它必须能够适应环境的变化与发展,不断地进行自我更新。

从这三个条件来看,清末的开明专制化的模式显然缺乏制度创新的能力,所以它迅速的权威危机使开明专制化最终失败了。早期议会民主政治显然缺乏权威主导型政治体制所具有的对社会进程的可控性,多党制在中国所造成的无序状态,使中国人无法实现现代化的目标。袁世凯的军事强人的那种权威主义模式显然已经具有了权威主导的这种模式的基本特征,然而它的内部结构极其脆弱,缺乏意识形态,缺乏政党组织作为动员的和凝固的组织基础,现代化意识的薄弱,又使他迅速地陷入权威危机。相对于袁世凯模式而言,国民党的国家主义权威主义已经具有了更强的组织资源,同样具有了权威主导型的这个政治载体。但是,它和袁世凯模式一样,内部那种庇护网关系难以克服,尤其在抗日战争这种全面危机下,它的组织资源无法应付,从而遭到了失败。至于毛泽东体制,首先我们必须肯定毛泽东本人以及毛泽东模式在中国现代化过程当中具有很大的历史贡献。他克服了中国百年以来的全面危机,完成了民族的统一,所有这些都是实现现代化的最重要条件。然而,毛泽东模式的最大的问题,在于他对现代化的理解,他想通过一种否定市场经济的模式来实现现代化,方向是有问题的。当然,这和我们整个民族的不成熟有关。

从这个意义上来说,邓小平模式恰恰具备了很多和这三个条件相一致的地方,也就是:市场经济现代化的导向性,权威资源和组织力量的丰富性。同时,这个体制还具有很强的制度创新能力。现代化过程当中的制度创新,是一个非常复杂的过程。我们必须要根据我们现代化过程当中出现的种种问题,及时地进行制度跟进。比如现代化过程中，一定会出现相当程度上的贫富两极化。一定会出现腐败。而腐败和两极化，必须要通过制度创新来加以克服。因此从这个意义上来说，一个适应现代化过程的政治载体，只有在适应了现代化过程所不断提出的新的任务，才能够逐渐地完善，这个载体才能逐渐完善。从这个意义上来说，我们百年现代化中的无数的挫折和经验，使我们整个民族逐渐地成熟起来，尽管经历了一百四十年，但是我们总算是逐渐成熟起来了。我们从历史当中吸取的智慧和启迪，将使我们在未来走的道路上面，能够走得更稳健、更成熟一些。我相信，中国人的现代化的理想，在我们这一代可以作出更多的贡献。谢谢大家！

这是一篇相当精彩的演讲，演讲人切入的“政治选择”这一角度重要而巧妙，对这段历史的梳理提炼显得清晰、精到：一百四十年的历史，可以用“百年中国现代化的六次政治选择”这个标题、核心语结来说明。同样可以用270个字来说明：“第一次，是清王朝的开明专制化运动，从19世纪的60年代到1911年。第二次，是1911年到1913年的孙中山的议会民主政治模式。第三次，从1913年到1927年，是以袁世凯到北洋军政时期的军事强人所建立起来的权威主义的现代化模式。第四次，从1928年到1949年，是国民党的国家主义的权威主义模式。第五次，从1949年到1976年，是毛泽东的社会主义计划经济模式。第六次，从1978年到现在，是邓小平的新政模式。贯穿在这一百四十年中的六种模式，可以用六个人的名字来代表，就是慈禧模式、孙中山模式、袁世凯模式、蒋介石模式、毛泽东模式、邓小平模式。”当然，还发展出了2.5万字的演讲。继续下去，完全可以发展出一本近代史书。

（二）提纲概括

这篇演讲的内容、结构、表述如此清晰，很容易就回归出该演讲的主要语结：“百年中国现代化，六次政治选择，清王朝的开明专制化运动或慈禧模式，议会民主政治或孙中山模式，军事强人的权威主义或袁世凯模式，国家主义的权威主义或蒋介石模式，全能主义的计划经济或毛泽东模式，后全能主义的新政或邓小平模式。”还可以进一步提炼出一个比较详细的提纲：

百年中国现代化“六次政治选择”(上)

开场白(引言)：每一个时代的人们，总是要重新审视和解读以往的历史。因为每个时代的人们都有自己的问题，他们总是希望从自己关切的角度、从历史当中来获得对自己的启示。我们正处在一个现代化的时代，我们当然会非常有兴趣想了解我们的前人，他们是怎么经历现代化的挑战的？他们在经历现代化的挑战过程当中有什么教训？对我们有什么启示？

总起(主题句)：我们可以从政治选择的角度看一百四十年来中国现代化的历

史。一百四十年来中国现代化的六次政治选择为:第一次,19 世纪 60 年代到 1911 年,是清王朝的开明专制化运动。第二次,1911 年到 1913 年,多元议会民主政治。第三次,1913 年到 1927 年,军事强人的权威主义。第四次,1928 年到 1949 年,国家主义的权威主义。第五次,1949 年到 1976 年,全能主义的计划经济。第六次,1978 年到现在,后全能主义的新政。这六种模式,可以用六个人的名字来代表:孙中山模式、袁世凯模式、蒋介石模式、毛泽东模式、邓小平模式。这六个人也是这一百多年来对中国的影响最大的六个人,他们所作出的政治选择、代表的政治选择,实际上影响了中国人的命运。

正文:

一、晚清的开明专制化模式。三个阶段:洋务运动、戊戌变法、清末新政。

失败原因:归根到底是传统的官僚体制,僵化程度比较高,自我更新能力比较低。

二、辛亥革命以后的多党议会的民主政治。

失败原因:多元民主政治实际上是在一个高度专制传统的农业社会上面,安放着一个高度西化的政治系统,社会系统和政治系统两者之间无法有机地结合。严复悖论。

三、袁世凯的军事强人的权威政治。

失败原因,袁世凯具有很强的封建意识,权利个人化的倾向、权利运作的任意性、权利内部关系的朋党性。权利不受制约。

小结:中国现代化初期的三种模式,第一种是开明专制模式,第二种是议会民主政治模式,第三种是强人政治模式。三种模式都有成功的地方,也有缺陷。开明专制模式有一个强有力的政权,但是这个政权的合法性在急剧衰落。议会民主政治有现代化导向性,但是缺乏对社会的整合能力、动员能力和强有力的政治核心。袁世凯模式有一个维持政治稳定的权威系统,却缺乏现代化意识。由于这些原因,使得适合于中国现代化的政治载体,并没有在 20 世纪初期实现。

百年中国现代化"六次政治选择"(下)

开场白(引言):上一次的演讲中,提到了清王朝的开明专制化运动失败,结果导致中国通过议会民主政治来作为推动现代化的政治载体。议会民主政治很难进行整合,于是形成了无穷无尽的党争,党争和无序化又导致袁世凯作为军事强人强行地解散了国会,建立起第三次政治选择,那就是强人政治。但是强人政治由于权利个人化而导致了权威危机,于是又一次遭到了失败。

正文:

四、蒋介石国家主义的权威主义。比袁世凯模式具有更强大的组织力量、更强大的凝聚力、更强大的社会政治动员能力。

崩溃原因：内部结构中仍然有很强的私人效忠庇护网。抗日战争胜利后出现失控性的腐败。

五、毛泽东的全能主义的计划经济。对社会的整合能力和控制能力、动员能力远远超过了以往任何模式。中国历史上前无古人后无来者。

最大的问题：反市场经济的现代化模式。极“左”思潮的灾难性的后果。

六、邓小平的后全能主义型的新政模式。

特征：继承了毛泽东巨大的组织资源。市场经济的发展。意识形态的转型。政治上摆脱两极化。

反思：六次政治选择对今天的意义？一个有效的推行现代化的政治载体必须具有三个条件：

1. 它在推行现代化的起步阶段应该具有一种权威主导的力量。

2. 它应该有市场经济的现代化导向。

3. 它必须能够适应环境的变化与发展，不断进行自我更新。

总结：清末的开明专制化的模式显然缺乏制度创新的能力，所以它迅速的权威危机使开明专制化最终失败了。早期议会民主政治缺乏对社会进程的可控性。袁世凯的军事强人的权威主义模式内部结构极其脆弱，缺乏意识形态，缺乏政党组织作为动员的和凝固的组织基础，现代化意识的薄弱。国民党的国家主义权威主义内部庇护网关系难以克服，抗日战争后失控性腐败。毛泽东模式想通过一种市场经济的模式来实现现代化。方向问题。邓小平模式具备了很多和这三个条件相一致的地方：市场经济现代化的导向性，权威资源和组织力量的丰富性，并有很强的制度创新能力。腐败和两极化，必须要通过制度创新来加以克服。

结语：一个适应现代化过程的政治载体，只有在适应了现代化过程所不断提出的新的任务，才能够逐渐地完善，这个载体才能逐渐完善。百年现代化中的无数的挫折和经验，使我们整个民族逐渐地成熟起来。从历史当中吸取的智慧和启迪，将使我们在未来的道路上面，能够走得更稳健、更成熟。

（三）图式推导

根据回归出来的语结和提纲，可以推导这篇演讲的图式：开场白（引言）——总起（主题句）——正文：模式 1，优点、缺陷；模式 2，优点、缺陷……模式 N，优点、缺陷——反思，总结——结语。

（四）检测与理解相结合

怎么证明推导出来的语结、提纲、图式就是讲座人本人的语结、提纲、图式呢？我们可以通过讲座人和听讲人的现场问答式对话语篇来检测。下面是讲座上半场的部分问答：

主持人王鲁湘：听了萧先生的演讲，我产生几个问题想请教萧先生。您刚才提到了中国现代化过程中的前三次政治选择，第一次政治选择就是晚清的以慈禧为领导的开明专制。您也说到了为什么会有这种选择，以及这种选择为什么必然失败。我想提的一个问题就是，选择开明专制失败的原因，您说最主要的就是这个体制本身已经高度僵化，它没有一种从内部进行体制创新的基本能力。那它为什么会有这样的动力来进行持续十一年的改革呢？

从这个提问中“中国现代化过程中的前三次政治选择”和“第一次政治选择就是晚清的以慈禧为领导的开明专制”。“失败原因”“高度僵化”可以看出，主持人的确听出了演讲者的语结，本书前面也列出的这个语结和相关提纲，通过比较就可以得出检测结果。另外，主持人不仅听出了讲座者的语结，通过思考还进一步提问：既然高度僵化，没有体制创新能力，为何又有如此动力进行十一年的改革？前面积极倾听法中说过，问自己问题有助于确定演讲的主要方面，还有助于确定演讲者是否提供了足够的信息。然后注意听演讲者所提供的支持性材料，或者在演讲者没有提供时主动要求其提供。主持人向讲座人提的这个问题，讲座人还没有充分论述，下面是讲座人的回答：

讲座人萧功秦：作为一个清朝统治者来说，她面对的是数千年来未有之大变局，数千年来未有之强敌，为了保持自己统治的长治久安，她也不得不向西方学习。也就是说，中国现代化的客观逻辑和她为了保持自己政权的主观愿望，两者是重叠的。在实现主观愿望保护自己政权的合法性、长治久安的过程当中，她必须向西方学习，客观上就进入了中国现代化发展的逻辑。

讲座人显然也听出了提问人的语结“晚清慈禧改革的动力”，于是孕育自己的语结“保持自己政权的主观愿望”“中国现代化的客观逻辑”，并将它们发展为语篇，补充说明了讲座中没有充分提供的信息。

（五）批判性思考

再看一个学生的提问：

学　生：萧教授，您好！我是大一的一个学生，对中国近代的历史比较感兴趣。在听您刚才说的当中，我注意到您的一个观点，就是您在讲中国的六次历史选择当中的第一次，您把洋务运动、戊戌变法和清末的十一年新政，把它归为一次历史选择。而且我注意在这个当中，您把慈禧的地位推得过高了。我认为在整个历史时期当中，慈禧只是作为一个人物出现的，在整个的第一次历史选择当中，她没有您所讲的那么大的作用。您能就慈禧在第一次历史选择中所起的作用再论述一下吗？谢谢！

从这个学生的提问“中国的六次历史选择”“洋务运动、戊戌变法和清末的十一年新政”“归为一次历史选择”“慈禧的地位”可以看出，他也听出了演讲者的语结，同样，本书前面也列出的这个语结和相关提纲，通过比较就可以得出检测结果。“我认为”“慈禧”“在第一次历史选择当中”“她没有你所讲的那么大的作用”，这些说明该学生不仅听出了讲座人的语结，而且还进行了思考，并产生了不同意见。“您能就慈禧在第一次历史选择中所起的作用再论述一下吗？”这是他主动要求讲座人进一步提供更充分信息。下面是讲座人的回答：

萧功秦：好，这个问题提得很有意思。首先我必须要指出，洋务运动实际上是在慈禧支持下进行的，慈禧是洋务运动最积极的一个支持者。开明专制化的第二个阶段就是说“戊戌变法”的兴起，也是慈禧本人首肯以后才能进行的。然而“戊戌变法”人士的激进政策，触犯了慈禧本人的既得利益，使她转为“戊戌变法”的反对者。因此在“戊戌变法”发起和它的失败过程当中，慈禧都扮演了一个非常重要的角色。在开明专制化的第三个阶段就是清末新政当中，慈禧又是一个非常重要的人物。清末新政是1901年开始的，而它开始的原因就是慈禧本人在逃离了北京以后，她受到了巨大的磨难，才深深感觉到一种对自己以往错误的忏悔，然后她就主动地提出下罪己诏，并且提出要对中国进行大改革，发布了命令，发布了多次的诏令，要求三品以上的官员，必须在三个月以内提出中国改革的基本方案。整体上来说，慈禧在清末开明专制化的第一阶段和第三个阶段当中，起到非常大的作用。因此，我这里不是把慈禧作为一个脸谱，而是把她作为现代化过程当中，一个非常重要的实质性起作用的政治人物提出来的。

讲座人也听出了学生的提问语结“慈禧在第一次政治选择中的作用”，于是孕育自己的语结，从“洋务运动”“戊戌变法”“清末新政”三个阶段，用自己的理据作了进一步的论述说明。当然，提问人和现场观众还可以有自己的看法，无论一致与否，都可以使理解得到一定程度的深化。

（六）“一言以蔽之”的极简概要

另外，《世纪大讲堂》节目有一个惯例，讲座结束前，主持人都会请讲座人用一句话来做总结，下面是《百年中国现代化“六次政治选择”》上半部分结束前的总结：

王鲁湘：萧教授，我们现代化一百年过程中六次政治选择的前三次政治选择，您能不能用一句话来概括这前三次政治选择，或者您觉得这前三次政治选择最大的教训是什么？能不能用一句话给我们概括？

萧功秦：太复杂的历史，用简单的话确实不太容易，勉强为之吧，“一波三折”。

王鲁湘：“一波三折”，好！

这是讲座人自己回归的整个讲座的语结。“一波三折”简洁凝练，准确传神，很有象征意味，既可以看做议论类语结，又可以看做情绪气氛类语结。

（七）做出自己的解释

再看讲座下半部分的一个问答，对主持人提问：

王鲁湘：您为这六次选择总结的三条经验（即一个有效的推行现代化的政治载体必须具有三个条件，本书作者注），我把它概括成，第一条就是讲政治。您说的所谓的组织资源、权威、包括意识形态，其实就是我们所说的讲政治。第二条就是讲市场，就是市场导向。第三条就是讲创新。如果说能够紧紧地把握住讲政治、讲市场、讲创新这样三个条件的话，我们的现代化就是有希望的，您认为是这样的吗？

主持人不仅听出讲座人的语结，而且还根据自己的理解作出了解释，并将其表述为“讲政治”“讲市场”“讲创新”，和当时号召的“讲学习”“讲政治”“讲正气”的“三讲”联系起来，表述上通俗、新鲜、有趣的同时，有一定的陌生化效果。下面是讲座人的回答：

萧功秦：你的概括非常地通俗。从讲政治的角度来说，是不是可以再做一点补充，我这里谈的讲政治，实际上包含着一种对发展的需求，就是对适应于现代化的客观要求的那种政治模式，对合适的政治载体的一种期待。而这种期待呢，又是随着我们现代化的过程不断地发展、变化的。就是这个政治的载体，在这个阶段它可能是比较符合现代化的要求的。然而随着社会的发展和进步，随着新的问题的出现，那么这个政治载体，它的发展本身还要进入更高的阶段。因此，如果你能够把更高阶段的期待和需要也放进来的话，我同意你的看法。

这场讲座不仅讲得精彩，问答也是棋逢对手。讲座人在肯定主持人的理解和表述后，又进一步指出，讲政治那一条还得加上发展，也就是，适应现代化客观需求的政治模式还要能够适应更高阶段的期待和需要。再看下一轮问答：

王鲁湘：您能不能给我们预测一下，在六次政治选择之后，第七次政治选择将是一个什么样的模式？

萧功秦：我想是借鉴了人类文明发展的经验，走向民主政治。但这个民主政治，是随着我们自己目前所创造的客观环境逐渐培育出来的。也就是说，我们现在在为中国特点的民主政治创造条件，结果有可能使我们整个民族在未来享受到一百四十年来从来没有享受到的真正的民主。

回归历史是为了更好地面对未来，上面这轮问答显然体现了回顾百年六次政治选择的目的和意义，并将讲座提升到一个更高的层次。

（八）语境支持

上面这个例子，我们回溯了语结，获得了提纲，推导了图式，并通过问答对推导出来的图式进行了检测。这样就能够完全理解了吗？只能说，我们对语篇的上下文或上下语有了理解。语篇理解不仅限于上下文或上下语，语篇理解需要整个语境的支持，只有完整、准确地把握，才能真正实现语篇理解。正如前文所归纳，语境包括三个层面：宏观语境，中观语境，微观语境。宏观语境，包括社会语境、文化语境、民族语境、地域语境、时代语境，包括了百科全书式的知识、特定文化的社会规范、特定文化的会话规则。要理解《百年中国现代化的六次“政治选择”》这个讲座语篇，不能不考虑其宏观语境，考虑中国几千年的封建社会体制，几千年的文化渊源和传承，中华民族的民族性格，华夏大地的风土人情，包括近现代的相对落后和百年屈辱。其中也就包括了百科全书式的知识、特定文化的社会规范、特定文化的话语规则。中观语境，包括客观因素如时间，地点，场合，对象等，《百年中国现代化的六次“政治选择”》是一百四十年后的回顾总结，是在电视媒介的传播下，在特定的节目形态中，规定的时间范围内，面向现场数百人和千百万电视观众，进行的一次讲座。主观因素如身份，职业，思想，修养，《百年中国现代化的六次“政治选择”》是一位研究近现代史的大学教授所作的讲座，他的背景资料在节目中已经有所介绍，如果需要进一步了解，还可以通过著作、网络、数据库等渠道查找。查找这些资料是有必要的，可以在一定程度上了解讲座人的世界观、价值观，可以了解讲座人的研究脉络、研究倾向，有利于批判地听讲座、客观地理解语篇。临时性主观因素如处境、心情不易显现，但由于电视传播声像并送，通过体态语可以有一定的观察和了解。微观语境，包括上下文和上下语，通过回归语结、提炼提纲、图式推导等，已经有了理解。总之，语篇理解要考虑整个语境，语结回溯可以帮助微观语境上下文或上下语的理解，另外，还要将语篇理解置于宏观语境和中观语境下。

第八章　主持人即兴口语修辞

中央电视台《幸运 52》节目主持人李咏曾有体会：

> 这种(现场)气氛不是凭空来的，或者是主持人一声吆喝“大家高兴点啊”就能来的。它需要设计，原则就是有话不好好说，有话拐着弯说。我觉得这样才能出乐子。其中最要紧的是节奏的转换和见缝插针只言片语的设计，那些好像是即兴出来的口语，就如同相声中的抖包袱一样，只有精心设计，才能出效果。
>
> 这种设计是很费心也很琐碎的工作，有时是一项一项地做，更多的时候是随时随地都在琢磨，碰到一个人一件事一般人怎么说，而我要怎么拐着弯说才灵，这需要逆向思维、需要一种新思路。有一段时间我和我们策划也没什么具体的事干，每天就约一个地儿，面对面坐着，出“妖蛾子”。我们琢磨，比如介绍选手职业的时候，如果选手是个工人，我们怎么说，如果选手是个钳工我们怎么说，如果选手是个下岗工人怎么说，我们细到把很多情节和现场反应都设想出来……今天大家听到我说出这个味儿的语言，很大程度上就是那时候开始的，那时就明确了。像正常人那样说话，没什么意思，一定要脑筋急转弯，那段时间是对思维的一种自我训练。①

主持人李咏的原则“有话不好好说，有话拐着弯说”正是道出了主持人即兴口语的另一个重要方面——修辞，其目的不仅是为了说出事实，更是为了说得“有味儿”、说得更好。事实上，修辞活动贯穿语言活动的始终，它存在于一切语言现象中，没有修辞的零形态。交际活动本身就是一种修辞行为，交际现象也是一种修辞现象，严格意义上说，词语的色彩、句式的错综也都属于积极修辞现象。王希杰先生在《修辞学通论》中说，在复杂的交际活动中，修辞现象是特指那些同语言的表达效果有关的现象，就是有助于提高表达效果或者损害表达效果的现象。

① 翁佳：《对面——著名播音员主持人访谈录》，中国经济出版社 2003 年版，第 192 页。

第一节　主持人即兴口语修辞辞则

一、"修辞立其诚"

孔子云:"修辞立其诚",修辞以诚为出发点和最终归宿。修辞的好坏还能体现一个主持人的认识能力和文化修养。好的修辞可以把事理人情表达得清晰透彻,还有语言审美的愉悦。

通常说语言有三要素:语音、词汇、语法。事实上,这三要素也许可以称为区别性要素,语言并非只有这三要素。语言还有修辞、文化等等要素。修辞是语言中深层次的东西,有灵性的东西,修辞和修辞学含有不少艺术的成分,它大体上还是属于语言和语言学。

修辞当中又有消极修辞和积极修辞之分。总有一些把明白作为总的目标的修辞,这就是消极修辞,它应当"没有闲事杂物来乱意""没有奇言怪语来分心"。消极修辞的最低限度也是最高标准,概括来讲,就是意义明确,伦次通顺,词句平匀,安排稳密。积极修辞不仅要使人"理会",还要使人"感受"。它包括辞格和辞趣两类。按陈望道先生的说法,辞格可以分为材料上的辞格,包括譬喻、借代、映衬、摹状、双关、引用、仿拟、拈连、移就;意境上的辞格:比拟、讽喻、示现、呼告、夸张、倒反、婉转、避讳、设问、感叹;词语上的辞格:析字、藏词、飞白、镶嵌、复叠、节缩、省略、警策、折绕、转类、回文;章句上的辞格:反复、对偶、排比、层递、错综、顶真、倒装、跳脱①。共计三十八格。修辞既有"好不好"的问题,也有"对不对"的问题。

二、切境与得体

主持人即兴口语总是在一定的语言环境中进行的,无论其表述的内容,还是其表述的形式,都毫无例外地要受到语言环境的制约。环境既可以决定某个即兴口语是否需要,也可以要求对某一具体的即兴口语形式作出选择;环境既可以由所提供的补充信息允许话语形式的省略,也可以由所提供的补充信息使某些多义的话语形式获得单义性。言语交际中,我们不但应该适应和运用已经存在的不同的语言环境,以求话语的得体和恰当,也可以审时度势,随时创造有利于交际的良好环境,增强言语表达的效果。

主持人即兴口语传播需要坚持"切境得体"这一重要原则。语境因素既包括外显的,如传播时间、场合、对象、前言后语、传播目的等,也包括内隐的,如传播背景、时代环境、相关知识、社会心理等。在诸多的语境因素中,传播对象的不同最为重要。面对不同的传播对象,说话必须有明确的对象感,做到"因人而异"。首先,传播对象不同的文化水平要求主持人即

---

① 参考陈望道:《修辞学发凡》,上海教育出版社 1976 年版,第 25 页。

兴口语具有可接受性;其次,传播对象不同的思想情绪要求主持人即兴口语具有灵活性;再次,面对不同的传播对象,要求主持人即兴口语具有区别性:同陌生人交谈要主动大方,尽快消除陌生;同老年人交谈,要选择“缅怀过去”等适合对方的话题;同领导、名人、老师谈话,不卑不亢,在他们面前表现出真实、自然的你;异性之间谈话,则要心胸坦荡,而不必心慌意乱……总之,我们常说的谈话要“得体”,主要就是指“得语境之体”。

《对话》节目在采访惠普公司总裁卡莉·菲奥利娜时,以一个中国故事开场:“很久以前,有一座山,山上的石头在暴风雨中一起往下滚落,其中的两个石头在滚落的过程中拥抱在一起,然后你认为将会发生什么事情?”用两块拥抱在一起的石头双关比喻惠普和康柏的合并,避免了来者不善的唐突,含蓄诚恳地表明了自己的疑问,分寸感很好,又生动形象,既表示出了很多业界人士对合并事件的担忧,又很好地遵循了合作原则,体现了个性。虽然语言有风格的不同,在各种情境下也要有不同的变化,但无论什么样的风格,什么样的追求,得体都是修辞也是交际最基本的、也是最高的准则。

第二节　主持人即兴口语修辞的常用手法

以下介绍主持人即兴口语传播中常用的一些修辞手法。

一、比喻与类比

(一)比喻

比喻是在不同的事物间寻找共同的联系,目的是让人醒悟。

白岩松非常注意修辞,他的评论在深刻独到之外,有很深的文学修养和鲜明的个性色彩。在一期《东方之子·长江人物系列访谈》中他这样开场道:“我们将在中国最炎热的季节走过长江,走过这条也许在世界经济生活中最炎热的一条河。”用“最炎热的季节”类比中国正在经历的改革开放、经济腾飞的火热时期,又自然联系到世界经济生活中,用长江借代中国,认为它也是世界经济发展最迅速最惹人注目的国家,这里既有对中国激动人心的飞速发展的由衷赞美,又视野开阔,自豪地联想到中国将在世界经济中占有的重要地位,全句用了多个修辞格,给人带来了诗意和美感。

杨澜在采访李敖时,注意到李敖穿了一件红色的衣服,就马上改变开场白:“李先生,你好。我发现你特别喜欢用红颜色。”接着她问:“你是不是这辈子经常在与人相斗,所以有一种红色的气焰?”她把红色比喻为斗争的气焰,找到了开展话题的导火线,体现了主持人独有的观察力和新颖的角度。

（二）类比

类比，指根据两个（或两类）对象在某些属性、关系上的相同（或不同），推出它们在别的属性、关系上也可能相同（或不同）的判断。

中央电视台播出的一期《面对面》节目中，主持人针对当时许多城市提出建立“国际大都市”的目标，列出世界公认的国际大都市在国民生产总值、第三产业从业人员比重、地铁发展情况、科技在经济增长和劳动生产率提高中的作用等方面的数据，与国内城市现实情况作对比。主持人说：

……提起来挺枯燥，比较一下就形象、具体了：国际大都市的人均国内生产总值大致在3000到5000美元，香港、新加坡是国际公认的国际大都市，比较下来，北京、上海、广州人均国内生产总值是香港、新加坡的十分之一。

金融保险业和社会服务业从业人员比例代表着经济竞争实力，纽约、东京第三产业从业人员占总从业人员的比重百分之七八十，北京、上海、广州不足50%。

国际大都市的地铁客运量占客运总量的60%～80%，纽约地铁线路1179公里，而北京、上海地铁加在一起，运营线路不足百公里。

国际大都市经济增长和劳动生产率提高的因素中，科技所占的比重达60%～80%，北京、上海、广州大约30%。巴黎有64个图书馆，北京23个，上海有32个，广州有15个……

通过一系列的类比，主持人在说明问题的同时，旨在引发人们对于“国际大都市”建设热这一问题实事求是的、科学冷静的思考。

二、夸张与委婉

（一）夸张

夸张，指为了启发听者或读者的想象力和加强所说的话的力量，故意用夸大的词语来形容事物。

《正大综艺》有一期节目是“漫游”位于北极圈的加拿大。因为那里天气很寒冷，赵忠祥在形容的时候已经做了夸张，杨澜接的话更有意思：

赵：一提到加拿大，我就冷得打哆嗦。

杨：是啊，我也听说那里冷，说是有两位加拿大人在屋子外面说话，那天冷得出奇，话一说出口就冻成冰碴儿了。那听话的人赶快用手接住，进屋用火烤了才能听见说了些什么……

（二）委婉

委婉，指的是不直言其事，故意把话说得含蓄、婉转一些，也叫做委婉语。

在《实话实说》的《该不该减肥》中，主持人的个性鲜明地体现在句式的转化上，肥胖是一个略有忌讳的话题，崔永元问张越："现在有两种感觉，一种是别人认为胖，一种是自己认为胖。这个标准是不是一样的？你自己对自己是一种什么看法？"张越说："我觉得我挺好的。"主持人没得到想要的答案，追问到："胖不胖？你觉得。"这里，崔永元把句式颠倒了过来，避免了直接问张越"你觉得你胖不胖？"这样的问题可能给她带来的尴尬，微妙地把握好了分寸感，体现了他真诚礼貌的交际素养。接着，他问唐杰忠："唐先生呢？"省略了谓语和宾语，既简洁又有对老艺术家的尊重。他又问俞记者："您是什么时候觉得自己有点胖了？"这里用了"有点胖"，也很有分寸感。在俞记者说完了自己的减肥史后，他又问另一个女性："这些方式您试过没有？"①用语言预设巧妙地回避了别人可能会忌讳的话。

同样的一个问句，"你觉得你胖不胖？"在崔永元这儿转换成了"胖不胖？你觉得。""唐先生呢？""您是什么时候觉得自己有点胖了？""这些方式您试过没有？"快速多样的语言转换能力，体现了主持人对受众心理的体察和善良的用心。对不同的人说不同的话，这种趋同趋新的磨合能力是衡量一个主持人的交际能力和先进性的重要方面。得体的交流必须放在具体的交际中，还要看在特殊情况下是如何变通的。

三、排比与仿用

（一）排比

排比，指的是利用三个或三个以上意义相关或相近，结构相同或相似和语气相同的词组（主谓/动宾）或句子并排，达到一种加强语势的效果。

1996 年 7 月 20 日《东方时空》的《时空报道》里有一期节目名为《两元钱引起的官司》，在随后的《面对面》中，白岩松对孙红星因公交公司拒收他用透明胶带粘贴的两元钱人民币而把对方告上法庭一事，做了六点评论，概括如下："第一，我们要为孙红星叫好，因为两元钱，他受了委屈，他没有在心里说声算了……第二，我们要为有法可依叫好……第三，我们要为当地法院受理了这起案件叫好……第四，要为在法庭上双方非常认真的律师们叫好……第五，我们要为开庭的时候有那么多的百姓去关注这两元钱的官司叫好……第六，我们要为规定在法律面前低头叫好……" 六个大排比颇具气势，"叫好"又鲜明地体现了主持人的态度。其间摆事实、讲道理、列数字、举例子，又从法制建设本身和公民法律意识等方面层层深入地剖析事件的各个环节，角度新颖，揭示了一件小事体现出来的不一般的意义，最后提出在法

---

① 时间主编：《实话实说》，华龄出版社 1997 年版，第 131、132 页。

律意识的觉醒上:“我们每个人是否能从孙红星打这两元钱的官司悟出点什么来呢?”[1]对法律现状认识清醒,不盲目叫好,展示了一个主持人思维灵活、深刻,信息广泛,知识丰富,评论透辟,实事求是。《东方时空》《焦点访谈》等一批新闻节目铁肩担道义,说别人不敢说,做别人不敢做,打击腐败,讴歌进步,积极投身社会,维护群众利益,是新闻评论中最有个性的,朱镕基总理曾用十六个字评论他们:“舆论监督,群众喉舌,政府镜鉴,改革尖兵。”

(二)仿用

仿用,指为了增强语言表现力,在特定的环境中更换现成词语的结构成分,临时仿造出新的词语来的修辞手法。

在《实话实说》之《我的左手》中,一位六十多岁的老大妈为证明“左手者聪明”的观点背起了刘禹锡的《陋室铭》,崔永元看准时机,巧妙地用“仿句”的手法接过来说:“说得好,‘山不在高,有仙则名’,手不在左右,好使就行。”崔永元的接话尤其妥帖,语音的错落产生了打油诗的诙谐,又非常切合主题和轻松幽默的交际氛围。这句诗被很多人仿过句,如 1997 年 2 月,《今日影视》第 36 期,在美国洛杉矶第一届奥斯卡奖颁奖的罗斯福饭店 Blossom 大厅,叶惠贤站在颁奖台上,遥想当年盛景,说道:“这就叫山不在高,有仙则名,水不在深,有龙则灵,室不在大,有情则兴。”

北京电视台《元元说话》节目中,记者曾采访到这样一个故事:一个居民小区里,一位大妈养了一条很可爱的宠物狗,大妈和狗的感情非常好。但由于这条狗有时会吵闹,打扰了周围的一些居民,由此就引起一些人的反感,结果狗不知被谁毒死了。大妈非常难过,觉得在那个小区住不下去,就伤心地搬走了。主持人元元在结尾处评述道:“养狗扰民可以有正规的渠道反映,有专门的部门解决,居民们可以到这些有关部门去投诉,但是,有些人不喜欢投诉,却喜欢投毒。”在这段评论里,“投诉”和“投毒”正是典型的仿用,并且,由于“诉”和“毒”都是以“u”为韵母的字,在字音上还能押上韵尾,也就是除了字面上相似外,字音上也具有相似性,真是锦上添花的仿用妙用。

四、错综与双关

(一)错综

错综,指的是通过对句式或词组的简单调整,有时候也可以获得很好的修辞效果。

《实话实说》一期节目《孩子与游戏》中,嘉宾提到某学校有“快乐的周一”,当天没有作业,而且有各种各样的小组,孩子们很喜欢,崔永元接道:“那么,将来有没有可能把‘快乐的星期一’改成‘快乐的一星期’?”这一词组位置的简单调整,语言上有陌生化效果,体现出主

---

① 吴郁:《主持人的语言艺术》,北京广播学院出版社 1999 年版,第 196、197、198 页。

持人的机智，而且更进一步揭示：解放孩子的天性不应只是表面文章。《挑战主持人》中陈蓉曾经问一位选手："你希望在安逸中成功，还是在探索中失败？"她回答："在安逸中成功"。如果选手既不选"在安逸中成功"，也不选"在探索中失败"，而是做一个简单的词组调整，回答"在探索中成功"，一定会非常精彩！

（二）双关

双关，指在一定的语言环境中，利用词的多义和同音的条件，有意使语句具有双重意义，言在此而意在彼。双关可使语言表达得含蓄、幽默，而且能加深寓意，给人以深刻印象。

在《元元说话》的一期"3·15"节目中，播出了一个关于染色黄花鱼的新闻事件，主持人在结尾的评论中说道：

> 记得早些年黄花鱼是六毛九一斤，现在街面上卖的每斤五六块钱，还都是染了色的假货。说起来染色这个事，问题可就多了：有往辣椒面里掺红石粉，让辣椒面更红的；有用硫黄熏馒头，让馒头特白的；如今还有往黄鱼身上染色让它变成黄花鱼的。因为人们在买东西的时候特别注意外观，所以不法商贩就想法去伪装，有人把这叫"给你颜色看"。我看，我们也该给他们点颜色看了。

给别人颜色看看的意思，大家都明白，但这里前一个颜色指的是给假货上颜色，后一个颜色指的是给不法商贩予以惩罚，这样一种一语双关的修辞手法准确、恰当，让人拍案叫绝、拍手称快。

五、反问与设问

语言中的基本句式包括四种：肯定句、否定句、疑问句、祈使句。在节目中，一般不用反问和设问。

反问句有否定的作用，有质问的意思。虽然有时是报道反面新闻，但是还要本着推心置腹、以理服人、以情动人的原则，本着重在建设的道理，而不能太刻薄、太不饶人①。《第七日》节目曾有一期叫《无人入睡》，在节目中主持人说："据反映，不堪忍受的居民已经把这个问题向街道办事处反映了许多次，不知街道干部今夜睡得可好？" 在《变色龙》里，主持人说："即便孙悟空有七十二变，在他变成一座庙的时候，那猴子的尾巴不是也照样露出了马脚吗？"在比较著名的《"队长他妈"》那期中，她说："可当了队长他妈，怎么就这样了？要依仗家里人的势力把便宜占尽，真有些一朝权在手的感觉。今天说的是队长他妈，其实生活中不像话的干部又何止一个'队长'？不像话的家属又何止'他妈'，还有他闺女、他儿子、他七大姑、八大姨……"说理是说理，后面就有些犯贫了，结果据说节目做完后，气得队长他妈犯了病。

---

① 蔡长虹：《主持人的个性化语言》，中国经济出版社 2004 年版，第 79 页。

设问句也不宜多用。设问句一般是高对下的，比如老师对学生，领导对下属，比较常用设问。当然，主持人用设问句模拟观众的想法，自问自答显得挺热闹，但是这种绝对掌握知情权、我说你听的方式，用多了，态度就不够平等了。在《公厕现在下班》中有一句："但是有一个地方感觉不应该有下班，哪儿？公共厕所。"还有"在西城区的一条胡同里，有居民向我们反映胡同里有人私搭乱建，占公共的地盘儿，盖自家的厨房——谁呢？居委会主任。"(《主人家盖起了小厨房》)"在三环路边上有一家八番面屋，前两天一位观众给我们打来电话，说他们全家在这儿吃了一顿饭，结果不小心打碎了一只碗。结账的时候，店家就要求赔偿。赔偿多少钱呢？一百块。"(《好贵的碗》)①

第三节　主持人即兴幽默

近些年，随着广播电视事业的日益发展，许多节目主持人的语言生动、幽默，深得观众的喜爱。幽默（ humor）一词最初是由林语堂先生翻译过来的，英语中 humor 的本义是"会心的微笑"。从广义上讲，在人类交际过程中，能引人发笑或使人感到有趣的东西就叫做幽默，如某些话语、动作、面部表情等，而交际活动主要以语言为主，幽默语言是幽默的主体，幽默语言主要是一种有趣可笑的语言，是语言艺术再创造的精华。幽默是一种语言现象，具有风趣可笑的表达效果，因而幽默与修辞相关联，幽默的产生与修辞手段有关。

俄国唯物主义哲学家、文艺批评家车尔尼雪夫斯基把幽默理解为对别人和自己身上的喜剧性缺点的批判性剖析和自我批判性剖析。幽默实际上是一种谐趣，而幽默感则是一种审美意识，在喜剧中往往与辛辣的讽刺 、善意的玩笑分不开。幽默在生活中是不可或缺的。萧伯纳曾高度评价幽默的作用，他说"没有幽默感的语言是篇公文，没有幽默感的人是尊雕像，没有幽默感的家庭是间旅店，而没有幽默感的社会是不可想象的。"

一、人际润滑剂与生活减压阀

幽默＋情趣是一种优美的语言品质。它润滑了人际关系，给紧张的社会生活"减压"。幽默者用创造性语言给人们带来欢乐。幽默作为一种社会文化现象，是说话人精心的审美选择，也是广播电视节目主持人的一个重要的创作元素。幽默被喻为"语言中的盐"。节目主持人常用幽默风趣的话语创造出一种轻松活泼的气氛。

"思考未必不娱乐，探索未必就沉重。"英达拿自己主持的《夫妻剧场》作为例子，"我们每集都在跟嘉宾探讨关于婚姻的话题，但观众也在发笑。关键在于幽默的态度与娱乐的方

① 参考元元：《元元说话》，光明日报出版社 1999 年版，第 76 页。

式。"[①]人们看电视要从中受到教益，增长知识，更希望在轻松愉悦的氛围中实现，因此追求语言的幽默感，给予受众机智的诙谐而非一种粗俗的逗乐也是谈话节目主持的一个重要的风格特点，这也对主持人的全面素质提出了更高的要求。

在《加油，主持人》全国首届"金话筒"颁奖晚会上，主持人赵忠祥从信封里抽出了题目，"目前综艺晚会的通病是什么?"叶惠贤面带笑容，即兴说道："节目老一套，掌声挺热闹。不看舍不得，看后全忘掉。"台下发出了热烈的掌声，接着他又说："刚才我说的这些通病在今天的晚会上一点也没有。"[②]台下发出了笑声，掌声也更热烈了。"节目老一套，掌声挺热闹。不看舍不得，看后全忘掉。"这几句即兴的话，有打油诗的错综，也类似相声中的衬跌，体现了叶惠贤的反应敏捷、言语直率，"刚才我说的这些通病在今天的晚会上一点也没有"，化解了本届晚会主办方的尴尬，也体现了他的幽默和对现场方方面面因素的考虑。

节目主持人的幽默语言或者语言的幽默感，是语言艺术再创造的升华，是主持人个性的表现。那些以幽默风格见长的主持人受到了大家的欢迎，像崔永元幽默中的平民感，窦文涛幽默中的自由度，李咏幽默中的煽动性，刘仪伟幽默中的椒盐味，都给观众留下一个个快乐的瞬间和值得回味的画面。

二、突破惯性思维的喜剧性

语言的关联准则规定了说话要切题，不说和话题无关的话。幽默的发出者往往运用关联性不是很强的话语去间接表达自己的意图。这种思维方式的特点在于突破惯性，经常不按惯性的思路去想问题，由此来发现和捕捉喜剧因素。

《幸运 52》栏目主持人李咏经常妙语连珠，突破惯性思维。例如：节目结束，主持人宣布："现场穿黄衣服的朋友，你们将每人获得一份价值 500 元的奖品；穿红衣服的朋友，你们将每人获得一份价值 300 元的奖品；穿绿衣服的朋友，你们将每人获得一份'谢谢'。"在李咏这段话中，"黄衣服"对应"500 元"，"红衣服"对应"300 元"，"绿衣服"原本是没有奖品的，但李咏不是直接说没有，而是用"绿衣服"对应"谢谢"，这种突破惯性的临时搭配，别出心裁、机智幽默。

《东方夜谈》一期节目访谈影星袁泉，刘仪伟与她交谈时，一直使用"您"这一称呼，袁泉说："你为什么说'您'呢?"刘仪伟迟疑了一会儿，然后很幽默地答了一句："好，阁下!"刘仪伟并没有顺着袁泉的思路改尊称"您"为普通称呼"你"，而是反其道行之采用了"阁下"这一更加隆重的称呼，颇有喜剧色彩。

赵忠祥有一次在《正大综艺》节目中向观众讲了个故事："……我说我怎么控制不住，吃什么，好像喝凉水都长肉的啊，我就去找一位熟悉的王医生，他给我开了个方子'你每天只能

---

① 马力：《英达电视谈话节目主持艺术的多维探析》，北京广播学院硕士学位论文，2004 年。
② 叶惠贤：《荧屏瞬间——叶惠贤即兴主持 100 例》，上海人民出版社 1998 年版，第 103、104 页。

吃两片面包’。好啊，什么药都不要，只吃两片面包。有的人用那减肥药，抹啊抹啊，万一抹出一点儿毛病来了哩？我挺高兴，就走了。走老远，我又赶紧转了回来……我不大好意思，人家不是说遵医嘱吗？可我有些话得问清楚啊，我就问‘您开的药方子，让我吃两片面包，倒是挺好的，可是，是饭前吃呢还是饭后吃？’…… ”这种突破惯性思维的独特手法，借助于不同寻常的想法使人忍俊不禁。

三、废话的语用乐趣

《东方夜谈》采访袁泉的节目中，谈到袁泉与男友夏雨合拍的一部戏时，主持人说：“您演的那个角色与夏先生演的那个角色好上了，而您演的那个角色和夏先生演的那个角色没有结果，而您和夏先生有了结果。我觉得我阐述得比较明白。”一段绕口令似的废话逗笑了观众。通常我们认为语言应该简练准确，尤其是口语更应如此，但在这里，主持人却巧用繁复，达到了幽默的目的。

在一次综艺晚会上，台湾省艺人凌峰说：“大家好，我叫凌峰，凌峰的凌，凌峰的峰。”众大笑。“你们听过凌峰的歌没有？”有的回答“听过”，有的回答“没有”。凌峰说：“没有听过凌峰唱歌的朋友，终身遗憾。”众笑。凌峰又接着说：“听了一次凌峰的歌，又遗憾终身。”众大笑。凌峰是一个富有经验的艺人，他知道登台先要“暖场”，他用的是拈连和回环的修辞手法，说的是同语反复的“废话”和自相矛盾的“废话”，但是，妙就妙在他是以“废”引趣、以“废”取胜；完全不是致力于语意的表达，而是致力于欢快情绪的渲染，致力于用机巧的异乎常情的妙语趣说，给人以耳目一新的快感。这段即兴口语的幽默构成，是运用正经的语态说出大家都知其错的话，利用逻辑中的矛盾关系形成反常规的语意组合，让话语与人们的心理定势碰撞，造成期待的突然“落空”而产生趣味。

在一次《正大综艺》节目中：

赵忠祥：（手拿一张画着绿色圆圈的纸）杨澜，请你当着朋友的面，说说看，我手里拿着的是什么？

杨　澜：这也是一张画吗？我知道了，您这是画了一个西瓜，可是太简单了。

赵忠祥：不对，再猜猜。

杨　澜：不是西瓜，那是小一号的瓜，绿皮香瓜。

赵忠祥：为什么想得那么复杂？

杨　澜：哦，这不过就是一个绿圆圈。

赵忠祥：不能算对。

杨　澜：那我可猜不出来了，您自己告诉大家吧。

赵忠祥：我手里拿的是一张画了绿圈的纸。

众笑，杨澜也笑了。

在这个例子中，赵忠祥先是“手拿一张画着绿色圆圈的纸”有意制造悬念，然后不断地“卖关子”加以渲染；直至杨澜猜得完全泄气时，才揭示了谜底：“我手里拿的是一张画了绿圈的纸”，让人产生“这不是废话嘛”的想法，同时也有了出人意料的趣味性。

四、自嘲的通达与超脱

作为一个优秀的节目主持人，语言要不拘泥于常规，要大胆创新，这样才能做到妙语连珠，才能产生极度的幽默。就像主持人凌峰在一次春节联欢晚会的开头那样：“在下凌峰，我和文章不一样，我是以长得难看而出名的。尤其男观众对我的印象特别好。因为他们认为本人长相很中国，中国五千年的沧桑和苦难全都写在我的脸上。一般来说，女观众对我的印象不太良好：有的女观众对我的长相已经达到了忍无可忍的地步，她们认为我是人比黄花瘦，脸比煤球黑。但是我要特别声明一下，这不是本人的过错，这是父母在生我的时候没取得我的同意就生成这个样子了。”在这里运用多种偏离手法，产生了夸张兼降用、化引、较喻、仿拟、对偶等辞格，这段幽默为晚会营造了热烈的气氛。趣说自己是把自己当做幽默的对象，风趣地说出自己的缺点或优点或特有的经历和思想感情。这类公开地“数落” 自己是“自嘲” 。“自嘲”式幽默并不是无意义的自轻自贱，恰恰相反，那里包含着大智若愚的通达和闲话自处的超脱①。

央视主持人崔永元最初在电台主持节目时这样介绍自己“我姓崔，叫崔永元。‘永’是永远的‘永’，‘元’是元帅的‘元’。这两天我收到观众来信，崔永帅收，瞬间出了一身冷汗，因为最初是想说‘元’是元旦的‘元’。”②仅是一个名字的介绍就让听众在轻松的笑声中留下了深刻的印象。

阅历丰富、机敏风趣的英达经常在谈话进程中，在适当的时机有意识地暴露自己的缺陷并进行自我趣说和嘲讽，以压低自己的姿态，或以自己大智若愚的笨拙，换取观众的开怀一笑，以求达到一种轻松、诙谐、逗乐的效果。嘲弄自己无非两种：一是嘲弄自己的短处如自己的长相和身材，这种幽默感会产生一种特别超然的自由的情趣，如《今日“潘冬子”——祝新运与张玲亚》中：

英：我想提个稍微奇怪点的问题，你能不能从一个专业化妆师的角度，给我们描绘一下你的丈夫，你觉得他从化妆师的角度看有什么特点？

张：他这个妆要是说起来，也是很好化的一个妆。

英：为什么呢？

张：浓眉大眼的，就是白了点儿。

---

① 应天常：《节目主持人幽默趣说的语用策略》，《电视研究》2001 年第 5 期。

② 刘言：《幽默技巧全书》，中国城市出版社 1999 年版，第 344 页。

英:就是什么了点儿?

张:白了点儿。

英:这个缺点我也有。(笑)

张:所以呢,在镜头前

英:我的眉也还算比较浓。

张:在镜头前还是比较吃亏,脸大。

英:不,不不,脸大为什么吃亏?脸大占便宜呀。

张:脸大吃亏,在镜头前。

英:大家同样的一个景别,是吧?别人都是中景,我们自己已经成特写了。"

嘲弄自己的外部特征还只是浅层次的幽默,另一种比较深刻的是嘲弄自己做过的"蠢事",在与嘉宾交流一些婚姻爱情的经验时,英达总是先拿自己的失败"开涮",明星们看到他这样"惨了",自然放松"警惕",讲出生活中的真实。英达的这种适时"舍身炸碉堡"常会带来意想不到的结果——在英达调笑地用自己的婚姻经历给大家做铺垫时,喜剧的魅力于瞬间被放大,以后的谈话就变得简单、自然。比如在《爱你没商量——张斌与胡紫薇》中:

胡:我实在是想认识他。之后就做了一件,后来有一些人就觉得是比较疯狂的事。之后我就给他写了一封自荐信,就是在1998年的时候,我说在北京电视台做财经节目,虽然我做财经节目,但是我对足球节目非常了解,而且我是一球迷,我特别想去做足球节目,我能到你这儿工作吗?

英:这个属于骗人吧,是吧?这个属于骗人,我发现女的,尤其在谈恋爱的时候,骗人都是很美好的事情。

胡:不是有这么句话嘛,就是说"当男女二人开始互相欺骗的时候,就说明他们恋爱了,如果这两个人真诚相对的时候,他们就离婚了"。

英:这话说得非常深刻。我就欺骗过好多次,也是真诚过不少回。(大笑)

在《上一代的幸福生活——曹灿与张素芬》中:

曹:你没听过一句话吗?"天上下雨地下流,小两口吵架不记仇"。

英:不记仇。

曹:"白天吃着一锅饭,晚上枕着一枕头"。

英:"晚上枕着一枕头"。反正家庭生活也是比较困难的那种,俩人枕一个枕头,您二位在家里边小有磕碰的话,吵起架来是谁让着谁呀?

张:他让着我。

英:他让着你,不管有理没理。

曹:反正闹来闹去最后是我没理,是,是我没理。

英:我在家里跟老婆吵架,我没理我还搅三分呢。我,我起码从气势上把她压下去。像您这个怎么能够掌握了真理还退让?这一点我觉得挺不容易做到的?

曹:这个夫妻之间有的时候不一定什么真理不真理的。有时候很难说,差不多吵起来都是些鸡毛蒜皮的事。

英:那肯定的。

在《"拷问"英达》中:

娄:你们现在听上去这一次,新建立家庭以后,看上去你已是一个很成熟的男人,好像驾驭生活这一艘船,已经是一个很熟练的船长了?

英:都沉了两艘泰坦尼克了!还不学呢,再不学点也太笨了。

"凡是能操纵最高级的语言艺术——幽默的人已经是'智力过剩者',那么能用最高境界的幽默——自嘲作为武器者,便堪称人情操纵场上的'无冕之王',怎能不令人肃然起敬。"英达就是以一种调侃、达观的态度正视自己的缺陷和不足以及特有的经历和思想感情,以主动贬抑和自嘲来强化反差,显示了一种大智若愚的通达和闲适自处的超脱,巧妙地将全场"同化"在幽默的氛围之中,更增加了"谈话场"幽默情境的微妙程度①。

五、期待落差的笑声

在一次《快乐大本营》节目中,主持人是何炅、李湘和李维嘉,节目的内容主要是评选"美白之星",在参选的八位选手中,其中一位选手在展示时这样说:"观众朋友们大家好,现在我向大家介绍三位朋友,我先不说他们的名字,我说出他们的一些特征,让大家猜猜看他们是谁?第一位大家都说她是'快嘴',第二位大家都称他为'孩子王',第三位他长得有一个很重要的特征就是长着一个高高的鼻子,大家都称他们是'快乐的使者',大家猜猜看,他们是谁?"这显然是指场上的三位主持人,可还未等观众说出口时,何炅机智地把话锋一转说:"他们是李翠莲、鞠萍姐姐和刘德华!"场上立刻掌声笑声一片。在这里,假如等观众直接回答出是他们三个人,场上效果就会平淡无奇,而何炅机智的回答,造成了观众的心理落差,产生了期待落差的笑声。

比如在《幸运52》的"幸运擂台"环节,攻擂者为守擂者选择了词组"狗屎黄",这个守擂者处于开玩笑的态度示意李咏脖子上系的那条黄色的领带。面对这种情况,小气一点的主持人肯定会生气,大方一点的主持人则会一笑置之,而李咏却没有这样做,他怀着坏笑瞪了守擂者几秒钟之后,慢慢腾腾地解下领带,往桌子上一放,说:"我不戴了行了吧?"引得全场观众爆笑不已。这个小插曲来得突然,却在李咏这里处理得非常自然。由于主持人幽默风

---

① 马力:《英达电视谈话节目主持艺术的多维探析》,北京广播学院硕士学位论文,2004年。

趣的风格早已深入人心，所以守擂者敢开他的玩笑；而李咏的机智则使他仅用一个动作、一句话便把一次节目中的小插曲变成了美妙的乐章，使人回味无穷。

六、人文关怀的智慧与品格

主持人的即兴幽默是一种精心的审美选择而不是单纯低俗的"搞笑"手段，"在节目中，主持人的心态，对嘉宾、对观众的态度，对话题的理解和驾驭，对幽默分寸的把握，什么时候都是不能掉以轻心的。"①人文关怀的智慧与品格是主持人即兴幽默的本质诉求。

《夫妻剧场》以"谈笑风生承载情感之重"为栏目定位，主持人英达与嘉宾一起探讨情感与人生，洋溢着欢声笑语，充满了生活的温情与乐趣，使人在轻松、欢愉的气氛中获得体验、顿悟与共鸣，"用一种嘻嘻哈哈的方式让主题中的严肃消解，这种极具后现代意味的话语方式作为沉重现实生活的一种润滑剂，对于生活紧张而单调又总是要面对太多严肃问题的普通大众，确实能够起到抚慰与放松的作用。"②

例如著名画家韩美林的婚姻经历与人生磨难在许多报刊上刊登过，他的艺术作品更被许多人欣赏，但他的第四次婚姻却少为人知。当面对相差 28 岁的老夫少妻时，英达幽默地先抓住两人互不欣赏的生活"毛病"来做文章，使现场很快在一片笑声中消除了尴尬，进入了常态。而在谈话中，主持人并没有同韩美林追述"文革"所遭受的非人迫害，也没有同韩美林共同抒发"最难写的两个字是'祖国'"的情怀。而是引导韩美林对三次失败婚姻一一总结，笑谈出"男人爱美，女人爱帅，光看人家美的男人太片面"的深切教训，发出"漂亮面前容易迷惑"的感悟。再如，身为话剧、电视剧导演，曾做过全总文工团团长的娄乃鸣是一个女强人，可是她的丈夫却是比她小七岁的普通演员，当她回忆自己身患癌症，经受情感折磨、身心痛苦时，她用双手抓住头发，难以控制情感的喷发。此时，英达用轻轻一句"头发抓乱了"来提醒时，娄乃鸣过于激动的心情平缓下来，沉思后发出了"幸福婚姻需要磨合和考验"的感叹。这里没有刻意的煽情和流淌不止的泪水，没有直白的"文以载道""今天的故事，说明了……"，有的只是会心的笑、回味的笑，但他给人心灵的震撼是深刻的。

在嘉宾沈丹萍与其德国丈夫乌韦《十七年多云转晴》这一期中，英达与两位嘉宾在轻松愉快的气氛中畅谈了他们跨越障碍维系了十七年的婚姻历程，其中也有主持人与嘉宾关于婚姻生活的共同感悟，对观众的启示和帮助也是很明显的，如：英达问嘉宾"婚姻最大的障碍并不来自于婚前，而是出自婚后。你们婚后的文化差异，使沈丹萍经常呼出'离婚'这样的口号……"

乌　韦：一个礼拜好几次！

---

① 吴郁：《崔永元的魅力》，《现代传播》1998 年第 2 期。

② 马力：《英达电视谈话节目主持艺术的多维探析》，北京广播学院硕士学位论文，2004 年。

沈丹萍：每一次我们俩吵架，都是他让着我。

乌　韦：不是'我们俩吵架'，是他一个人吵。（观众大笑）

沈丹萍：吵架当然要说最激烈、最伤人、最让他难受的话，是不是？我得占上风，不能让他得逞！但通过这么多年的共同生活，特别是有了第二个孩子，我成熟了，觉得夫妻之间没有子丑寅卯，没有什么你对我错。我觉得，真的要开始分谁对谁错了，那就真的该离婚了。夫妻之间应该遮着掩着矛盾，大事化小，小事化了。

英　达：我确实见过很多人——也包括我自己的离婚，其中总有一方每次都要说出子丑寅卯，甚至每一仗都要占上风，但等到最后这一大仗，两个人就全都彻底输掉了。

英达在共同的话题里发掘出富于个性的夫妻关系经营之道，他以丰富的生活阅历、开放的心态、幽默的心智、机智的反应、坦率的秉性，与嘉宾展开快活而深入的谈话[①]。英达真诚地投入，因此常有灵感迸发，机敏地捕捉现场的细节，在貌似调侃中紧扣主题，"狡猾"的追问乃至善意的"逼问"，且时不时地自嘲，使谈话深入而又友好，决不沉闷，决不肤浅。英达在谈话中不是要卖弄炫耀名人的隐私，恰恰是通过他们各个不同的夫妻故事，挖掘出蕴含其中亘古不变的爱情哲理的普遍性，从而在根本上与百姓完全相通，产生共鸣与启迪，赋予谈话人文关怀的精神品格。

① 马力：《英达电视谈话节目主持艺术的多维探析》，北京广播学院硕士学位论文，2004年。

第九章 主持人即兴体态语[①]

第一节 体态语

一、体态语概述

体态语是一种表达和交换信息的可视化(有的伴声)符号系统,它由人的面部表情、身体姿势、肢体动作和体位变化等构成。或者通俗讲,当人体动作能够传递相关信息时,这些动作就有了语言的功能,就成为体态语了。

体态语可以分为体势语、体距和体触三个方面。表情以及手势、腿、脚、躯干的姿势都属于体势语,研究体势语的科学被称为身体行动学。体距学也被称为人类领域学,来源于对动物行为学的研究,说明任何人之间都具有肉眼看不到的"围墙",即各自的势力范围。体触学讲述了任何人都有与他人接触的欲求,常见的是自我解除与他人接触两种情况。

日常生活中的体态语包含着丰富的信息。与别人聊天的时候,你的站姿(如何移动脚步、表情如何变化)已经传递了太多的信息,包括对聊天承担的责任,以及你对对方潜在的态度。不仅如此,它还影响到你谈话的时间,以及你被打断的频率。坐着的时候,你的四肢如何摆放,也能提供大量有关你心境和意图的消息。这些动作还能表明,你认为自己是处于支配状态还是从属状态,是全神贯注还是心猿意马,是潜心于此还是心荡神驰。你微笑的方式(如何调遣自己的面部肌肉,以及调遣面部肌肉的速率)都能表明,你是真心陶醉、倾诉衷肠还是在装模作样、谎话连篇。说话不流利同样也包含着丰富的信息。你说话时如果犹豫不决,"嗯""啊"不断,也会提供重要线索,供人洞察你的心迹。当你选择词汇、挑选短语,你建构言辞的方式,或许已经向别人传达了你的"官方信息"。你的雕词琢句同样包含着信息,这些信息其实传递着你的真实意图。

---

① 本章主要参考熊征宇研究《体态语与礼仪》,中国经济出版社 2005 年版。

布罗斯纳安在《中国和英语国家非语言交际比较》一书的绪论中说："人类交际一般分为书面、口头和身势三个部分。由于文化教育的偏见，绝大多数受过教育的人往往认为书面语最重要，口语次之。至于身势动作，是名列最后的。然而，无论是从不断进化的整个人类，还是从个人角度看，都表明三者之间的重要地位正好相反。"①

二、体态语和有声语言的相互关系

有声语言体系和体态语体系都不能单独构成交际体系，只有二者相结合并与其他感官渠道的相应系统配合才能形成完整的交际体系。二者联合工作过程中体态语常常会起到下面这些作用：

一是，重复。边说边比划，是我们经常采用的一种表达方式。比如，我们见到久别重逢的老朋友，边说"真高兴见到你"边露出微笑；我们给别人指路，边说"向左拐"边伸出手指向左边。在说的同时我们用体态语表达同样的内容，这种重复增加了我们信息交流的准确性。

二是，补充。我们经常用体态语补充或调整有声语言传达的东西。在这个过程中，体态语增加了更多的细节，但是这些细节对语言信息既不是重复也不是代替，他们扩展了语言信息。我们有过这样的经历：一个人绘声绘色地讲述他经历或目睹的事件时会自然地通过手势、体态和声音再造情景。所有这些因素使故事更生动，也揭示讲述个体对事件的感受。

三是，强调。我们经常用体态语强调或标点我们的有声语言表达。手势经常被用来强调某个重要语言信息，比如朗诵比赛的选手在表示诚心、决心时会做这样的姿势——右手握拳在胸前挥动一下。不少著名播音员主持人在进行有声语言表达的时候，很善于运用眼神、手势、头部动作对口语信息进行强调。

四是，调节。通过运用体态语，我们还可以获得对口语进程的调控。我们每天要进行无数场谈话，在讲话时常常会注意观察别人体态语所反馈的信息，从而来调控自己说话的时机、长短或者讨论的话题；也会利用自己的体态语来争取对方的注意或组织他人的干扰。

另外，体态语也不总是为有声语言服务，它还会泄露有声语言的秘密。有时与有声语言相反信息的传递是下意识的。比如，当我们无意被别人踩了一脚时，常会龇牙咧嘴地揉脚，还强忍疼痛说"没关系"；到朋友家做客，明明桌上的饭菜不合自己的口味，但为了顾及面子，客人却连连说"好吃，好吃"，主人则会通过懒洋洋的夹菜动作看出客人的真实感受和情绪。生活中也有故意造成二者之间矛盾的情况。比如，拜访的客人要告别离开，主人边说"多坐一会"边起身握手送到门口。当二者出现矛盾的时候，我们更倾向于相信体态语的表达。这是由于语言所传达的意识大多属于理性层面，经理性加工后表达出来的语言往往不能率直地表露一个人的真正意向，人们会由于当时所处的环境、气氛以及交谈者的身份、地位而说出与自己内心想法不一致的话来。而体态语的相对真实是由于当人的大脑进行某种思维活

---

① 布罗斯纳安：《中国和英语国家非语言交际比较》，北京语言学院出版社 1983 年版。

动时，他会支配人体的各个部位发出各种细微信号，这是人们不能控制而且也是难以意识到的，比如，做了亏心事的人，总会显得心神不宁；听到好消息，自然会喜形于色；听到批评，神态举止往往显得很不自然；看到寻觅已久的喜爱之物，会瞳孔放大两眼发光，等等。

体态语言对于表达主体而言，有时可以替代有声语言完成信息传递和感情交流。特别是在不便说、不必说、不愿说的情况下，体态语往往能够达到“此处无声胜有声”的表达效果。单独使用体态语交流并取得成功的很多例子就说明了体态语有时比语言还简练、重要。《史记·鸿门宴》中有这样的描述：“沛公旦日从百余骑来见项王，至鸿门……项王即日因留沛公与饮。项王、项伯东向坐，亚父南向坐。亚父者，范增也。沛公北向坐，张良西向侍。范增数目项王，举所配玉玦以示之者三，项王默然不应。”范增想提醒项羽杀掉刘邦以绝后患，但又不便明说，于是只好多次用眼色示意项羽，并举其玉玦进行暗示。这里，眼神和特有动作传递了重要的信息。林肯在当律师时的一个故事更能说明体态语的替代功能。有一次，他作为被告的辩护律师出庭。原告的律师在法庭上把一个简单的证据翻来覆去地谈了两个多小时，令听众生厌。轮到林肯上台为被告辩护了。林肯走上讲台，先把外衣脱下放在桌子上，再拿玻璃杯喝了一会水，接着又穿上外衣，再喝一会水，又脱下外衣，喝一会水……他虽一言未发，但他的无声语言所传递的对对方律师苍白无力、冗长啰嗦的辩护的反感，令听众都心领神会，捧腹大笑，也使原告的律师狼狈不堪，比直接辩驳的效果强出许多。

大量有关有声语言和体态语间的相似和不同表明：体态语和有声语言不是一直以同样的方式运行的，或者在执行功能时没有达到同样的水平。有时有声表达更恰当或有影响，有时体态语起主导作用。可以说，体态语并不是原始状态或初级阶段的交流工具，它“是从语言的低层次到高层次的语言表达手段”①。

三、无声的力量——体态语的作用

一个人的气质修养不仅表现在说话上，更多的是表现在待人接物的体态举止上。给人留下深刻印象的不仅仅是一个人的语言，还有通过仪态举止所表现的气质修养。《三国演义》中有这样一个故事：曹操在一次接见北方小国来的一个使者时，自己扮作侍从站在旁边。事后有人问使者对丞相印象如何，使者对“丞相”印象一般，反倒觉得是旁边站的那位“侍从”气度不凡，像个英雄。这个故事说明了气质和仪态的重要性。播音员、主持人在信息传递和交流中起着桥梁的作用，要使信息有效地送达受众，本身首先要得到受众的接受和认可，播音员、主持人的风格、魅力和得体的举止体态是吸引观众、留住观众的重要因素。

一个人的人格魅力可以通过一件件小事、一个个小小的体态动作体现出来。

1965年初秋的一天，毛主席等中央领导同志在北京西郊机场迎接一位外国元

---

① 于根元：《语言哲学对话》，中国经济出版社2005年版。

首，上百名摄影记者拥上前去。一位记者为了抢拍照片，不顾一切地把长镜头往前一伸，竟从前面一位同志的肩上伸了出去，想以此为依托来进行拍摄。这位同志支持记者的工作，一动不动地挺立着，直到记者拍完。当记者结束工作，收取长镜头时，前面的同志才回过头来。“啊！是总理！”记者大吃一惊，觉得很不好意思，心绪凌乱，一时不知该说什么才好。这时，周总理却亲切地向他点了点头，微微一笑，目光中流露出一种充分理解之情。记者顿时感到十分安慰，并为总理的体贴、关怀所感动。①

在这样特别的时刻和特殊的场合，点头微笑胜过千言万语。理解、关怀、体谅、安慰等多种感情都蕴藏在这无声的信息之中，使记者在一瞬间就能感受到这一切。在这一瞬间，我们也深深领略了周恩来总理善解人意、平易近人的伟人风范。

从国外的政治家身上我们也能感受到这种人格魅力。凤凰卫视《李敖有话说》2004 年 7 月 26 日的节目“人情练达即文章”中李敖曾讲过这样一个故事：

……英国的撒切尔夫人有一次在官邸里面请客吃饭，一个女侍者送汤，捧到了内政大臣前面，一不小心这碗汤洒了，倒在了内政大臣的衣服上面，当然衣服也弄脏了，内政大臣也被烫了。这时候满座的人都觉得很意外。撒切尔夫人作为主人，首相啊，赶紧跑过来，她第一个反应是搂住这个闯祸的女侍者，端汤过来的女孩子，拍她的肩膀安慰她，给她压惊。（首相）跟她说，亲爱的，这种错误我们每个人都会发生，这种不小心的事情我们都会发生，不要难过亲爱的，我们每个人都会发生。先安慰这个女孩子，然后才慰问这个内政大臣。

李敖评价说：“请注意她这个小动作，没有时间给你思考，当时的立刻反应就是这样，近似直觉的反应就是人情练达即文章，这么高端的，这么高级的，这么了不起的，这样子能够体贴入微的。她知道当时当场最窘的、最难过的是这个小女孩子，所以呢要鼓励她、安慰她，这一点呢比这个内政大臣，这个大男人被烫伤，衣服被弄脏都重要。”撒切尔夫人对女侍者发自内心的安慰是她本人良好修养的自然流露。如果没有对别人关爱的意识，没有替别人着想的习惯，她不可能在第一时间做出这么自然而得体的反应。

乒乓球世界冠军王楠从事体育生涯 23 年、夺取了 24 个世界冠军，她的微笑给人印象特别深刻。竞技体育是相当残酷的，比赛现场也特别紧张，王楠却常常把微笑留在赛场，用微笑鼓舞自己，用微笑调整节奏，用微笑化解赛场气氛的紧张。王楠还有个特色，就是不仅赢球的时候笑，输球的时候也会笑。很多人说：“赢球的时候笑、高兴是正常的，但是一个人在输球的时候、在失利的时候仍然笑得出来，这就不容易了，了不起！”微笑是王楠的特色，也是她充满自信、乐观向上、自嘲大度的内心体现。2004 雅典奥运会，在女单 1/4 决赛中，王楠输

① 张掌然编著：《交际艺术品评》，华中理工大学出版社 1997 年版，第 219 页。

给了新加坡的李佳薇，无缘决赛，这让她蝉联奥运会女单冠军的梦想破灭了。为了不影响队友张怡宁，王楠调整了自己的情绪，“第一不能哭，至少不能让她们看到我哭。第二，我不能影响张怡宁的情绪。她是第一次参加奥运会。不想因为我的失利给她带来压抑的气氛。”两人在第二天的双打决赛中夺冠，张怡宁也取得了女子单打的冠军。2005 年王楠被查出患有甲状腺癌，但是当中国乒乓球队需要她为备战北京奥运会出力的时候，王楠义无反顾地投身到了紧张的训练当中。她一边训练一边治疗，然而在 2008 年北京奥运会上，女单决赛中，她输给了张怡宁。比赛刚结束，记者问王楠，这场女单决赛是不是告别赛时，她回答：“这场比赛应该是我的最后一场比赛了，打完了奥运会以后，我就要退役了，这次比赛对我来说是终身难忘的。”“其实跟张怡宁打成这样已经不错了，最后的时候我倒真没想过把比分扳回来，我只是想争取多打一个球，让我在退役之前，多感受一些在场上打球的时间。”①在领奖台上，王楠笑得特别灿烂，尽管是带着泪花的微笑，可这种笑，更有内涵、更富魅力！从她饱含热泪的微笑中，人们看到了中华民族自强不息的美德，看到了现代中国更加美好的未来。

第二节　节目主持过程中的即兴体态语

播音员、主持人虽然是以有声语言为主要传播手段，但其屏幕形象作为图像信息的重要组成部分，也越来越受到关注甚至挑剔。正如阿波罗比亚所说：“我们以我们的发声器官发声，却以我们的整个身体交谈。”有声语言传递的是语言符号本身所代表的含义和信息，体态语表达的却是交流主体的内在情愫，影响着信息的传递效果和交际双方的情感沟通，很多时候，交际双方更倾向通过对方的体态语来识别、判断。从这一点来说，主持人注意自身体态语的锻炼同注意有声语言的锤炼同样重要。主持人通过体态语和有声语言的协调配合，会使传播内容变得更加生动、丰富，更加具有感染力。

一、传情达意的动作

人的双手不仅具有劳动的功能，而且担负着传情达意的功能。哑语就是主要以手势构成的一套特殊的表意系统。在一期《综艺大观》的节目中，一群聋哑孩子表演舞蹈，孩子们越跳越起劲，竟然没注意到老师举手示意结束的手势，主持人倪萍急中生智，举起话筒说：“朋友们，这些孩子听不到掌声，但他们有一双明亮的眼睛，请观众把手举得高些，告诉孩子们，我们爱他们！”话音刚落，全场观众齐刷刷地举起双臂热烈鼓掌。孩子们一看，立即结束了表演。这不仅及时巧妙地终止了事态的发展，同时还增添了现场热烈的气氛。优秀主持人的这种临场处变的能力，常常让现场的观众从险象中获得惊喜，从平淡中品尝到精彩。

---

① 《王楠：满含泪眼的微笑》，http://culture.sinoth.com/Doc/article/2008/8/23/server/1000022997.htm

体态语的合理使用对播音员和主持人的屏幕形象塑造至关重要。体态语和主持人的形象品格息息相关。播音员、主持人在电视节目中的体态语大部分依靠主持人平时的修养而成，即所谓“无意识”的流露。比如综艺节目主持人倪萍，每当她邀请嘉宾与她同台出现时，总会微微侧身，让客人有正面的交谈机会。这种礼让的姿态体现了她成熟女性谦和而热情的风范。崔永元在《实话实说》中请观众讲话时，总会走到距离这个人最近的地方，自己侧过身来把镜头让给观众；他不会因为上下台阶麻烦而冷落坐在高处或角落里的观众，遇到上了年纪的观众扶上一把，遇到年龄小的观众，他会蹲下来，或者把孩子抱起来。崔永元和艾滋病人握手的体态语表现了他尊重科学、善良平等的观念。这些看似不起眼的体态语细节正是主持人魅力的体现，也是节目成功的重要因素。

主持人合理运用体态语，可以增强解释说明效果，直观、简便地帮助观众理解。比如王雪纯在《轻松音乐学英语》节目中讲解一些容易混淆的发音时，常以形象的手势辅助说明，如为了说明元音 i 和 iː发音的区别，她一边解释 i 的发音要领：“发这个音口腔肌肉要紧张，口要张得非常小，小到上下牙齿之间只容得下一根火柴，不能再大了，再大就成别的音了……”一边以两个食指指尖相对、平展开来示意；接着说明 iː的发音：“口腔稍微开得大一些，上下牙齿之间能够容得下一个小指尖”，她就竖起一根小手指示意，这样具体形象的体态语，直观易懂、生动准确，再清楚不过地说明了这两个容易引起混淆的元音的发音区别。

在电视节目演播过程中心情比较紧张是难以避免的，如何调整好内在的紧张情绪也需要一定的技巧。在内容和样式比较轻松的节目中，主持人适当使用一些不伤大雅的适应式体态语，既可以舒缓压力，也能创造自然轻松的气氛，塑造主持人平易真实、挥洒自如的交流风格。谈话过程中喝水就是一个典型的体态语运用。比如有时一时间说错话了或没词儿了，抿一口茶可以缓冲一下出错后的紧张；有时枯燥的讲解内容会让说话人有一种干渴的感觉，喝水也是一个生理和心理的调节。《锵锵三人行》是一个非常轻松的聊天节目，甚至有些“八卦”，聊天的人会信马由缰地说一些逸闻趣事，主持人窦文涛较早地把“喝水”动作大胆地表现在节目进程中，诸如手握杯子或举在半空中，把水杯从桌子一端移到另外一端，端起来大喝一口等动作会不时出现，让观众感到亲切自然。

相反，不恰当体态语会无意间流露主持人的紧张情绪。有观众看到了中央电视台记者柴静在非典时期的采访后问她：“人民医院那期节目让我觉得很恐怖，幸好是在非典时期后播的，我觉得这次采访很成功，但是对你抱手在胸前的动作不是很能理解？当时真的很轻松吗？有些人还因为这个动作说你学 CNN 的某某某？说你自以为是？”柴静回答说：“后来看素材的时候，我为自己这个动作检讨了很多次，其实，是在现场不放松的表现。记者的每一个姿态和眼神都是内心的流露，我会记得，我会反省。”[①]崔永元第一次做《实话实说》节目时，两手总是抱在胸前，这种无意做出的姿势，实际上是因为不习惯这样的场景，两只手不知道

---

① 《柴静在线：如果被感染，就带着纸和笔进病房》，http://www.cctv.com/anchor/20030606/101735.shtml

放在哪里妥当的紧张心理的反映，结果给人以拒绝他人、自我防卫的信号。当然，在以后的节目里，崔永元纠正了这个姿势。

二、表情——主持人集体落泪折射人性光辉

从《东方之子》《新闻调查》到《面对面》，王志独特的“质疑”方式和表情逐渐形成：提问冷静、不动声色但步步为营，直抵矛盾要害，一对酒窝即使带有笑意，也让人担心里面隐藏着更深的“阴谋”。质疑是央视主持人王志最明显的采访风格。质疑是一种态度，更是一种手段。它是从常识出发，不是没有道理的尖锐，不是刻意刁难，而是要合情合理。当疑问都解决了，常识的问题解决了，观点也就出来了。质疑不是要从语言、气势上压倒别人，而是一种客观、真实的立场。比如“刘殊威”那一期节目，节目里没有出现蓝田的人、证监会的人，只是她。如果主持人再站在她一边发问就显得十分不对等，这样得出的结论也会显得不公正。但是以对立面姿态进行质疑，在“你说呢?”这样的步步反问中，既制造了矛盾，也激发了新闻人物的个性，还得到了客观的信息。“我就想知道为什么”——这是王志面对每一个被采访者的态度。王志认为：“质疑是揭示真相的捷径。”“采访中一团和气是不行的，有很多东西必须像挤牙膏一样用力去挤才行，记者得去撞他，刺激他，采访对象才能有话说。”

质疑是王志采访风格中“硬”的一面，在节目中他还表露了落泪的“柔”的一面。很多采访对象在《面对面》的镜头前都真情流露，作为主持人，既要维护好这个情境，又不能过多地陷入采访对象的情绪中。采访对象说到动情处可以一把眼泪一把鼻涕、可以仰天大笑、可以捶胸顿足，但如果主持人也有如此强烈的情感表露的话，恐怕就超出了观众的接受范围，给人感觉太做作了。在这一点上，王志一方面并不刻意掩饰自己的感动，另一方面也较注意把握分寸。在对香港卫生署署长陈冯富珍的采访过程中，当谈到医护人员感染 SARS 问题时，这位女强人声音哽咽、泪流满面，一边讲述，一边不断地用面巾纸擦眼泪。王志眼含泪水，他在陈冯富珍讲完后并没有立刻提下一个问题，而是给出了一个停顿，这段小小的沉默，给了采访对象足够的时间、空间来缓冲和平息内心强烈的情感波动，也给了观众感慨和回味的机会。王志在准备采访钟南山院士的选题时，北京的同事赛纳打电话告诉他，网上发表了广州市第一人民医院非典病区护士长张积慧的日记，在百姓中广为流传。借着这一线索，王志挖掘到了这场没有硝烟的战斗中许多真实动人的故事，张积慧的日记中写道：“早上，从传染病院转来一个昏迷的女护士。她丈夫每天给她送汤、送饭、送花，后来也不幸染病，夫妻都去世了，8 岁的孩子一下子同时没有了爸爸妈妈。如果能早一点抢救，她是能够活过来的，她是我们的姐妹！”王志问：“这些护士冒着生命危险工作，到底是什么力量在支撑他们?”张积慧的回答：“用护士自己的话说，是把这份工作做好。”在这期节目中，王志和张积慧在镜头前泪雨滂沱，镜头外所有在场的人也都落泪了。摄像师的泪水蒙住了双眼，几乎调不准焦距。

2008 年 5 月 14 日，央视节目主持人赵普在直播汶川特大地震抗震救灾节目时动情落泪，一时间，“央视主持人赵普动情落泪”的视频在网上广为流传，赵普的这次“失误”不仅没

有招来网友对其专业素质的质疑,反而"弄哭"了一大批观众。不少观众认为,这位主持人很"帅",是个热血男儿。当谈及此事时,赵普说:从地震发生后,我一直在担忧。我当过兵,当我播到部队接到命令"不惜一切代价"也要打通道路时,我知道这意味着什么……那几天有太多的悲痛无法表达,直到某一个瞬间,积聚的情绪终于爆发,当时实在是无法克制自己的感情。在直播节目中,主持人的情感会随着节目的进行而不断凝聚、增强,还会在特定情景、事物的刺激下爆发出来,形成激情。这种激情是感之于外、受之于心的积极反映。它明显地区别于为了打动受众而去煽情的虚情假意、矫揉造作。它是主持人与节目、与受众同呼吸、共命运、同喜同忧的真情流露。在直播汶川抗震救灾的过程中,赵普、宁远、陈鲁豫、白岩松、敬一丹等著名节目主持人在主持节目时都出现了哽咽、流泪的情况,观众没有嘲讽他们煽情,而是被他们那种真挚而不做作的情感所感动。网上也陆续出现了《记住这些在屏幕上流泪的主持人吧》《难忘!抗震救灾直播中泪洒荧屏的十大主播》等帖子,并得到了广大网友的赞许和好评。

三、"站着说""坐着说""边走边说"

主持人入场的体态语引人注目。除了晚会的主持人外,大多数主持人的工作环境不是舞台,而是演播室,所以长期以来我们看到的总是主持人已经在演播室端端正正坐好,抬头、微笑、问好,然后步入正题这一系列程式化的模式。近十几年来,电视节目主持人顺应观众求新求变的需求开始变换花样,改革的步伐不仅局限于有声语言的处理上,一个小小进入镜头的方式都能体现出他们别出心裁的尝试。《生活》的主持人创造的七步半的上场方式是打破传统方式的较早尝试,后来不少节目也竞相仿效;《经济半小时》的主持人在节奏明快的片头曲中快步从后台走入演播室,使观众在进入节目氛围前有短暂的休息和放松;2003年开播的早间节目《第一时间》的主持人马斌甚至跑步上场,有时还夹带挥手致意的姿势,有点运动员的味道,也很有朝气,和清晨人们的心情比较吻合。

在节目的推进过程中,主持人的姿势体态也有若干变化。坐着播是以前通用的播报方式,现在根据节目内容和档期也做了调整。主持人有时会先站在演播台前预报节目的主要内容,然后再回到演播台后开始和您细细讲来。这一站一坐两个动作给观众不同的心理感受:站着播报显得精神,更能吸引注意力,而坐着谈话平心静气,更能深入。

凤凰卫视鲁豫播报《凤凰早班车》节目最先运用了在新闻节目中站着播报的方式。鲁豫"说新闻"的播报方式和她的"站姿"让大陆电视界和观众耳目一新,并且产生了一定的示范效果。当然,"站着说"和"坐着说"也是根据节目的具体情况而定的,比如午间和晚间的新闻时间较长,而且新闻内容比较具体和全面,基本上还是由播音员坐着播报的。早间新闻时间紧促,观众更没有时间和耐心细听,而且内容多是对前一天新闻的回顾,没有太多分析,适合用站姿以标题新闻的形式进行播报。另外,站姿有"时刻准备着"的感觉,正好适合新闻短平快的特征,节奏明快不拖沓。

即使是“坐着说”，“坐”也有“坐”的不同。传统的播报模式是坐在桌前，一般只露衬衣的第三个扣子以上的部分，现在除了新闻播音还采用这种方式外，其他类型节目的辅助性体态语则是色彩斑斓。比如，虽然不少节目仍然采用坐姿，但坐的位置、姿势不同，演播室道具不同，都给看电视的观众营造了不同的感受和氛围。我们看到 2004 年夏直播亚洲杯决赛时主持人张斌和嘉宾黎兵就坐在彩色的酒吧凳上，一只胳膊架在高高的玻璃圆桌上，显得潇洒自在；中央电视台《为您服务》节目的主持人肖薇、王小骞优雅而又闲适地坐在彩色的沙发中聊天则表现的是一种时尚生活；不少少儿节目主持人还会和小朋友们盘腿坐在地上讲故事做游戏，他们的真心参与也会使小朋友们更放松，更容易展示他们活泼的天性。

“边走边说”的方式是课堂里讲课的方式的延伸，多出现在知识性、介绍性节目中。主持人边走边说，显得从容不迫、游刃有余。比如凤凰卫视中文台《百年叱咤风云录》的主持人杨澜缓缓行走于别致布景之间，与历史厚重深沉的内在情绪十分和谐。刘仪伟在主持《为您服务》节目时则动作略带夸张地边走边讲述，使其风趣的讲解更加吸引观众。

“贴近生活、贴近观众”是现在电视人制作节目的重要出发点之一，“好看”“有卖点”也会使电视节目实现商业价值。如果不能吸引观众，节目制作得再精美深刻也没有用。为了还原电视节目的生活气息，不少电视人特意设计出一些貌似随意的小情节，制造出一种自然的状态。以前节目结束时，我们一般只能看到主持人注视摄像机的定格镜头，现在包括摘耳麦、整理稿件、两个主持人之间的交谈这些动作都尽收眼底。细心的观众还可以观察到，他们的眼神明显从盯视镜头上的提词器转为注视屏幕正前方的“观众”。有的主持人甚至不光和观众摆手再见，还会和工作人员招手，令人有身临其境的感觉。节目结束阶段，播音员、主持人的屏幕角色也从信息传输的桥梁复归其本人的真实，进行的是一种平实而真诚的交流。

四、小道具大作用

崔永元在谈话节目研讨会上发言时说过他举话筒的秘密，这个秘密是要在每次《实话实说》的录播前告诉现场观众的，为的是提醒观众控制发言时间。他说，当他一只手举着话筒时，你可以尽情地讲；当看到他换了一只手举话筒时，就要考虑简练一点了；如果他用两只手举着话筒，请您赶快结束吧；当您发现他的两只手在微微晃动，呈作揖状时，无论如何要结束发言。拿话筒这样一个简单动作被赋予了如此多重的含义，崔永元独具匠心的设计既保证了节目的顺利录制，又巧妙地保护了观众的积极性。

凤凰卫视《锵锵三人行》节目中，主持人则是巧妙地利用水杯调节交流进程。比如，通过拿起杯子进行心理上或说话节奏上的调节；还有，插播广告前后两个段落之间，主持人窦文涛常会端起杯子喝水，以示让观众先休息一下，一会儿再回来，起到承上启下的作用。

笔作为道具出现的情况并不少见，我们常看到新闻节目的演播台上有笔的出现。节目录制前主持人边熟悉稿子边用笔圈圈点点，有时候重音、停连、容易出错的地方需要标注清楚，开机的时候顺手放在桌上；我们也会看到有些主持人在主持节目过程中还会拿着笔（多出现在新闻评论节目或深度访谈节目中)，好像还处在读书思考的状态。凤凰卫视《有报天天读》的杨锦麟边向大家介绍报刊内容，边用红笔在报纸上勾画重点。

有些时尚节目的女主持人手持带有五角星的"小魔棒"，轻轻一点，节目的主要信息就展现在观众眼前了，给节目带来了童话般的神秘色彩。

五、得体的服饰

服饰着装也是体现播音员、主持人审美品位、气质修养的重要手段，内心深处的精神品性能通过言谈举止和穿着打扮自然地外化出来。播音员、主持人的着装作为形象美感的一个重要组成部分，在帮助传播节目内容的同时，也在传递着美的信息。

同是中央电视台的重点新闻节目，一套《新闻联播》和四套《中国新闻》的主持人服装都具有庄重、权威的特点，但两个节目定位不同，主持人的服装风格还是略有差别。《新闻联播》的主要受众群是国内观众，它承担着发布新闻、传达政令、介绍成就、宣传先进、报道世界各地重大事件的任务，所以主持人的服装虽然大气端庄，但是在颜色和式样的选择上，都显得比较沉稳，不张扬，更贴近中国普通百姓的审美需求；而《中国新闻》主要承担着对外宣传的职责，是向世界介绍欣欣向荣的中国，主持人除具有泱泱东方大国庄重、典雅的风范外，还要具备时代气息和国际化现代职业女性的风采，所以《中国新闻》的女播音员常着标准的职业女装出现，色彩和样式富有朝气，富于变化，给人干练、自信的深刻印象。

时尚潮流的变迁在女主持人的服装上体现得淋漓尽致。我们可以通过中央电视台王牌栏目《为您服务》中三代主持人服装造型的发展变化感受中国现代化的步伐。1979 年 8 月 12 日，中央电视台最早的专题性栏目《为您服务》亮相荧屏。沈力作为该节目第一位主持人，以善良淳朴、端庄大方的形象出现在观众面前，她的服饰朴素、简单、大方，是那个时代生活的写照。20 世纪 80 年代，甜美、典雅的张悦接过了《为您服务》的话筒继续为大家服务，她在沿袭沈力亲切、自然、淳朴的风格基础上，也显示出新一代主持人对服饰的重视与讲究，给观众带来了对丰富生活的向往和对美的追求。张悦的衣着典雅、柔和、庄重，显示出东方韵味，给大家树立了一个既懂生活、又有修养的知识女性的形象。特别是她还在节目中亲手教观众做衣服，"悦式毛衣""一剪刀连衣裙"曾风靡大街小巷。在那个百姓渴望更丰富、更精致的物质生活的年代，张悦快乐地穿着自己的杰作美丽、贤淑、宁静地主持着《为您服务》节目。而如今，短缺经济结束，靠缝缝补补、拼拼凑凑过日子的时代已经一去不复返了，全新的《为您服务》登台亮相，这个节目强调生活情趣，为大家提供周到、迅捷、丰富、趣致的生活资讯服务。电视上的主持人也由原来的传统型变为了现代型。虽然贴近生活、全心全意为您服务的宗旨未变，但《为您服务》的具体内容和方式进行了彻头彻尾的改革。配合明朗、活跃的青春气息，穿着时尚、现代的两个年轻女主持人成为了都市丽人的代表，她们的服装紧跟时代的步伐，色泽明快、亮丽，两个人的装束相互映衬，又和演播室轻松明快的布景搭配。比较起来，肖薇的服装更显成熟、稳重，王小骞的服饰则更多变、大胆、夸张。从连衣裙、牛仔裤到各种衬衫或休闲装，只要能体现主持人美丽的衣服，她们从不拒绝，但这两个坐在色彩鲜艳的沙发椅中的主持人却从来不穿职业套装，她们一定考虑到上了一天班的老百姓可不愿看到两个严肃庄重的人再来领导自己的生活潮流了。

央视《幸运 52》主持人李咏的服装在男主持人中显得另类，但是不得不承认他瘦挑的身材、卷曲的头发、亮闪闪的紧身西服套装，和紧张激烈、趣味横生、节奏明快、高潮迭起的现场气氛以及绚丽多姿、富有现代气息的舞美形成了和谐的搭配，得到了观众的认可。

第三节　主持人即兴体态语的运用原则

一、根据环境、对象选择体态语

凤凰卫视《穿越风沙线》节目中亮相的主持人杜宪在西北农村采访时，常常蹲下身子和村里的大爷、大婶聊天，显得真挚而随和亲切；水均益在钓鱼台国宾馆采访联合国秘书长加利时，不时有一些西化的手势和表情。这些表现都自然而得体，与节目内容十分和谐。即使是同一个节目，不同的录制空间也会影响体态动作的选择。比如一般认为旅游节目中应以自然松弛的体态为主，但面对内蒙古大草原“天高云淡”“风吹草低见牛羊”的广阔天地时，应表现得洒脱豪迈，而在江南水乡欣赏“小桥流水人家”时，优雅闲适是合适的表现风格。

二、根据节目特点把握体态语

主持人在节目中应该根据不同的节目特点选择不同的体态语，使人和节目融为一体，达到了很好的传播效果。比如王雪纯在对比《环球》和《正大综艺》时，认为《环球》是侧重知识文化的杂志型栏目，应该突出“静”的特点，所以她在松弛积极的基础上，肢体动作比较有节制，更突出了目光和微笑的表现力。而《正大综艺》偏重风土人情，是融文化、知识、娱乐于一体的参与型综合栏目，适合表现“动”的特点，而且景别较大，所以她的体态富有动感，有时还会运用一些夸张的体态语，显得活泼而有生气。同一个节目主持人面对不同的节目，服装是确立不同形象的重要工具。简单从视觉上判断，《经济半小时》和《开心辞典》中的王小丫是两种类型的主持人，服饰的区分功不可没。《经济半小时》中身着成熟职业套装的她是严谨、权威、睿智的经济记者，而《开心辞典》中色彩丰富、靓丽、款式多变的套装和亮闪闪的丝巾又把她塑造成集美貌与机智于一身的严格又可爱的年轻考官。

三、符合媒体的传播特性

体态语的训练和设计需要考虑观众的心理、节目的类型、画面的需求、社会的时尚、自己的特点等诸多因素。主持人大赛选手体态语方面最明显的不足是拘谨，比如四肢僵硬、动作欠协调，不但缺乏表现力，甚至有些体态语还显得很滑稽。有些选手对被采访对象或现场嘉宾的身份、地位考虑不周，做出不合时宜的动作，比如对对方的胳膊、肩膀拍拍打打等，有故意套近乎之嫌。有些选手对自己在节目中的角色和位置欠设计，而影响表达效果。

人们的许多体态语是下意识的流露。在日常交流中，有时觉得有声语言没能表达充分，下意识地用体态语，如用手或食指指指点点、双手不停地在胸前分开并拢分开并拢等细碎的动作，来辅助语言表达，成为个人特有的体态语“口头禅”。但作为传播者，在镜头前应学会控制自己平时下意识的行为，使自己的体态语成为自己传达观点、吸引受众的工具，同时又要使这些动作给人自然真实的感觉，不露人为痕迹。

主持人的体态动作应该考虑到画面景别的特点。比如新闻节目主持人的景别一般是中近景，娱乐节目主持人的景别一般是七分景，也就是膝盖以上。在新闻节目的中近景中，主持人的体态语应该尽量简洁、准确和节制，从体态语的角度保证新闻节目的严肃、权威、可靠。细微的身体动作，如微笑、点头、上身的前倾或后仰、眨眼、挑眉等，中近景非常容易把它们夸大，如果太多太夸张，就会显得不稳重大气，不利于节目的传播效果和主持人的形象塑造。娱乐节目中，主持人多以较大景别出现，节目也需要主持人保持轻松、休闲、愉快的心态和体态，主持人的体态语相对来说更多、更生动、更夸张一些。七分景可以充分展示主持人的体态语，这种情况下如果体态语太少，画面太空，反而会显得主持人拘谨、呆板。中央电视台主持人李咏充分利用节目中远景较多的特点，根据不同语境表情动作张弛有度地调控现场气氛，比如，在“幸运抢答”环节，每答完一题他会把题卡抛向观众以调动观众的热情；在每个环节间隔处，他对镜头的“重拳出击”起到承上启下的作用；当自己被选手压住风头或遇到尴尬的场景时他常会自嘲地一笑；看到选手滑稽的表演，他也会和观众一样笑弯了腰；在“幸运擂台”的对决中，他时而用严肃的表情制造激烈的比赛气氛，时而用轻松幽默的“坏笑”和选手开玩笑，宣布结果时还会做出故弄玄虚的表情吊观众胃口。他的体态语和机位景别协调配合，获得浑然天成的效果。

第十章 新世纪主持人即兴口语传播的创新空间

与西方国家相比较，我国的广播电视节目主持人虽然起步晚，但是一经出现，就有着极强的生命力和特有的影响力，对广播电视事业的发展起到了很大的推动作用。经过30年的探索，节目主持事业已经取得了比较大的发展，节目主持学科也有了长足的进步。面对21世纪高科技的飞速发展，多元文化的加剧兴起，全球化趋势愈演愈烈，尤其是主持人在广播电视传播中越来越显示出重要地位，对主持人的要求也越来越高。主持人即兴口语传播水平也需要不断发展进步，创新既是外部环境发展的需要，也是主持人事业发展的内在需求，创新既取决于外部环境的不断发展，也取决于主持人内在要素的提升。

第一节 外部环境发展

一、社会多元化趋向与受众需求分层

一个国家的发展变迁，必然对整个社会产生方方面面的影响，价值观念、社会需求、审美取向、社会心理等方面都会随之发生变化。传媒作为社会现实变化的敏锐的风向标，直接或间接地让人们从荧屏中观照现实、观照自我。电视媒介人作为风向标的操纵者，应当首当其冲地感受、捕捉社会变革的蛛丝马迹，他们的思想、观念、价值取向一定会受到现实存在的冲击、碰撞和影响。而传播者的观念对传播媒体的价值取向与传播效果起着决定作用。当我们直面当前中国传媒在社会变迁背景下的现实状况时，可以确定的一点是，传媒人已经自觉不自觉地成为社会变迁的见证者、传播者、利益相关者①。

这种影响和变化首先体现在传媒人的观念变革。我国自改革开放以来，社会文化生态

① 俞虹：《节目主持人通论》，中国广播电视出版社2004年版，第284页。

环境的变化，传媒人在传播活动中的自主意识已经发生明显的变化。媒介的喉舌功能已经不是唯一的功能，丰富百姓生活，传播大众文化已成为共识。20 世纪 90 年代尤其是中期以后，随着改革的深入，国家现代化步伐加快，传媒改革的力度也不断加大，传播观念也在自觉不自觉地发生变化，并直接转化为节目呈现出来。

进入新千年以后，对中国广播电视发展产生深远影响的一个社会因素是：社会多元化倾向的加剧。换言之，就社会整体来说，“社会分化”无疑是新世纪中国社会最典型的特征，这种分化体现在社会阶层和群体数量的增加。比如，杨继绳认为当下中国社会是由如下阶层构成：上等阶层（政府高级官员、国家银行及其他国有大型事业单位负责人，国有大型企业或大型股份公司经理、大中型私有企业主……这些人构成了中国社会金字塔的顶端）、中上阶层（高级知识分子、中高层干部、中型企业经理和大型企业高层管理人员、中型私有企业主、外企白领等）、中等阶层（专业技术人员、一般文艺工作者、新闻工作者、律师、会计、党政机关公务员等）、中下阶层（工人、农民阶层等）、下等阶层（城乡贫困人口和失业人员等）。另一位社会学家陆学艺则认为这些阶层之间的收入、生活方式、教育水准以及由此造就的媒介接受习惯都是有很大差别的①。不同的社会阶层拥有不同的媒介接受习惯和接受倾向，在广播电视领域也不例外。

除了社会阶层差别之外，广袤的中国国土还形成了其他方面传播与受众的差别。比如由于经济发展水平的不同，有中西部发展水平的差异，由于区域文化（中原文化、江南文化、岭南文化、关外文化等）不同，造就了文化习惯和文化接收方式的不同。由于中国广播电视的布局是依照 1983 年的“四级”策略在中国社会四个行政区域（中央、省、市、县）渐次分别发展的，因此不同层级的广播电视媒体会根据自己的特定情况，按照各自的发展策略分别探索自己的发展之路，这也导致了中国广播电视事业发展的多元化②。

在这样的大环境下，作为传播者一员的节目主持人，应该深入认识社会发展的趋向，根据自身情况与特点，明确在各自岗位上的位置，明确自己的受众对象，在节目主持过程中和即兴口语传播中，有针对性地、恰如其分地、深入人心地进行传播，这是对创新的最本质理解，也是对创新的最终诉求。

二、传播技术不断推新

技术是广播电视媒介发展最强大的推动力量之一。

广播电视媒介的诞生得益于电子技术的发展，每一次新的技术进步都会给广播电视媒介提供关键的发展机遇，比如，电子管的发明让收音机小型化，广播便可以更好地发挥“伴随性收听”的优势；通讯卫星技术的成熟使得电视传播全球化成为可能，大大增强了电视传播

① 陆学艺：《当代中国社会流动》，社会科学文献出版社 2004 年版，第 5 页。
② 孟建、黄灿：《当代广播电视概论》，中国传媒大学出版社 2011 年版，第 82 页。

的力量。

技术的革新可以直接推动广播电视事业的发展乃至飞跃。新技术的使用可以催生新的节目形态，这一点在广播电视事业的发展过程中表现得尤为明显。比如，自20世纪90年代中期，以央视为首的中国各电视台纷纷开始在新闻节目中增加直播内容。央视更是通过对香港回归、澳门回归、黄河小浪底大坝合拢、建国50周年国庆大阅兵等重大新闻事件的直播，进一步巩固了作为中国第一大台的地位。电视大型直播节目的成型，最基础的要求之一就是电视直播设备的购置并熟练使用，没有数字转播车这样的设备，再好的直播构想也难以实现。比如，从2003年开始火爆的电视选秀节目《超级女声》宣扬"娱乐民主"的特色，即观众可以通过手机投票的方式决定某个选手舞台上的命运，这档节目所采用的一个关键技术条件就是手机在中国电视观众中的普及。可以说，没有手机技术，这档当时风靡全国的电视节目的效果就会大打折扣。

技术不仅是节目创意的源泉，有时还是媒介变革的力量。20世纪90年代初，中国广播业在电视媒介的冲击下，丧失了很多黄金时段的节目资源和观众资源，旧有的广播事业格局和节目体系必须更新。此时，促成这种更新的重要力量之一恰恰是其他的传播技术——热线电话、手机短信，电话的普及、手机的普及造就了广播互动类节目的兴盛：点歌、谈话、观众竞猜、心理咨询、路况信息提供等等。正是由于电话、手机等传播技术的普及和在广播领域的应用，增强了广播节目的亲和力，实现了许多大众媒介都无法比拟的"互动性"，成功使广播走出低谷。

互联网技术对广播电视媒介发展的影响是深远的。随着网络内容的不断丰富、带宽的不断增加，网络在线收视成为可能，这对传统的电视传播和接收都是一个冲击，而电视传媒也从中找到了新的增长点。2007年，中央电视台体育频道为了更有效地转播2008年北京奥运会，对频道进行了全方位改版，尤其强调与手机、互联网用户之间的互动。为此，当时的央视国际(www.cctv.com)被授予2008年北京奥运会新媒体传播权，这是国际奥委会首次将互联网、手机等新媒体作为独立转播机构，与传统媒体一起列入奥运会的转播体系。北京奥运会也由此成为新媒体发展的一个重要里程碑①。凤凰卫视成立后相当长一段时期内都无法获得内地多数城市的落地权，只被准许在有限范围(如广东省内、三星级以上宾馆、部分高校及高档社区)内传播。相对于"艰难"的"落地获批谈判"，网络成了最为便捷的先期"落地"形式。因此，在凤凰网开办之初，网络订购和点播频道就被定位为重要业务，后来又增加了节目宽频在线收看服务，这样，只要能够上网，就可以收看凤凰卫视的节目，大大弥补了电视传播在政策上的限制。此外，网络传播的互动性特色，意味着受众亦有可能变成传播者，广播电视机构都能够通过网络和受众展开互动，弥补广电媒介单向传播的不足。现在，很多广播电视栏目都会在互联网开辟相应的论坛，节目主持人即论坛的版主，观众可以在论坛中通

---

① CCTV未来广告公司：《2006年CCTV－5创新合作案例盘点》，载《大市场·广告导报》2007年第4期。

过发帖子的方式和主持人以及主持人背后的编导、记者互动，发表自己的意见和看法。由于网络论坛是开放的，观众的意见也有可能成为舆论的一部分，进而影响到栏目的发展。

就主持人即兴口语传播来说，直播技术的发展和互动技术的发展、直播节目的增多和互动环节的增多，对主持人的思维水平、认识水平、反应能力、交流能力、即兴口语能力要求更高。同时，直播技术、互动技术也为主持人即兴口语能力的发展提供新的机遇，在这些新兴的平台上，主持人即兴口语的创新空间更加广阔。

三、节目形态丰富细化

主持人是依托于具体的节目而存在的，节目是主持人成长、发展的沃土，是主持人施展才华的舞台。按照传统的习惯，广播电视节目大致可以分为：新闻类、社交类、文艺类、服务类。对应到主持人节目，有新闻评论类主持人节目、文艺(综艺)娱乐类主持人节目、社教类主持人节目、服务类主持人节目。其中，社交类主持人节目的情况最为复杂，从对象性角度来说，以年龄特征划分的有少儿主持人节目、青年主持人节目、老年主持人节目；以受众的性别、职业或身心特点来划分的，如女性主持人节目、工人主持人节目、军事主持人节目、农业主持人节目、残疾人主持人节目等；从内容角度说，有文化类主持人节目、法制类主持人节目、科技类主持人节目、卫生类主持人节目、理论类主持人节目、经济类主持人节目等等。

还有一些十分有特色的主持人节目在内容上极富综合性和交叉性，如拥有广大受众群的体育类主持人节目，它在范畴内既有新闻传播功能为主的，又有服务功能为主的，还有以娱乐欣赏功能为主的；比如内容上归属于经济类的主持人节目，各具新闻性、教育性、服务性、娱乐性功能，当然，这类主持人节目与其说是节目类型，不如说是以传播内容的类别来划分的专业频道。至于服务类主持人节目，在功能上兼具信息性、教育性和服务性，在内容上则越来越丰富，如气象服务类主持人节目、医药信息服务类主持人节目、衣食住行生活服务类主持人节目、金融证券信息类主持人节目、经济信息服务类主持人节目、房产信息服务类主持人节目，等等。

主持人节目在发展过程中，传播观念的突破以及新技术在广播电视传播中的开发应用，使得曾经单调的节目形态发生了相当大的变化，并且随着广播电视事业整体的发展，使按节目属性划分的主持人节目与层出不穷的节目形态有多种多样的渗透、组合、交叉和融合，从而不断生成出新的节目类型来。如实现了异地共时对话的“双视窗”技术，中心演播室和分演播室及多点现场报道的“卫星连线”，设在现场的实景演播室做报道轴心，等等。主持人在种种不同的节目形态中，其即兴口语运用的层面、语言功能发挥的侧重点、交流的指向、语境的单一性或复合性、语言的复现性或即兴性、感情的分寸尺度，都存在不同程度的差别。由于这样的现实，主持人的即兴口语仅从节目内容的类型考虑就显得不够了，为了比较全面地反映主持人即兴口语的活动规律，按照节目形态来划分主持人节目类型有特殊的意义。实践已经清楚地表明，许多受到大众欢迎的节目形态，给了主持人更多的“用武之地”，特别是有受众参与的互动式的节目形态已经广泛运用到各类不同内容属性、不同对象的主持人节目当中。从主持人即兴口语运用的角度看，当前出现频率较高、主持人即兴口语运用层面较多的节目形态，主要有杂志型、专访型、讨论型、热线服务型、竞赛游戏型及直播型等节目形态。

主持人的即兴口语要做到与节目和谐，不管主持人在节目制作中参与程度如何，无论是真正意义上的节目的“灵魂”，或者仅仅是“出声出像”，都必须对自己主持的节目有较为深入的理解和把握。它包括两个方面，一是节目类型的共性要求，一是具体栏目的个性特点。不同类型的节目有不同的分工，从范畴、功能、目的、内容、形式、风格，都有各自的特点；同时，不同类型的节目，其服务对象、传播对象虽有交叉，但也存在差异，而且当今传播观念、传播格局正朝着“窄播化”“细分化”发展，旨在为各类有不同需求的受众提供针对性更强的专门化服务，所以主持人必须考虑专门服务对象群体的文化修养、生活经验、接受能力、语言习惯，根据服务对象特点调节自己的即兴口语，以实现有效“对接”①。

一般来说，新闻评论类主持人的即兴口语深刻思辨、朴素敏锐、评议明朗，需要快速反应；综艺娱乐类主持人的即兴口语热情生动、亲切大方、机智灵活、雅俗共赏；教育服务类主持人的即兴口语亲和周到、深入浅出、新颖透彻，起服务引导的作用；体育类主持人的即兴口语活跃机敏、明快晓畅、客观大度；少儿类主持人的即兴语言活泼可爱、聪颖清晰、形象生动……

这些区别性差异，有语言内容方面的，有词语运用方面的，有声音形式方面的，有修辞手法方面的，他们融合在一起，显现出各自不同的语言样态，在同一栏目类型中显现出相对统一的共性。这些共性特点是在适应节目自身要求、传播对象要求的基础上，主持人在实践过程中逐步形成并为大家所认可的。需要注意的是，现实中的一些“模式化”“大路货”的主持人即兴口语样态，也源于此。解决的办法就是在节目类型的基础上再深入一步，把握具体的节目内容，创新节目视角、互动关系等，使主持人的即兴口语传播既符合栏目共性，又体现个性特点。

第二节　主持人内在修养提升

一、政治素质思想品格提升

一个人的主体价值判断是与其世界观、人生观、价值观密切相连的。主持人作为大众传播活动的工作者，由于工作的特殊性质，其主体价值判断的构成更显示出特有的丰富性与多

---

① 吴郁：《主持人的语言艺术》，北京广播学院出版社 1999 年版，第 55 页。

维性。首先，主持人的人生阅历、文化修养直接影响着主持人的世界观、人生观、价值观，成为构成其主体价值判断的主要因素，并外化于节目当中。其次，传媒人的社会责任、所属传媒的文化追求和风格定位是主持人进行职业行为时的言行准则与制约因素，这也是主持人主体价值判断不可或缺的因素。传媒承载着传播信息、传承文化、提供服务、娱乐生活等多种功能。随着社会的进步发展，传媒已经越来越深入我们的生活，影响着人们的观念、行为。尤其电视，几乎成为一种生活方式深层次地介入了人类。主持人作为电视媒体中最显现的角色，其承载的媒介责任也更为重大。一个优秀的节目主持人在能动地驾驭节目执行传播任务时，必然将社会责任与媒体形象自觉地融入自己的言行。另外，主持人的审美趣味、价值取向直接对其主持个性、语言风格、栏目风格、节目品位产生影响。

政治思想道德修养对主持人主体价值判断起着决定性作用。它集中体现于节目主持人在正确的世界观指导下，表现出高尚的道德情操、高度的敬业精神、强烈的责任意识。这其中蕴含着一个人对生命价值的理解，由此而生发出对人文的关怀、对真善美的深入认识。

我国对广播电视性质的认识经历了一个不断发展的过程。新中国成立初期，在宣传恢复国民经济、过渡时期总路线，在实现社会主义改造和完成第一个五年计划期间，我们把广播看做党领导下的一个宣传工具、教育工具，明确提出广播的三大任务是发布新闻、传达政令，社会教育和文化娱乐。这期间对广播性质的认识和对广播工具的使用都是正确的，宣传的效果也是好的。1957 年以后，在“左”的思潮下，提出了“广播是阶级斗争的工具”，片面强调阶级斗争。“文化大革命”之前又提出“广播是无产阶级专政的工具”，在客观上助长了阶级斗争扩大化。同时，在比较长的一段时间内没有把生产斗争、科学实验的宣传放在重要位置上。林彪、“四人帮”控制新闻阵地以后，又把广播电视歪曲成“全面专政的工具”，用来批评一切，横扫一切，打倒一切，造成了十分严重的后果①。

在阶级社会里，任何舆论工具都是为一定的阶级服务的，具有鲜明的阶级性。1983 年中央【1983】37 号文件中规定了广播电视的根本性质和任务，强调：“广播电视是教育、鼓舞全党、全军和全国各族人民建设社会主义物质文明、精神文明的最强大的现代化工具，也是党和政府联系群众最有效的工具之一。”1992 年 6 月，中共中央、国务院下发了《关于加快发展第三产业的决定》。决定明确把广播电视也列为第三产业，并强调指出，只有使福利型、公益型和事业型的第三产业逐步向经营型转变，实行企业化管理，“做到自主经营、自负盈亏”，才能建立起充满活力的第三产业自我发展机制。中共中央这一决定，对广播电视“事业单位企业经营”起到了战略性作用。人民认识到：在社会主义市场经济条件下，广播电视是党、政府和人民的喉舌，是舆论宣传工具，广播电视工作要始终坚持以宣传为中心，坚持正确的舆论导向；但同时，广播电视事业又是一种产业，拥有如信息、人才、技术等资源优势，只要把广播电视本身所具有的那部分产业功能发掘出来，就能有效地解决资金不足的问题，走出一条

① 赵玉明：《中国广播电视通史》，北京广播学院出版社 2004 年版，第 348 页。

具有中国特色的发展广播电视事业的路子来①。

我国的广播电视身负重任，是党、政府和人民的喉舌，节目主持人则被人们认为是喉舌的喉舌，是电台、电视台的台标，是节目的代表。所以，主持人政治素质的高低举足轻重。一个节目主持人尤其是时政节目主持人应该在正确的世界观指导下，具有一定的思想水平和政策理论水平；具有比较敏锐的政治洞察力和清晰的思辨力；能够理解党和国家的大政方针和工作重心，善于体察百姓的情绪和要求。这一切会直接在节目质量上体现出来。从报道素材的选择，采访中的提问到问题的分析评述，都要做到准确、深刻、有理、有利、有节，从而建立起节目在受众中的可信度，获得良好的传播效果。

二、责任意识敬业精神提升

新闻职业道德，是每一个新闻工作者都必须具备的。特别需要强调的是，由于主持人的特殊地位、作用，主持人的一言一行不仅仅是个人的行为，更是群体形象的缩影，因此，强烈的社会责任感和高度的敬业精神对于主持人来说尤为重要。

新闻职业道德首先要求新闻工作者具有强烈的社会责任感。新闻工作是影响社会舆论、社会情绪、社会行为的一种工作，新闻工作者必须对社会负责。这种责任的范围包括不危害社会，例如不鼓吹凶杀、暴力、色情、犯罪；不损害民族利益，不挑起民族、宗教、外交冲突；不利用新闻对他人进行诽谤；不能利用自身的特殊条件谋取私利、收取不正当报酬等。节目主持人在公众中有巨大影响力，如果一旦失去行为水准，没有职业道德规范的约束，缺乏社会责任感，其后果不堪设想。在传媒发展较早较成熟的西方国家，有学者已经撰文："在新闻节目主持人身上缺少个人道德时该如何呢？假若他一味追求高收视率或个人名利而渲染某些新闻，又有什么方法去制止呢?"答案竟是："几乎无能为力。"在他们看来："今天的电视节目主持人除了听命于自己的良心外，其他都不在话下"。在我国的新闻传播、广播电视事业发展过程中，类似的情况也有苗头，相应的纪律、制度、约束应该提早研究拟定，主持人也应加强自律意识。

新闻职业道德还包括从业人员的敬业精神。要做到这点，势必要全身心投入到工作中去。美国著名电视节目主持人丹·拉瑟一年之中只有七八个周末能与家人团聚。靳羽西为了主持好《世界各地》节目，每天要工作 14 个小时。他们付出了诸多心血和努力，甚至还要放弃正常的家庭生活，如果没有强烈的事业心和敬业精神，是难以长期坚持这一工作的。

这种高度的敬业精神，在我国的新闻工作者中更是司空见惯。中央电视台《焦点访谈》《新闻调查》等节目组工作起来没有钟点，为了节目加班、加点、熬通宵是常事。伊拉克战争时期，凤凰卫视记者闾丘露薇等人冒着空袭危险，成为第一个进入巴格达的华人记者。非典时期，王志、柴静等记者冒着可能受到感染的危险，深入病房、疫区，和专家、医生、护士等人

---

① 同上，第 464 页。

一起见证这场没有硝烟的战争。汶川特大地震发生后，张泉灵、李小萌等记者同样冒着余震的危险，深入震区，记录下灾后救援、心理援助以及家园重建等问题。

唯有具备强烈的社会责任感和高度的敬业精神，主持人才可能获得一个个震撼人心的报道，生发出一段段感人至深的即兴语篇。

三、发现能力表达能力提升

业务水平是任何一个职业对它的从业者的基本要求。对于从事大众传播活动的主持人来说，善于在现实生活与节目进行当中，发现问题，捕捉信息，筛选信息，是一种非常重要的业务素养。孙玉胜作为央视《东方时空》《焦点访谈》《实话实说》《新闻调查》等著名栏目的领军人物，对中国新闻节目主持人的发展起到了重要的推动引领作用，他对新闻节目主持人有着独到深刻的见解。在专著《十年——从改变电视的语态开始》中他就“主持人媒体”展开论述，认为：“一个优秀的节目主持人的外在标准应该是具有个性、魅力和激情。而内在的标准是主持人要具有良好的职业敏感能力，也就是发现能力，还要具备出色的写作能力和表达能力。”简言之：“优秀的电视新闻节目主持人应该是集合魅力、表达能力和发现能力的三位一体。如果把三位一体的主持人的‘魅力’放在三角形的顶角，那么‘发现能力’和‘表达能力’就是这个三角形的两个底角。如果把‘主持人的魅力’看做是一辆汽车飞驰的前轮，‘发现能力’和‘表达能力’就是支撑它动力支持的两个平衡的后轮。”孙玉胜还分析了这三者的内涵与关系，“发现能力的高低是主持人产生分化的一个分水岭。有的主持人即使拥有绝对空间，但由于缺少发现的能力，他也只能平铺直叙，甚至只能依赖编辑。其实发现的能力就是职业敏感，就是要发现新的新闻事实、新的角度、新闻背景、发现新闻中值得追踪的一切蛛丝马迹。”①

“发现”是表达的基础，是“随机应变”的前提。只有能够发现问题，才能提出问题；只有捕捉到信息，才有可能传递信息；只有对现场繁杂的信息做出准确的选择判断，才有可能筛选出有价值的信息传递给受众。因此，发现能力是主持人必须具备的业务素养。

对2008年“5·12”汶川大地震这一重大突发事件的报道，很多媒体记者均采用了现场报道的方式，然而央视《新闻1+1》栏目记者白岩松，每出一个现场，每做一段现场即兴口述，都会给电视机前的观众带来不同的新闻看点和他对该新闻事件观察与评述的全新视角。比如，他在央视播出的《北川：伤痛中前行》节目中，有一段现场出镜是站在“欢迎再到北川来！”的横标前完成的：

在平常的《新闻1+1》节目结束时从来没有用过一段语言来做收尾，但是当我们结束了对北川的采访即将离开北川县境的时候，忽然看到了这样的一个大牌子

① 孙玉胜：《十年——从改变电视的语态开始》，生活·读书·新知三联书店2003年版，第363页。

（他指着身后的横标），在很多地方都可以看到。在平常的日子里，它只是当地一个带着热情的客套话，欢迎再到北川来！但是今天看到它时，内心却充满了一种触动。老北川已经没有能力再去欢迎天下所有的客人，将来也只是会以地震纪念馆的方式迎来天下的游客。但是，我们又会充满着一个期待：一定会有一个新北川还会在县境处摆放出这样的一个牌子。别了！北川，但是，再见！北川。

看得出，这段现场报道是在节目的结尾临时加上的，但它却给节目增添了分量。白岩松敏锐地捕捉到在平常看来极其普通的一块横标这一核心信息，随即展开的现场即兴口语，附加了多层信息意义：栏目组结束北川采访返程中；即将离开北川县境的标志；震前的北川以它的热情迎接着南来北往的游客；震后的北川给人们留下的是巨大的伤痛和永久的地震遗址；老北川虽然已成为灾区人民永远的心痛，但新北川却将在人们的期待中重建；未来的北川一定会以它新的特有的容姿展现在世人面前……白岩松这段“言之有物”的现场报道，显然比只是单纯地将标牌作为出镜背景画面更有意义和看点。白岩松这段结束语，既增加了电视语境的美感，使新闻语言变得生动亲和，又赋予了观众想象的空间，意味深长而久远。

在绵阳九州体育馆灾民临时安置点，白岩松采访出现场时抓住了场馆外墙上贴满“寻人启事”这个最有说服力的“信息物”，引出现场报道话题，向观众讲述了地震不仅震毁了我们的房屋建筑，还让灾区无数个家庭正承受着难以想象的精神煎熬。在那个特殊时刻、特殊地点，这样的“寻人启事”所负载的信息意义非同一般，它不正是汶川地震这场巨大灾难留给我们的巨大伤痛这一事实的真实写照吗？这样的话语比干巴巴的讲述要真实可信得多。发现现场的核心信息，不单是就事论事，而且要以其为切入点，赋予表层信息或客观现象更深刻的新闻内涵，充分挖掘和利用背景性新闻事实对报道的支撑，让新闻真实、具体、可感；善于“借景（物）生情”“借题发挥”，使现场报道由表及里，新闻内涵得以延伸和升华，这可以说是白岩松现场报道中的突出特点。

1997年，中央电视台对香港回归这一重大新闻事件做了全程直播报道，白岩松作为出镜记者之一，多次出现在直播现场，他的现场报道给人们留下了深刻印象。6月30日晚8点多，当他来到深圳皇岗口岸做现场报道时，抓住“管理线”这个深港两地标志性的分界线作为切入点，说道：“我左脚这边是香港，右脚这边是深圳，这条让香港和内地人民伤心的管理线，再过三个多小时就要消失了……”这段即兴口语辅助体态语非常形象、客观。当20：20内地驻港先头部队第一辆车驶过那条管理线时，白岩松及时抓住这一历史时刻的瞬间，即兴报道说：“管理线并不长，车速也并不快，可是跨越管理线的一小步，却是中华民族跨出的一大步，为这一步，中华民族等了一百年。”简短的几句话却寓意深刻，把管理线背后的新闻蕴含解读得相当精妙。在他的解读下，中国与香港之间这百年的时空交错仿佛弹指一挥间，让人不禁感慨万千。从“管理线”这一核心“信息物”引发出“一小步”“一大步”“一百年”的现场即兴评述及其深刻寓意，体现出白岩松高度的新闻敏感和个人素养。

同样是1997年香港回归的报道，白岩松在港督府门前出现场时说道：“星期一对于大多数人来讲是上班，而对港督彭定康来说却是下班了。”巧妙的表述，源于白岩松抓住了今昔港督府比照下的巨大反差这一核心信息，把现场时间空间与所要表达的新闻内涵紧密联系起来，以他特有的新闻敏感一言以蔽之，使现场报道的措辞恰如其分。

白岩松的现场报道之所以精彩生动，在于他以特有的新闻敏感发掘细节来拓展自己的即兴口语空间，使得他所做的新闻现场报道总是别具一格，亮点突出，让人记忆深刻，回味无穷。比如，1997 年 6 月 30 日香港回归前夜，即将正式履行香港防务任务的驻港部队车辆在通过香港一侧的落马洲口岸（新界）关口处时，白岩松的现场报道如此描述：“现在要跟您介绍的一个细节是，我们可以看到一个车牌号上面写的是‘ZG’，比如刚刚过去的这辆‘4 4 6’。那么这个‘ZG’是什么意思呢？它是驻港部队汉语拼音的第一个字母，同时也是‘中国’这两个汉字拼音的第一个字母，这当然不是一种巧合。”这正是白岩松从细节入手来丰富现场报道内容的一种即兴表述。

现场报道是最能够真实地展现新闻事件发生发展过程的一种报道形式，同时它又是最能体现出镜记者自身综合素质和业务能力的一个环节。然而目前我们也看到，有些电视新闻出镜记者在现场报道中，往往会暴露出自身诸多的缺憾和不足。比如，发现不了现场的核心信息；不能准确地把握报道切入点；不明确自己在现场该说些什么、从哪儿说起、怎么说，以至于茫然应对、语无伦次，有时甚至是偏离主题；还有的记者在报道现场缺乏足够的自信心和稳扎稳打的控制能力，等等。

当人们在为白岩松在 1997 年香港回归现场直播报道和其他很多次现场报道中的出色表现而赞叹时，当人们佩服他所具有的新闻敏锐和思辨能力以及出众的口才时，白岩松却说，其实他原本并不这么自信，甚至还有些自卑，可正是这种最初的自卑促成了他今天的自信。正像白岩松自己所说的，“真正自卑的人最后才能真正变得自信”。担心自己做不好，便总是想方设法，舍得花最大力气去做好每一件事情，于是便有了“天道酬勤，每弄好一件事，就会回头给自己一份自信”的效果累加①。

在现场报道越来越多地被运用于电视新闻报道的今天，作为出镜记者，增强自己的“软实力”是当务之急，因为这直接关系着现场报道的成败和电视传播的效果。而要想使自己在现场报道中也能够有出色的表现和精彩的报道，除了自身所具备的天赋以外，唯有勤奋努力，学习钻研，不断总结积累，善于取人之长补己之短，在实践中磨砺自己，才能够不断提高自己的现场报道质量和出镜效果，恰到好处地即兴表达，作出精彩生动的现场报道。

---

① 刘静：《出镜记者要善于“借题发挥”——以白岩松为例探讨》，《当代电视》2008 年第 12 期。

参考文献

[1]白谦诚:《峥嵘岁月:见证中国节目主持人 25 年》,中国国际广播出版社 2006 年版。

[2]白岩松:《痛并快乐着》,华艺出版社 2000 年版。

[3]毕一鸣:《语言与传播——广播电视播音与主持艺术新论》,中国广播电视出版社 2005 年版。

[4]蔡长虹:《主持人的个性化语言》,中国经济出版社 2004 年版。

[5]陈望道:《修辞学发凡》,上海教育出版社 1976 年版。

[6]陈京生:《电视播音与主持》,北京广播学院出版社 2000 年版。

[7]陈力丹:《舆论学——舆论导向研究》,中国广播电视出版社 1999 年版。

[8]陈正荣:《电视第三次浪潮——解析南京现象》,中国传媒大学出版社 2006 年版。

[9]陈虹:《节目主持人传播》,复旦大学出版社 2007 年版。

[10]程世寿:《思维与写作》,新华出版社 1990 年版。

[11]崔永元:《不过如此》,华艺出版社 2001 年版。

[12]方汉奇主编:《中国新闻通史》,中国人民大学出版社 1992 年版。

[13]付程主编:《实用播音教程》(全四册),中国传媒大学出版社 2005 年版。

[14]高贵武:《解析主持传播》,北京广播学院出版社 2004 年版。

[15]桂诗春:《新编心理语言学》,上海外语教育出版社 2000 年版。

[16]郭庆光:《传播学教程》,中国人民大学出版社 1999 年版。

[17]郭镇之:《中外广播电视史》,复旦大学出版社 2006 年版。

[18]格非:《小说叙事研究》,清华大学出版社 2002 年版。

[19]胡经之:《中国古典美学丛编》,中华书局 1980 年版。

[20]胡正荣:《媒介管理研究:广播电视管理创新体系》,北京广播学院出版社 2000 年版。

[21]胡智锋:《电视传播艺术学》,北京大学出版社 2004 年版。

[22]〔美〕吉妮·格拉汉姆·斯科特:《脱口秀》,苗棣译,新华出版社 1999 年版。

[23]敬一丹:《一旦话题》,北京广播学院出版社 1995 年版。

[24]敬一丹:《话筒前》,北京广播学院出版社 1999 年版。

[25]敬一丹:《99 个问号——敬一丹漫谈主持人》,中国广播电视出版社 2004 年版。

[26]〔美〕卡尔·豪斯曼等:《美国播音技艺教程(第五版)》,王毅敏、刘日宇译,复旦大学出版社 2007 年版。

[27]李立主编:《尴尬与超越》,北京广播学院出版社 2000 年版。

[28]李良荣:《当代世界新闻事业》,中国人民大学出版社 2002 年版。

[29]李元授、廖声武:《节目主持人概论》,华中科技大学出版社 2005 年版。

[30]李元授主编:《节目主持艺术丛书》(7 本),华中科技大学出版社 2006 年版。

[31]林海春:《英语节目主持人概论》,中国传媒大学出版社 2005 年版。
[32]刘洁:《电视节目主持人》,武汉大学出版社 2004 年版。
[33]〔苏〕鲁利亚:《神经语言学》,北京大学出版社 1987 年版。
[34]〔美〕鲁道夫·阿恩海姆:《艺术与视知觉》,中国社会科学出版社 1988 年版。
[35]〔美〕鲁道夫·F. 维德伯:《讲话的艺术》,中信出版社 2003 年版。
[36]鲁景超:《广播电视即兴口语表达》,北京广播学院出版社 2000 年版。
[37]鲁景超主编:《真话实说》,光明日报出版社 1998 年版。
[38]卢彬、晓澄:《感悟与升华——节目主持人素质修养论纲》,上海教育出版社 2000 年版。
[39]陆地:《世界电视产业市场概论》,中国人民大学出版社 2003 年版。
[40]陆锡初:《节目主持人概论》,中国广播电视出版社 2006 年版。
[41]〔加〕马歇尔·麦克卢汉:《理解媒介——论人的延伸》,何道宽译,商务印书馆 2004 年版。
[42]马力:《英达电视谈话节目主持艺术的多维探析》,北京广播学院硕士学位论文,2004 年。[43]孟建、黄灿:《当代广播电视概论》,中国传媒大学出版社 2011 年版。
[44]倪萍:《日子》,作家出版社 1997 年版。
[45]钱学森:《科学的艺术与艺术的科学》,人民文学出版社 1994 年版。
[46]任远、曲晨曦等编著:《电视主持人 300 问》,中国国际广播出版社 2006 年版。
[47]邵培仁:《媒介管理学》,高等教育出版社 2002 年版。
[48]时间、乔艳琳主编:《实话实说的实话》,上海文化出版社 1999 年版。
[49]孙玉胜:《十年——从改变电视的语态开始》,生活·读书·新知三联书店 2003 年版。
[50]〔苏〕苏霍金:《艺术与科学》,生活·读书·新知三联书店 1986 年版。
[51]童庆炳:《艺术创作与审美心理》,百花文艺出版社 1992 年版。
[52]〔英〕W. I. B. 贝弗里奇:《科学研究的艺术》,科学出版社 1981 年版。
[53]王存臻、严春友:《宇宙全息统一论》,山东人民出版社 1988 年版。
[54]王群、曹可凡主编:《节目主持语言智略》,复旦大学出版社 2008 年版。
[55]王宇红:《幽默与节目主持人的语言艺术》,中国经济出版社 2003 年版。
[56]魏薇:《播音主持论》,四川大学出版社 2003 年版。
[57]翁佳:《对面——著名播音员主持人访谈录》,中国经济出版社 2004 年版。
[58]翁佳:《名牌电视访谈节目研究报告》,中国经济出版社 2006 年版。
[59]翁如:《主持人思维训练教程》,中国传媒大学出版社 2007 年版。
[60]〔美〕沃纳·塞弗林、小詹姆斯·坦卡德:《传播理论:起源、方法与应用》,郭镇之等译,华夏出版社 2000 年版。
[61]〔美〕威尔伯·施拉姆、威廉·波特:《传播学概论》,新华出版社 1984 年版。
[62]吴小莉:《足音》,华艺出版社 1999 年版。
[63]吴郁:《节目主持艺术探》,北京广播学院出版社 1997 年版。
[64]吴郁:《主持人的语言艺术》,北京广播学院出版社 1999 年版。
[65]吴郁:《当代广播电视播音主持》,复旦大学出版社 2005 年版。
[66]吴洪林:《主持艺术》,上海三联书店 2007 年版。

[67]吴为章:《广播电视话语研究选集》,北京广播学院 1997 年版。

[68]吴为章:《新编普通语言学教程》,北京广播学院出版社 1999 年版。

[69]吴为章、田小琳:《汉语句群》,商务印书馆 2000 年版。

[70]徐德仁:《世界明星主持人》,复旦大学出版社 2005 年版。

[71]徐德仁、施天权:《时代的明星》,复旦大学出版社 1990 年版。

[72]徐树华:《播音主持语言策略》,中国经济出版社 2004 年版。

[73]熊征宇:《体态语与礼仪》,中国经济出版社 2005 年版。

[74]杨澜:《我问故我在》,学林出版社 1999 年版。

[75]杨雁冰:《创新思维法》,华东理工大学 2002 年版。

[76]应天常:《节目主持艺术论》,北京广播学院出版社 1999 年版。

[77]应天常:《节目主持语用学》,北京广播学院出版社 2001 年版。

[78]于根元:《语言应用论集》,北京广播学院出版社 1999 年版。

[79]于根元:《现代汉语研究与应用》,北京广播学院出版社 2003 年版。

[80]于根元:《路途和手段——语言学及应用语言学研究方法》,中国经济出版社 2004 年版。

[81]俞虹:《节目主持人通论》,中国广播电视出版社 2004 年版。

[82]於春:《论语结——有效提高语言实践能力》,中国经济出版社 2006 年版。

[83]元元等著:《元元说话》,光明日报出版社 1999 年版。

[84]张颂主编:《应用主持艺术丛书》(10 本),中国广播电视出版社 2003 年版。

[85]张颂主编:《中国播音学》(修订版),中国传媒大学出版社 2006 年版。

[86]赵俐等:《语言以人为本——第三轮语言哲学对话》,中国经济出版社 2003 年版。

[87]赵淑萍:《电视新闻主持艺术》,北京广播学院出版社 1997 年版。

[88]赵淑萍:《电视节目主持》,北京师范大学出版社 1999 年版。

[89]赵淑萍:《新闻权威与个人魅力——美国电视新闻主持人成功之路》,华文出版社 1999 年版。

[90]赵玉明:《中国广播电视通史》,北京广播学院出版社 2004 年版。

[91]中国广播电视学会播音学研究委员会学术部、北京广播学院播音主持艺术学院编:《播音主持艺术》(1—8 辑),中国传媒大学出版社。

[92]朱光烈主编:《火凤凰》,现代出版社 1999 年版。

[93]朱羽君主编:《中国应用电视学》,北京师范大学出版社 1993 年版。

[94]主持人节目研究委员会主编:《主持人》(1—10 辑),中国广播电视出版社。

[95]《电视节目主持人职业素质评价指标体系研究成果汇编》,中国广播电视出版社 1999 年版。

[96]Bartlett, F. C. *Remembering: A Study in Experimental and Social Psychology*. [M]London: Cambridge University Press, 1932.

[97]Bell, A: *The Language of News Media*, Basil Blackwell Ltd, 1991.

[98]Fairclough, N: *Media Discourse*, Edward Arnold, 1995.

[99]Shank, R. &R. Abelson: *Script, Goals, Plans and Understanding*[M]. Hillsdale, NJ: Lawance Erlbaum Associates, 1977.

[100]Smith, F. Reading[M]. Cambridge: Cambridge University Press, 1978. Vivian, J. 1997: *The Media of Mass Communication*, ALLYN AND BACON.

[101]Watson, J: *Media Communication: An Introduction to Theory and Process*, Palgrave Macmillan, 2003.

主要参考学术期刊：

《现代传播》《新闻与传播》《国际新闻界》《新闻记者》《新闻大学》《当代传播》《中国广播电视学刊》《电视研究》《新闻战线》《广播电视研究》《中国广播影视》《中国广播》《声屏世界》《南方电视学刊》《视听界》《新闻界》《中国记者》《中国电视》《试听纵横》《青年记者》《新闻与写作》

代后记

蜗牛与黄鹂鸟

“阿门阿前一棵葡萄树，阿嫩阿嫩绿地刚发芽，蜗牛背着那重重的壳呀，一步一步地往上爬。阿树阿上两只黄鹂鸟，阿嘻阿嘻哈哈在笑它，葡萄成熟还早地很哪，现在上来干什么？阿黄阿黄鹂儿不要笑，等我爬上它就成熟了。”

女儿快周岁了，每次给女儿唱这首欢快、有趣的儿歌，我一会儿扮演旁白，一会儿扮演小蜗牛和黄鹂鸟的对白，忙得很呢，女儿也手舞足蹈，高兴得很，唱到最后我们俩总是忍不住抚掌大笑。

《主持人即兴口语传播》这本书开始于十年前。2001 年，我在当时的北京广播学院播音主持艺术学院做研究生，开始进行以语结为核心的主持人即兴口语研究。2006 年，我在中国传媒大学语言学及应用语言学专业做博士生期间，《论语结——有效提高语言实践能力》一书出版。2011 年，在继续加强一些外围研究以及教学实践以后，《主持人即兴口语传播》出版。这十年之中，当然还有很多其他研究要作，只是这方面的研究或近或远，总在脑海、从未离开。我觉得这样挺好的，手里有几件事情换着，就像庄稼套种，在相互有益的生态下，思路能开阔一点，无论对哪项研究都有好处，到了收获的时节，主产品、副产品都有了。

感谢为本书作序的于根元老师、李宇明老师，二位恩师都特仗义。于老师是著名的语言学者，退休前是中国传媒大学教授、博士生导师，我给于老师打电话，说了为本书写序的事，于老师二话没说就答应了。于老师是我硕士、博士期间的导师，为学不受拘束，非常具有浪漫主义色彩，《主持人即兴口语传播》的核心研究“语结”，最初是于老师提出的，我在于老师的指导下进一步作了专项研究。李老师在任国家语委副主任、教育部语言文字信息管理司司长、博士生导师，公务繁忙，我给李老师发短信，李老师当即回复说没问题。李宇明老师同样是著名的语言学者，是“学问而优则仕”的典型代表，我在硕士、博士期间也受过李老师很多指导，《主持人即兴口语传播》在语言生成机制方面的视野，正是李老师的启发。我对这本书稿当然是有信心的，自己做了多少自己清楚，可是，我郑重建议读者在看这本书稿的时候，可以好好看看二位老师的序，好的序言不只是推介，从中也能看出很多学问、思想，我负责任地说，二位老师的两篇序言是对本书的增补、提升。

感谢华东师范大学传播学院的领导、老师，我从北京调到上海工作的过程中，得到了学院的很多认可和支持，在学院的推荐下，这项研究得到2008年度“上海高校选拔培养优秀青年教师科研专项基金”资助。感谢本院播音与主持专业尤其是参加过这门课程的同学们，这些年轻人在课堂上积极参与、思考活跃，能够对他们有所帮助我感到特别欣慰，教学相长，我对这些后生也充满敬意。

我也要感谢中国政法大学宋建武老师，我们大家一起走过法大新闻传播学院火热创建的日子，学院成立，我也因家庭原因调到上海，宋老师给予我非常巨大的理解与帮助。如今，我仍然对法大充满感恩，我衷心希望自己走过的地方欣欣向荣。

感谢中国传媒大学出版社责任编辑赵欣女士，我们是研究生时的同学、好友，赵欣在播音主持方面很有心得，本书由她主持出版我觉得很荣幸。

感谢我的家人。你们是我有力前行的不竭动力，有了你们，我才可能投入工作，如果需要，请千万放心让我投向你们。

书稿完成，我衷心将此书奉献给社会，敬请读者批评指正，敬请方家不吝赐教。

请大家一起品尝葡萄的滋味。

於春
2011年5月于上海

图书在版编目(CIP)数据

主持人即兴口语传播/於春著. -- 北京:中国传媒大学出版社,2011.8(2024.7 重印)
ISBN 978-7-5657-0324-9

Ⅰ.①主… Ⅱ.①於… Ⅲ.①主持人—语言艺术 Ⅳ.①G222.2

中国版本图书馆 CIP 数据核字(2011)第 180489 号

主持人即兴口语传播
ZHUCHIREN JIXING KOUYU CHUANBO

作　者	於　春
责任编辑	赵　欣
责任印制	李志鹏
封扉设计	魏　东

出版发行	中国传媒大学出版社		
社　址	北京市朝阳区定福庄东街 1 号	**邮　编**	100024
电　话	86-10-65450528　65450532	**传　真**	65779405
网　址	http://cucp.cuc.edu.cn		
经　销	全国新华书店		

印　刷	北京中科印刷有限公司
开　本	787mm×1092mm　1/16
印　张	13.75
字　数	269 千字
版　次	2012 年 8 月第 1 版
印　次	2024 年 7 月第 6 次印刷

书　号	ISBN 978-7-5657-0324-9/G·0324	**定　价**	32.00 元

本社法律顾问:北京嘉润律师事务所　郭建平